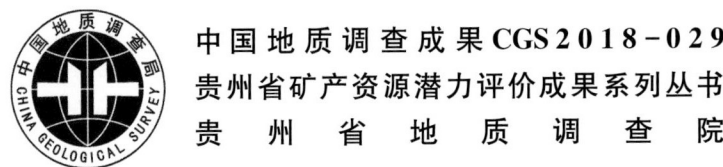

中国地质调查成果 CGS 2018-029

贵州省矿产资源潜力评价成果系列丛书

贵州省地质调查院

贵州省矿产资源潜力评价
成矿地质背景研究

GUIZHOUSHENG KUANGCHAN ZIYUAN QIANLI PINGJIA CHENGKUANG DIZHI BEIJING YANJIU

张 慧　王常微　熊兴国　杨志勇　陈建书　等著

中国地质大学出版社
ZHONGGUO DIZHI DAXUE CHUBANSHE

图书在版编目(CIP)数据

贵州省矿产资源潜力评价成矿地质背景研究/张慧等著.—武汉:中国地质大学出版社,2018.12
(贵州省矿产资源潜力评价成果系列丛书)
ISBN 978-7-5625-4421-0

Ⅰ.①贵…
Ⅱ.①张…
Ⅲ.①矿产资源-资源潜力-资源评价-贵州 ②成矿地质-研究
Ⅳ.①F426.1 ②P61

中国版本图书馆 CIP 数据核字(2018)第 276316 号

贵州省矿产资源潜力评价成矿地质背景研究	张 慧 王常微 熊兴国 杨志勇 陈建书 等著		
责任编辑:周 豪 马 严	选题策划:毕克成 唐然坤 马 严 刘桂涛		责任校对:舒立霞
出版发行:中国地质大学出版社(武汉市洪山区鲁磨路388号)			邮编:430074
电 话:(027)67883511	传 真:(027)67883580		E-mail:cbb@cug.edu.cn
经 销:全国新华书店			http://cugp.cug.edu.cn
开本:880毫米×1230毫米 1/16		字数:284千字 印张:8.75 插页:1	
版次:2018年12月第1版		印次:2018年12月第1次印刷	
印刷:武汉市籍缘印刷厂		印数:1—800 册	
ISBN 978-7-5625-4421-0			定价:198.00 元

如有印装质量问题请与印刷厂联系调换

《贵州省矿产资源潜力评价成果系列丛书》编委会

主　　任：戴传固　张　慧
副 主 任：陶　平　曾昭光
主　　编：陶　平
委　　员：（按姓氏笔画排列）
　　　　　王常微　朱大友　陈启飞　况　忠　胡丛亮
　　　　　张　慧　陶　平　曾昭光　莫春虎

《贵州省矿产资源潜力评价成矿地质背景研究》

著　　者：张　慧　王常微　熊兴国　杨志勇　陈建书
　　　　　焦惠亮　郑启钤　邬晓芳　邓　毅

总 序

中国地质调查局组织开展的中国矿情调查项目"全国矿产资源潜力评价(2006—2013年)",是一次对全国25种重要矿产的成矿地质条件、地球物理、地球化学、遥感、自然重砂勘查成果全面系统的汇集和分析,并在我国自主创立的矿床成矿系列理论指导下,对25种重要矿产的地质与区域成矿规律进行了较系统、较深入的研究。在此基础上,应用我国自主研发的矿床模型综合信息矿产预测方法对25种矿产进行了潜力评价,达到定量及半定量预测的程度,并建立了潜力评价项目的数据库。研究成果为全国及各省(区、市)矿产资源规划、矿产勘查部署与实施提供了重要的科学依据,对促进地质矿产科学及成矿预测理论与方法的发展走出了重要的一步,同时培养了一大批矿产资源潜力评价相关领域的人才。全国及各省(区、市)地质勘查部门和工作团队均为完成此项任务做出了努力与贡献,工作成果已陆续以不同形式提供给社会使用。《贵州省矿产资源潜力评价成果系列丛书》即为出版成果之一。

贵州省矿产资源潜力评价项目,作为"全国矿产资源潜力评价"项目的子项目,由全国矿产资源潜力评价项目办公室、贵州省国土资源厅、贵州省地质调查院实施项目三级管理,由贵州省地质调查院承担,贵州省地质矿产勘查开发局、贵州省煤田地质局、贵州省有色金属和核工业地质勘查局、中化地质矿山总局等12个地勘单位参与,参加人数近200人,经过8年辛勤工作完成。该子项目全面总结了贵州省基础地质、矿产地质成果和资料,充分应用现代矿产资源预测评价理论技术,开展了全省煤、铁、铜、铝、铅、锌、银、锰、镍、钼、钨、锡、金、锑、钒、汞、稀土、磷、硫、萤石、重晶石、冶镁白云岩共22个矿种的资源潜力预测评价,研究和预测矿产资源及其空间分布,为研究制订国家矿产资源战略和国民经济与社会发展中长期规划提供科学依据。

贵州省矿产资源潜力评价的研究成果主要包括:贵州省各矿种(组)的潜力评价成果报告各1份,共计15份;贵州省成矿地质背景、区域重力、区域磁测、区域化探、区域遥感、自然重砂、综合信息集成、区域成矿规律、矿产预测等专题成果报告各1份,共计9份;项目汇总成果报告1份;编制各类图件2627张,建立各类数据库2009个,提交各类说明书1905份。这些成果及时成功应用于全省5个国家级整装勘查项目、22个省级整装勘查项目、7个非整装勘查项目的论证和实施,并取得重大找矿突破。同时,已应用于国家宏观决策规划部署、具体矿产勘查部署、相关专业勘查及研究等方面,并取得较大成效。

《贵州省矿产资源潜力评价成果系列丛书》(共7册),是为全社会共享研究成果、更广泛发挥其应用价值、遵循资料保密制度、选择性修改缩编而成。具体包括《贵州省矿产资源潜力评价重要矿种区域成矿规律与矿产预测》《贵州省矿产资源潜力评价成矿地质背景研究》《贵州省矿产资源潜力评价重磁场特征及应用研究》《贵州省矿产资源潜力评价化探资料应用研究》《贵州省矿产资源潜力评价自然重砂资料应用研究》《贵州省矿产资源潜力评价遥感资料应用研究》《贵州省矿产资源潜力评价综合信息集成》7部专题研究成果。

相信本系列丛书的出版,对全国同仁具有一定的参考、应用价值。借此出版之际,向作者们致以祝贺。同时,期望在此基础上进一步研究总结全省矿产地质勘查及科研成果,圆满完成《中国矿产地质志·贵州卷》的研编任务,使贵州省在区域矿产总结、成矿规律研究、矿产预测,以及相关基础地质研究等方面再上一个新台阶。

2018年8月18日

前 言

"贵州省成矿地质背景研究"是"贵州省矿产资源潜力评价"项目的子课题之一。"贵州省成矿地质背景研究"专题成果集成的主要目的是研究成矿作用与地质作用的关系,分析成矿地质环境,运用新的成矿理论和技术方法,深入分析和提取成矿地质建造信息(成矿地质构造预测要素),编制专题图件,研究和总结成矿地质建造形成演化规律,为成矿规律研究和成矿预测分析提供地质背景资料。

成矿地质背景专题研究与编图工作是在板块构造理论的指导下,按照《成矿地质背景研究工作技术要求》及有关规范和指南,运用将今论古的比较构造地质学方法和大地构造相时空结构分析方法,充分开发应用已有的地质调查、矿产勘查等多元资料及科研成果,依据1:25万建造构造图所表现的各种地质构造建造实际,深入分析控制区域成矿地质建造和构造要素(地质构造预测要素),对地层、侵入岩、火山岩、变质岩和大型变形构造等进行不同比例尺的编图与研究,精细划分特定构造阶段和大地构造环境中形成的各个不同尺度、不同构造岩石组合的构造单元,揭示在空间上形成于不同部位和不同深度的构造单元彼此间的相互关系及演化过程,以服务于成矿地质条件和资源预测勘查评价的需求。通过编制专题图件,对矿床类型模型区与预测区进行成矿地质背景的区域关联,为建立区域成矿预测模型、实施矿产预测提供基础地质资料依据和工作底图。

贵州省成矿地质背景专题研究与编图工作取得了以下几个方面的认识。

(1)以1:25万实际材料图、建造构造图和1:50万岩石构造组合图为基础,并查阅和参考图区及邻区与之相关的区域地质调查、科研成果资料,总结近年来贵州省成矿地质背景研究已完成的各类资料性成果,对沉积岩、岩浆岩、变质岩的岩石构造组合及大型变形构造进行了综合研究;按大地构造相分析研究方法,总结出贵州大陆形成演化过程中从早到晚经历了由活动型地壳向稳定型地壳演化,从洋陆转换阶段到板内活动阶段的地壳演化历程;结合物探、化探、遥感综合信息的提取与研究,开展了贵州省区域构造格架的研究工作,全面分析和综合研究了大地构造特征、演化及其与成矿的关系,形成独立的研究报告,全面反映了贵州省成矿地质背景及成矿构造环境。

(2)从原始资料出发,对贵州各时代地层再次进行系统清理,修订了多重地层划分方案,重新厘定一些岩石地层单位,使沉积建造及其演化格局更加清晰。综合区划大体反映总体的地层分布格局,断代区划较好地展现了沉积相带的分布,为深入探讨沉积演化、区域地质发展历史及区域成矿背景等,提供了重要依据。

(3)加强了沉积岩及沉积环境方面的研究。贵州省的古环境复杂多样,沉积作用也复杂多样。就整个地史时期而言,海洋环境占据主导地位,其沉积作用在海岸带以潮汐、波浪沉积作用为主,斜坡带以悬浮沉积和重力流沉积作用为主,深海以悬浮沉积作用为主。陆地环境不甚发育,沉积作用以冲积沉积作用为主。碳酸盐岩台地在贵州发育最好、最具特色,可分为两种类型:在碳酸盐岩缓坡背景下发育而成的克拉通台地和受断裂控制的孤立台地,可识别出众多的沉积亚相,包括局限台地、开阔台地、台内浅滩、台地边缘滩、生物礁等。

(4)探讨了贵州地质演化与沉积环境的关系。新元古代梵净山时期,贵州经历了汇聚背景下的弧后盆地向前陆盆地俯冲和碰撞、造山背景下的磨拉石盆地演化。新元古代下江时期—早古生代,贵州经历了离散背景下的裂谷盆地(下江时期—南华纪)→汇聚背景下的被动大陆边缘盆地(震旦纪—奥陶纪)→碰撞背景下的前陆盆地(志留纪)→造山背景下的磨拉石盆地(晚泥盆世)演化,出现了陆棚—广海型古地理格局。台—坡—盆沉积格局分野明显,且台地边缘具有总的方向性和继承性,反映出贵州长期以来总的地势以北(西)高南(东)低为主。大致以沿河—福泉—兴义一带为界,其北面大多时期为相对稳定地区,以海相碳酸盐岩台地为主,生物碳酸盐岩尤为发育,生物化石以底栖类为主;在台地边缘,大多时期发育了由海绵、水螅、珊瑚和藻类等构成的生物礁。而沿河—福泉—兴义以南,大多时期处于斜坡带至深水盆地,以大套复理石与深水泥岩、硅质岩、碳酸盐岩互层为特征,各类重力流沉积发育,生物化石以浮游类为主。晚古生代—早白垩世,经历了离散裂陷背景下的裂谷盆地(泥盆纪—晚二叠世)→挤压背景下的弧后盆地(晚二叠世—早三叠世)→前陆盆地(早三叠世—晚三叠世早期)→陆内造山背景下的磨拉石盆地(晚三叠世晚期—早白垩世)演化,出现陆棚台盆型古地理格局,具有陆内活动性质,晚三叠世之后,贵州全部上升为陆,出现了以陆地河湖环境为主体的沉积格局。晚三叠世属湖泊-沼泽相沉积,早侏罗世至早白垩世早期,主要为大型内陆河湖相沉积。晚白垩世—第四纪,均为山间盆地,其分布范围有限,主要为孤立分散的小型内陆河湖相粗碎屑岩沉积。

(5)在系统收集和整理贵州及邻区岩浆岩资料的基础上,特别是近年来同位素测年样品采集,获得一批锆石 U-Pb 测年数据,重新厘定了岩浆序列和年代格架。将其划分为:①新元古代梵净山/四堡时期(武陵期);②新元古代下江时期—早古生代(雪峰期—加里东期);③新生代(喜马拉雅期)3 个构造岩浆旋回。

(6)系统总结了贵州省的变质作用,主要为与褶皱造山运动相关的区域变质作用及区域变质,其次为与断裂构造作用相伴的动力变质作用及动力变质岩,另在岩浆岩体边缘少量分布有接触变质、气液变质作用及相应的变质岩。变质特点表现为:①区域变质岩均属低绿片岩相;②变质与未变质的界限大致以加里东期不整合(或假整合)界面为限;③变质变形由南东向北西逐渐减弱,变质带地层层位逐渐降低。

(7)将大地构造相、构造地层、岩石构造组合有机地融为一体,客观合理地再现了不同大地构造旋回的构造格局。利用大地构造相研究思路,厘定了贵州板块构造单元划分体系。贵州省为扬子陆块Ⅰ级构造单元之上扬子陆块Ⅱ级大地构造单元,在上扬子陆块内部划分了 5 个Ⅲ级大地构造单元,49 个Ⅳ级构造单元,充分体现了板块内部稳定地台的特点,以此为基础编制了 1∶50 万贵州省大地构造相图,较合理地表达了贵州省大地构造相的内容。对贵州省内重要地质问题及基础地质研究进行了较深入的探讨,研究了大地构造相与区域成矿作用的关系,为矿产资源潜力评价提供了扎实的基础资料。

(8)1∶50 万贵州省大地构造相图的编制是利用岩石构造组合的研究划分方案,结合成矿规律对成矿的岩石构造组合进行研究,对贵州省不同构造阶段不同环境形成的构造岩石组合进行了系统划分,完成了贵州省 1∶50 万大地构造相图及沉积岩、火山岩、侵入岩、变质岩和大型变形构造图、岩石构造组合图,1∶50 万贵州省地质图等系列图件,为贵州省矿产资源潜力评价总体研究、成矿规律研究和成矿预测提供了扎实的基础资料和底图。

贵州省矿产资源潜力评价地质背景专题工作自始至终得到了全国矿产资源潜力评价项目办公室肖庆辉、陆松年、邓晋福、潘桂棠、张克信、王方国、张智勇、李锦轶、冯益民、冯艳芳等教授(研究员)的技术指导和工作支持,得到了成都地质矿产研究所尹福光、孙之明研究员的指导和帮助。尤其是肖庆辉、陆松年、潘桂棠、张智勇、张克信、尹福光等教授(研究员)在不同时期对贵州省地质背景专题工作编图提出的建设性指导意见,为顺利完成编图工作起到了重要的作用。贵州省国土资源厅、贵州省地质矿产勘查开发局、贵州省地质调查院的领导给予课题组大力支持,保证了资金和人员配备,为地质背景专题工作图件编制的顺利完成奠定了基础,在此一并致以衷心的感谢!

本成果是项目组全体成员历经7年时间,付出艰辛劳动,共同努力取得的。本书具体分工如下:第一章由张慧、王常微编写;第二章第一节由张慧、熊兴国编写,第二章第二节由郑启钤、王常微编写,第二章第三节由郑启钤、熊兴国编写,第二章第四节由陈建书编写;第三章第一节由张慧、焦惠亮、熊兴国编写,第三章第二节由张慧、王常微、杨志勇编写,第三章第三节由王常微、邬晓芳、邓毅编写;第四章由张慧、陈建书编写;第五章由张慧、王常微、熊兴国编写;最后由张慧、王常微统纂定稿。

由于贵州省成矿地质背景涉及贵州省地质领域的方方面面,时间紧、任务重,项目组成员水平有限,经验不足,难免在认识上有不足之处,敬请指正。

著　者

2017年12月

目 录

第一章 绪 言 (1)
第一节 自然地理概况 (1)
第二节 以往研究工作程度 (2)
一、区域地质调查工作 (3)
二、综合地质研究 (5)
第三节 工作过程及主要实物工作量 (7)

第二章 区域地质背景 (8)
第一节 沉积岩建造组合与构造古地理 (8)
一、构造-地层分区和岩石地层格架 (8)
二、沉积岩建造组合划分及其特征 (18)
三、构造古地理单元划分及其特征 (26)
四、构造古地理演化 (29)
五、沉积岩建造组合与成矿关系 (35)
第二节 火山岩岩石构造组合 (51)
一、火山岩时空分布 (51)
二、火山岩相与火山构造 (53)
三、火山岩岩石构造划分及其特征 (53)
四、火山构造岩浆旋回与构造岩浆岩带 (54)
五、火山岩的形成、构造环境及其演化 (56)
六、火山岩岩石构造组合与成矿关系 (57)
第三节 侵入岩岩石构造组合 (58)
一、侵入岩时空分布 (58)
二、岩石构造组合划分及其特征 (59)
三、构造岩浆旋回与构造岩浆岩带 (60)
四、侵入岩岩石构造组合与成矿关系 (62)
第四节 变质岩岩石构造组合 (62)
一、变质岩时空分布及变质单元划分 (64)
二、变质岩岩石构造组合划分及其特征 (64)
三、变质相(相系)及变质时代 (70)

四、变质作用、构造环境及其演化 ……………………………………………………………… (72)
　　五、变质岩岩石构造组合与成矿 ………………………………………………………………… (73)

第三章　区域构造演化 …………………………………………………………………………… (75)

第一节　大地构造相与大地构造分区 ……………………………………………………………… (75)
　　一、大地构造相类型划分 ………………………………………………………………………… (75)
　　二、大地构造分区 ………………………………………………………………………………… (78)
　　三、大地构造相特征 ……………………………………………………………………………… (81)
　　四、大地构造阶段划分及其演化 ………………………………………………………………… (93)

第二节　大地构造相与成矿关系 …………………………………………………………………… (95)
　　一、古弧盆相与成矿 ……………………………………………………………………………… (95)
　　二、陆缘裂谷相与成矿 …………………………………………………………………………… (97)
　　三、被动大陆边缘相与成矿 ……………………………………………………………………… (97)
　　四、陆表海相与成矿 ……………………………………………………………………………… (100)
　　五、陆内裂谷盆地相与成矿 ……………………………………………………………………… (108)
　　六、陆内坳陷盆地相与成矿 ……………………………………………………………………… (112)
　　七、前陆盆地相与成矿 …………………………………………………………………………… (112)
　　八、幔源型钾镁煌斑岩与金刚石矿 ……………………………………………………………… (113)
　　九、与碳质页岩、碳酸盐岩类有关的石油及天然气 …………………………………………… (114)

第三节　大地构造相图空间数据库 ………………………………………………………………… (116)

第四章　关键地质问题的讨论 …………………………………………………………………… (119)
　　一、新元古代青白口纪贵州东部岩浆序列的划分及构造环境 ………………………………… (119)
　　二、梵净山群之下花岗岩时代的讨论 …………………………………………………………… (119)
　　三、晚古生代泥盆纪—晚二叠世构造演化 ……………………………………………………… (120)

第五章　结　语 …………………………………………………………………………………… (121)
　　一、总结了贵州成矿地质构造环境 ……………………………………………………………… (121)
　　二、进行了大地构造分区 ………………………………………………………………………… (121)
　　三、编制了大地构造相图 ………………………………………………………………………… (122)
　　四、对大地构造相进行了系统研究与划分 ……………………………………………………… (122)
　　五、阐述了大地构造相与成矿的关系 …………………………………………………………… (122)

主要参考文献 ……………………………………………………………………………………… (124)

第一章 绪 言

"贵州省矿产资源潜力评价"项目是为进一步贯彻落实《国务院关于加强地质工作的决定》提出的"积极开展矿产远景调查和综合研究,科学评估区域矿产资源潜力,为科学部署矿产资源勘查提供依据"的要求和精神,由国土资源部部署的重要国情国力调查根本任务,是加强矿产资源规划、管理、保护和合理利用的一项重要工作。"贵州省成矿地质背景研究"课题是其中之一。

20多年来,特别是国土资源大调查开展以来,贵州省和全国一样,基础地质调查和矿产资源勘查取得了飞速进展,同时,由于测试技术的发展和手段的提高,地质科研工作也取得了令人瞩目的进展,发现或解决了一些重大地质问题,地质工作程度有了很大的提高。地质理论发展迅速,大陆动力学理论广泛应用于基础地质调查。1:5万区域地质调查覆盖了重要成矿区(带);1:25万区域地质调查的开展,使得我们对贵州省的地质构造有了更新的认识;综合地质信息、地质异常等矿产预测技术在实践中得到了发展;数据库及计算机技术得到了广泛应用;全省地学基础数据库建设相继完成,GIS技术的应用得到了迅猛发展。在成矿地质背景研究工作中全面总结大陆动力学理论应用成果,提升地质构造研究水平,促进地质找矿工作实现新的突破;建立区域成矿谱系和成矿体系、提高贵州省矿产研究水平、发展我国成矿系列理论是成矿地质背景研究工作的目的。

当前我国经济正处于全面快速的发展时期,对战略性矿产资源的需求在持续增长,矿产资源对外依赖程度急剧增加,政府需要掌握矿产资源潜力和空间分布格局。本项目的实施是通过系统总结地质调查和矿产勘查工作成果,全面掌握资源赋存现状,科学评价未查明的矿产资源潜力,建立全面准确的矿产资源数据库,满足矿产资源规划管理、保护和合理利用的需要。做好全省矿产资源潜力评价工作,是制订贵州省国民经济中长期发展规划、研究制定矿产资源战略、加强宏观调控的重要依据;是科学规划合理部署、努力实现找矿突破、突破资源瓶颈的基础工作;是发展和推广利用成矿新理论、矿产勘查新技术、新方法,促进科研与调查密切结合的重要举措。

成矿地质背景研究工作的总体任务是按照矿床模型综合地质信息预测总体思路,全面收集贵州省区域地质调查与研究资料,以1:25万实际材料图、建造构造图为基础,结合1:5万区域地质调查新成果,深入分析控制区域成矿的地质建造和构造要素(地质构造预测要素),系统解析和精细研究沉积岩区、火山岩区、侵入岩区、变质岩区地质构造特征,以及大型变形构造和综合地质构造特征,编制1:50万大地构造相图,编写贵州省成矿地质背景研究报告,建立成果资料数据库。

第一节 自然地理概况

贵州简称"黔"或"贵",位于中国西南,云贵高原东部,周边分别与四川、重庆、湖南、广西、云南等省(区、市)接壤,面积176 167 km^2。

贵州省为贵州高原主体部分,隆起在四川盆地与广西盆地之间,属中国地势第二阶梯东部边缘的一部分。地形以高原山地为主,约占89%。地势西高东低,自中部向北、东、南三面倾斜,全省按地貌形态可分为黔西高原山地、黔西南山原丘陵、黔中山原丘陵、黔南山地、黔北山地和黔东低山丘陵6个地形区,以高原山地为主要特征。西部是山地高原,海拔1 200～2 200m,乌蒙山区的韭菜坪海拔2 901m,是全省最高峰。中南部是岩溶地貌广布、岭谷崎岖的山地高原,海拔1 100～1 500m的苗岭,是长江水系与珠江水系的分水岭。北部大娄山、武陵山等构成黔北山地,武陵山主峰梵净山,海拔2 494m。在贵州省中南部河谷平坝错落有致。贵州省喀斯特发育的峰林、峰丛、槽谷、漏斗、伏流、洞穴广布各地,为我国典型喀斯特地貌分布区。

贵州省属中亚热带湿润季风气候,冬无严寒,夏无酷暑,气候宜人,但气候的多样性明显。因海拔高,纬度低,地处亚热带东亚大陆,是比较著名的季风区;又因地处庞大的青藏高原东侧,云贵高原东部斜坡地带,海拔高差大,造成气候的复杂多样,中部气候温和,南北冷暖各异,山地与河谷气温悬殊,降雨情况也有较大不同,有"一山分四季,十里不同天"之说。全省通常最冷月(1月)平均气温多在3～6℃,比同纬度其他地区高;最热月(7月)平均气温一般为22～25℃,无霜期240～300天。年平均降水量1 100～1 400mm,阴雨天多,日照少,常年相对湿度在70%以上,民间就有"天无三日晴"之说。

贵州省内河网较密集,长度10km以上河流共有980余条,喀斯特湖泊颇多,但规模都较小,最大的天然湖泊草海是黑颈鹤等珍稀候鸟的主要越冬地。主要河流有乌江、清水江、六冲河、赤水河、北盘江、都柳江、红水河等,河流年径流总量$1 035×10^8 m^3$。河流落差大,多急流瀑布,水能蕴藏量高达$1 874×10^4 kW$,居全国第六位。现有发电装机容量$433×10^4 kW$,年发电量$299.77×10^8 kW·h$,人均发电量和用电量均居全国前列。因此贵州省是国家"西电东送"的主要电能输出省之一。

贵州省耕地占土地资源的20.96%,林地和宜牧草山草坡分别占29.78%和23.09%,有"宜林山国"之称,为我国南方重要林区。全省森林覆盖率30.8%,是长江、珠江上游的重要生态屏障。矿产资源丰富,已探明储量矿产76种,汞和富磷矿储量占全国一半以上,煤炭探明蕴藏量$527×10^8 t$,为江南各省之首,居全国第五位,素有"江南煤海"之称。贵州省能源具有"水火互济"的优势,是能源资源大省,且开发条件优越。铝土、锰、锑、稀土、金、重晶石、白云岩、灰岩、砂岩等矿种在全国占重要地位。

第二节 以往研究工作程度

贵州省开展地质调查的历史较长。早在20世纪初叶,即开始零星的地质工作。丁文江(1914)在黔西、滇东地区进行路线地质调查时,称威宁地区的石炭纪地层为威宁系。20世纪20年代末至30年代初期,乐森璕、丁文江等对黔北的早古生代和贵阳附近中生代地层进行了调查,并建立了一些地层名称。20世纪30年代初期,丁文江、俞建章等对黔南地区的泥盆系和石炭系进行了研究,所建立的地层名称及珊瑚化石带,奠定了上述地层划分的基础。20世纪30年代中期,王日伦等在黔南及邻区进行路线地质调查时,创立了下江系一名,并肯定南沱冰碛岩的存在。20世纪40年代初期,刘之远、尹赞勋和卢衍豪等初步建立了黔北地区早古生代的地层系统,并对三叠纪地层进行划分和命名。大致同时,许德佑、陈康等对黔西南的三叠系进行了较详细的划分,为该区中、下三叠统的地层划分打下了较好的基础。

贵州省地质事业开创者之一的罗绳武先生,自20世纪30年代初起即在贵州大部分地区进行过大量的地质矿产勘查工作。40年代后期,贵州省地质调查所编制了1:50万贵州省地质略图等。这些对贵州省地质工作均起到了奠基的作用。李四光(1939)和黄汲清(1945)在其专著中均对贵州的地质构造特征进行了综合论述。40年代初期,李四光还研究了贵阳乌当洛湾第四纪冰川。

对于贵州的火成岩:1932年罗绳武等在纳雍调查铜矿时曾对该地的峨眉山玄武岩进行过研究;1937年在梵净山进行矿产调查时报道过该区的火成岩。20世纪30年代中期,王日伦在黔东南进行路线地质调查时,曾描述过镇远和黔桂边界的部分火成岩体。1942年,赵家骧对贵州西部的峨眉山玄武岩有较详细的描述。

由于当时的历史条件所限,地质调查工作多是零星而又不够系统的,并侧重于地层方面。尽管如此,这些工作属于奠基性的,有的至今仍有较大的意义和影响。

中华人民共和国成立后,在中国共产党的领导下,为适应祖国社会主义建设的需要,贵州省的地质工作全面展开,地质、冶金、煤炭、核工业和建材等部门的地质队伍先后在贵州进行有关矿产的普查找矿和勘探工作,发现和探明了一批矿产地及工业储量,填制了相应的大中比例尺图件,使贵州省地质研究程度有了明显的提高。

1958年,贵州省地质局区域地质测量大队成立,开展了全省范围内的1:20万区域地质调查(以下简称区域地质调查)。经过23年的努力,于1981年顺利完成了全省的区域地质调查任务。在地层、古生物、沉积学、火成岩和构造等方面都获得了大量的资料,并有不少新的发现进展,大大提高了贵州的区域地质研究程度。在区域地质调查工作的后期,特别是1978年以来所进行的全省性的基础地质和应用基础地质研究,把贵州省区域地质研究提高到了新的水平。如贵州地层古生物的工作队编著的贵州各时代地层总结:《西南地区区域地层表 贵州分册》和《西南地区古生物图册 贵州分册》(1978),1:50万贵州地质力学编图,1:50万贵州省地质图等。

20世纪70年代末期以来,随着现代地球科学发展和进步,新学术观点的渗透和影响,区域地质调查队运用多重地层划分的概念,研究了贵州省一些重要的地质年代界线(如寒武系/震旦系、奥陶系/寒武系、石炭系/泥盆系、二叠系/石炭系、三叠系/二叠系界线);运用现代沉积学理论,研究贵州有关时代的沉积环境或岩相古地理;运用地质历史分析和板块构造观点研讨贵州的地质构造等。

20世纪80年代以来,随着贵州省1:20万区域地质调查工作的全面完成和1:5万区域地质调查填图项目的开展,《贵州省区域地质志》《全国地层多重划分对比研究——贵州省岩石地层》《贵州省沉积岩区1:5万区域地质调查填图方法研究》的完成,系统地总结了贵州区域地质调查成果资料,并在一些地质科学领域内获得了一些新认识和新进展,具有一定的理论水平、学术价值和地质找矿意义。

与此同时,有关地质科研和教学单位,以及其他地质队伍,在贵州做了大量地质研究和矿产普查勘探工作,对提高贵州的区域地质研究程度做出了很大贡献。其中,罗绳武(1959)对贵州大地构造特征的总结,中国科学院南京地质古生物研究所对显生宙若干时代的生物地层研究,原地质部第八普查勘探大队对贵州古生代地层的划分、沉积相的分析和地质构造的研究,北京地质学院殷鸿福等(1962)对贵州三叠系的研究等,都有较大的影响和作用。

一、区域地质调查工作

1. 1:25万区域地质调查

贵州省1:25万区域地质调查始于1999年,采用编、测结合的方法进行。以当代地学新理论为指导,全面利用"3S"技术,对1:20万和已有的1:5万区域地质调查资料,重新进行综合分析研究,结合野外地质调查新资料进行综合编制。至2012年,全省共部署8个标准图幅,完成区域地质调查总面积133 474km²,覆盖全省面积的75.6%。1:25万区域地质调查工作,由于充分应用了当代地学新理论、新技术和新方法,在基础地质领域取得了一些重大的突破和进展,提高了省内基础地质调查精度和研究程度(表1-1)。

表 1-1　1∶25 万区域地质调查工作完成情况表

序号	图幅名称	面积（km²）	工作时间	完成单位
1	1∶25 万安龙县幅	16 706.4	1999 年 1 月—2000 年 12 月	贵州省地质调查院
2	1∶25 万安顺市幅	16 569	2001 年 1 月—2003 年 12 月	
3	1∶25 万遵义市幅	16 421.4	2002 年 1 月—2004 年 12 月	
4	1∶25 万毕节县幅	16 421.4		
5	1∶25 万锦屏县幅	16 569	2004 年 1 月—2006 年 12 月	
6	1∶25 万铜仁市幅	16 421.4		
7	1∶25 万独山县幅	16 706.4	2010 年 1 月—2012 年 12 月	
8	1∶25 万贵阳市幅	16 569		

2. 1∶20 万区域地质调查

贵州省 1∶20 万区域地质调查始于 1958 年，至 1981 年全面完成，共计 24 个图幅（包括跨省图幅共 44 幅，覆盖全省）（表 1-2）。主要工作内容有地质填图、金属和非金属矿产调查、金属量测量、放射性 γ 测量和水系自然重砂取样。20 世纪 80 年代完成全省 1∶20 万第二代水系沉积物化探扫面。各 1∶20 万区域地质调查图幅的先后完成，大量高质量的基础地质资料和矿产资料陆续为局属各综合队提供矿产普查和勘探基地。其他有关单位如煤炭、冶金、科研、院校、政府部门等均广泛应用贵州省 1∶20 万区域地质调查成果。

表 1-2　1∶20 万区域地质调查工作完成情况表

序号	图幅名称	面积（km²）	完成时间	完成单位
1	1∶20 万镇远幅	7 330.4	1966 年 5 月	贵州省区域地质调查大队
2	1∶20 万江口幅	7 288.8	1970 年 10 月	
3	1∶20 万剑河幅	7 374.4	1965 年 6 月	
4	1∶20 万榕江幅	7 415.2	1965 年 4 月	
5	1∶20 万都匀幅	7 374.4	1964 年 2 月	
6	1∶20 万独山幅	7 415.2	1962 年 7 月	
7	1∶20 万黎平幅	7 374.4	1977 年 12 月	
8	1∶20 万罗甸幅	7 415.2	1966 年 5 月	
9	1∶20 万安顺幅	7 374.4	1970 年 10 月	
10	1∶20 万沿河幅	7 243.6	1970 年 10 月	
11	1∶20 万正安幅	7 243.6	1970 年 7 月	
12	1∶20 万瓮安幅	7 330.4	1970 年 10 月	
13	1∶20 万威宁幅	7 330.4	1972 年 10 月	
14	1∶20 万水城幅	7 374.4	1973 年 11 月	
15	1∶20 万盘县幅	7 415.2	1973 年 8 月	

续表 1-2

序号	图幅名称	面积（km²）	完成时间	完成单位
16	1∶20万湄潭幅	7 288.8	1974年11月	贵州省区域地质调查大队
17	1∶20万毕节幅	7 330.4	1976年12月	
18	1∶20万贵阳幅	7 374.4	1976年12月	
19	1∶20万遵义幅	7 288.8	1976年12月	
20	1∶20万桐梓幅	7 243.6	1978年6月	
21	1∶20万威信幅	7 288.8	1980年4月	
22	1∶20万兴仁幅	7 415.2	1980年3月	
23	1∶20万安龙幅	7 455.2	1980年12月	
24	1∶20万息烽幅	7 330.4	1980年12月	

尽管贵州的1∶20万区域地质调查工作受填图精度和当时的地学理论以及技术手段等因素限制，在今天看来存在这样或那样的不足，但其扎实的基础地质、矿产资料不仅对后来的《贵州省区域地质志》和《贵州省区域矿产志》的编写起到了决定性的作用，而且为省内大比例尺区域地质调查工作的开展提供了系统的基础地质和矿产地质资料。1∶20万区域地质调查工作也是本次开展矿产资源潜力评价和现阶段开展各县、市矿产资源规划、地质灾害评估，以及省内公路、铁路、桥梁、水利、电力等设施建设的基础性地质资料。

3. 1∶5万区域地质调查

1∶5万区域地质调查项目的开展是以解决贵州经济发展中的具体地质问题为出发点和立足点，紧紧围绕"服务保障国家资源安全、服务地质环境保护、服务防灾减灾、服务工业化、新型城镇化、农业现代化和重大工程建设战略"的总体要求，综合部署的基础地质调查。

贵州省1∶5万区域地质调查图幅主要成片布置在武陵山成矿带、南盘江-右江成矿区（带）和乌蒙山扶贫攻坚区。工作时间始于1981年，截至2016年，已经开展工作的图幅共276幅，总面积126 684km²，约占全省面积的72%。1∶5万区域地质调查以多幅联测为主，每个联测片区均提交单幅地质图和说明书，并提交片区总结报告。

1∶5万区域地质调查成果不仅进一步提高了基础地质和矿产地质研究程度，而且为贵州省的经济发展特别是西部大开发以来的经济高速发展做出了较大的贡献。1∶5万的基础地质图件已广泛应用于地勘、国土、环保、煤炭、交通、建设、水电、化工、石油、冶金、政府规划等部门；1∶5万区域地质调查中发现的或做了进一步详细工作的已列为世界自然遗产保护的荔波茂兰喀斯特森林、列为国家地质公园的关岭动物群等带动了贵州的旅游业发展。

1∶5万项目成果为基础地质调查数据更新提供了基础性区域地学数据库，同时为社会公众提供了公益性的数字区域地质信息，充分发挥了公益性地质工作在资源保障、环境保护和工程建设中的基础性、先行性作用。

二、综合地质研究

有关贵州基础地质的区域地质调查、科研成果等资料繁多，特别是20世纪70年代末期以来，随着现代地球科学的发展和进步,新理论、新观点的渗透和影响,运用多重地层划分的概念,研究了贵州省一些重要的地质年代界线;运用现代沉积学的理论,研究贵州有关时代的沉积环境或岩相古地理;运用地质历史分析和板块构造观点,研讨贵州的地质构造等,均取得了显著的进展。有关的主要专题和综合研究成果涉及如下几个方面。

(1) 20世纪80年代初,覆盖全省的1∶20万区域地质调查结束之后,通过编著区域地质志对贵州省丰富的基础地质资料做了全面的总结,同时更新了1∶50万地质图,其绝大部分内容经过实践检验,至今仍具有利用价值和参考意义。

(2) 编著了《贵州地层典》,完成了岩石地层清理项目,为贵州应用过的地层单位正名、明确含义,规范了岩石地层名称的使用,以及与生物地层、年代地层的关系,为多重地层划分、层序地层以及岩相古地理的研究夯实了基础。

(3) 在大量野外地质调查实际资料的基础上,应用现代地层学、沉积学、大地构造学的新理论,基本按阶编绘的贵州中元古代至三叠纪岩相古地理图,即《贵州省岩相古地理图集》,探讨了岩相古地理的演变和控制因素。

(4) 对以往工作相对薄弱的新生代地层的研究也有了较大的进展,如《贵州省的上新生界》等专题成果,提出了较完整的贵州晚新生代岩石地层和气候地层序列,探讨了新构造运动、贵州新生代剥夷面、古地理和地势的变迁以及第四纪古冰川等有关问题。

(5) 王砚耕(1992)进一步分析了贵州构造基本格架,将贵州分为扬子陆块、江南造山带和右江造山带3个构造单元,简要阐述了四川盆地边缘平缓褶皱区、贵州侏罗山式褶皱带、江南造山型褶皱带和南盘江造山型褶皱带的变形特征及构造样式,指出贵州的构造主体是薄皮构造。

(6) 20世纪90年代后期,贵州省地质调查院在研究黔西南金矿和黔东南金矿成矿地质背景的过程中,注意到晚古生代特提斯的东延,连接了这两个成矿地域,即连通了右江造山带和江南造山带,造成伴随中生代或中—新生代运动而发生的成矿作用,使黔西南金矿和黔东南金矿在某些方面具有类似的特征。戴传固等(2005)论述了江南造山带西南段构造演化,将右江造山带与江南造山带统称为"江南造山带",将贵州高级别的大地构造单元划分为"扬子陆块"和"江南造山带",并指出"江南造山带"具有从洋陆转换阶段的B型俯冲造山向板内活动阶段的A型俯冲造山演化、从活动型地壳到稳定型地壳的演化历程,是一个由不同时期、不同性质的造山作用构成的复合造山带。

(7) 丘元禧等(1993)对包括黔东南在内的雪峰山地区进行了调研,撰写了专著;贵州省地质矿产局区域地质调查院对黔东南雷公山地区作了过渡性剪切带的专题调研,并探讨了与锑、金等多金属矿产的关系。

(8) 王砚耕(1996)通过对贵州地质特征的分析,归纳并简要论述了贵州地史时期的主要地质事件及其产物,包括表生沉积地质事件(气候、生物、缺氧、重力流、风暴流等),以及地球内营力引起的构造运动及构造热事件等。

(9) 为配合玄武岩铜矿普查,贵州省地质矿产局区域地质调查院将贵州西部分布的峨眉山玄武岩再次作了综合研究,并重点探讨了与铜矿的关系,有助于深入研究玄武岩铜矿的成矿作用和找矿潜力评价。

(10) 20世纪80年代初期陆续开展的1∶5万和1∶25万区域地质调查,通过应用新理论、新方法、新技术,不仅取得了一些基础地质的新进展,而且在找矿方面也取得了一些新突破。如在1∶5万洛凡幅区域地质调查实施过程中,在分析区域成矿地质背景方面,相应调整了不同地质背景区的地球化学背景,降低了低背景区Au等元素的异常下限值,通过异常查证发现了贞丰县烂泥沟金矿,后经详查,探明金资源储量达超大型金矿规模。在1∶25万区域地质调查实施过程中,通过对新资料的补充以及对各种实际资料的再认识,增强了从地质背景探讨区域成矿作用、评估找矿潜力的意识。如在1∶25万遵义幅区域地质调查过程中,依据取得的实际资料,对"黔中隆起"的形成提出新的见解,提高了对黔中磷、铝等沉积矿产的形成和分布规律的认识。贵州省地质矿产局区域地质调查院按此思路,作了"黔中地区成矿带地质背景综合研究"的尝试,并取得了较好的效果。

随着地层学、沉积学、构造地质学等新理论、新观念、新方法的不断引进和深化,以及在各种比例尺的地质填图及编图的实践中提出的新问题,地层清理和划分对比,及沉积学、构造地质学研究等工作将不断地深入。

第三节 工作过程及主要实物工作量

贵州省地质调查院自2007年开始,抽调技术骨干组成项目组,参加全国培训,学习和掌握全国矿产资源潜力评价项目办公室(以下简称"全国项目办")下发的《地质构造研究工作技术要求》;广泛收集区域地质调查、科研成果资料,进行综合研究;在此基础上编写《贵州省成矿地质背景研究设计书》。

2008年,全国项目办将贵州务-正-道地区列为全国典型示范区,课题组承担了贵州务-正-道地区铝土矿成矿预测典型示范的成矿地质背景研究和编图工作。经过专家多次指导、会议讨论和修改,确定了图式和图面表达内容。于2009年1月10日在厦门举行的成矿地质背景典型示范成果初审会议上通过审查,示范区成果符合成矿地质背景研究工作总体技术要求和《全国成矿地质背景典型示范成果验收内容与要求》,全面完成了典型示范区各项工作任务。

自2009年开始,贵州省开展区域地质背景研究,编制了全省范围的1∶25万实际材料图、建造构造图、各矿种的矿产预测地质构造专题底图及编图说明书。完成主要工作量包括1∶25万实际材料图及建造构造图各10幅,全省各矿种共61个预测区的矿产预测地质构造专题底图及编图说明书。

2012—2013年,应用活动论观点,再认识了贵州省大陆地壳块体离散、汇聚、碰撞、造山等过程,重塑了扬子板块形成的演化历程,追溯了不同阶段构造格局,进行动态大地构造单元划分,完成了贵州省大地构造相图和成矿地质背景研究报告。主要实物工作量包括1∶50万大地构造相图工作底图(贵州省1∶50万大地构造相图沉积岩工作底图、贵州省1∶50万大地构造相图变质岩工作底图、贵州省1∶50万大地构造相图岩浆岩工作底图、贵州省1∶50万大地构造相图大型变形构造工作底图)、1∶50万大地构造相图及成矿地质背景研究报告。

第二章　区域地质背景

第一节　沉积岩建造组合与构造古地理

根据全国矿产资源潜力评价的技术要求,沉积岩区综合研究的任务是:①为沉积矿产和层控矿产的预测评价提供不同比例尺的工作底图(构造岩相古地理图、沉积建造构造图、地貌与第四纪地质图);②为省级大地构造相图编图提供沉积岩建造构造方面的综合研究成果(省级岩石地层划分对比、沉积岩区大地构造相划分等);③在深入研究和精细编图的基础上,从时间、空间、物质组成和大地构造环境4个方面阐述各地层单位的基本特征、纵横变化及组合特征,划分岩石构造组合;④探讨沉积矿产和层控矿产与沉积相、沉积建造的具体关系,以及构造古地理环境、盆地构造系对矿产的控制特点。

一、构造-地层分区和岩石地层格架

（一）构造地层分区

贵州地层自新元古界至第四系均有出露,以海相沉积岩发育和古生物化石丰富为主要特色,赋存丰富的煤、磷、铝、锰等沉积矿产。新元古代沉积物以海相陆源碎屑岩为主,夹火山碎屑岩及碳酸盐岩;古生代至晚三叠世中期沉积物以海相碳酸盐岩为主夹碎屑岩;晚三叠世晚期以后全为陆相沉积。地层累计厚度大于50 000m。地史上经历了武陵期、雪峰—加里东期、海西—燕山期和喜马拉雅期4个发展阶段。区域性古(深)断裂对地层发育有明显的控制作用。

根据全国矿产资源潜力评价地层区划方案、综合地层区划原则、区划等级,全国地层多重划分对比研究贵州省及相邻省(市)岩石地层划分方案,贵州隶属于华南地层大区中的扬子地层区之上扬子地层分区和东南地层区之右江地层分区、湘中地层分区、桂湘赣地层分区。其综合地层区划详见图2-1、图2-2。各地层区特征如下。

1. 扬子地层区

上扬子地层分区:基底为由新元古界梵净山群、板溪群组成的活动或较活动型复理石、类复理石沉积,新元古界板溪群与梵净山群之间由武陵运动形成的不整合面分隔。震旦纪至三叠纪基本上无造山运动,大范围处于陆表海或海陆交互环境,其东部边缘地区处于陆架斜坡地带。晚三叠世中期地壳上升,海水退出,开始大面积陆相沉积。侏罗纪至古近纪经历燕山运动,形成山间盆地或断陷盆地陆相沉积,赤水地区与四川盆地连片。

(1)赤水地层小区:以四川盆地型侏罗系、白垩系大面积分布,缺失泥盆系、石炭系为特点。

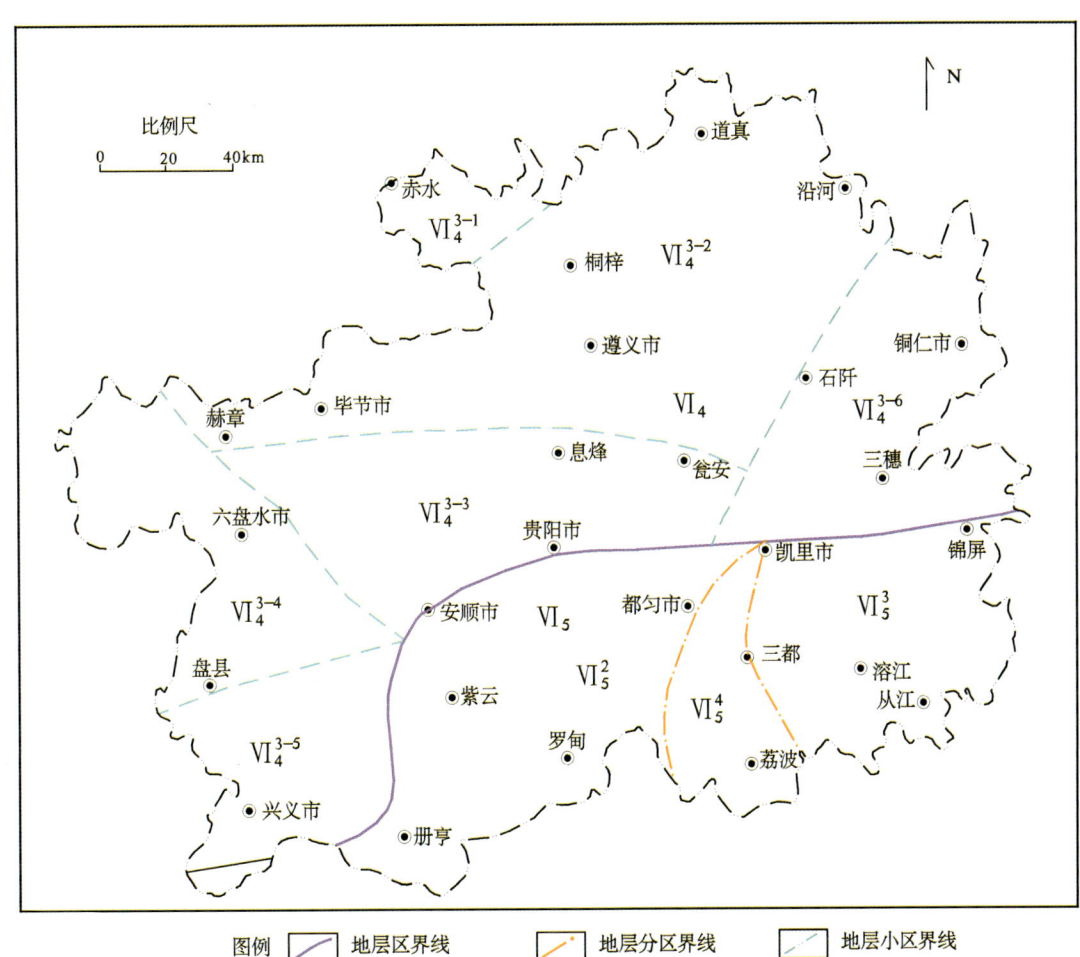

图 2-1 贵州省地层综合区划图

Ⅵ₄. 扬子地层区；Ⅵ₄³. 上扬子地层分区；Ⅵ₄³⁻¹. 赤水地层小区；Ⅵ₄³⁻². 黔北地层小区；Ⅵ₄³⁻³. 黔中地层小区；
Ⅵ₄³⁻⁴. 黔西北地层小区；Ⅵ₄³⁻⁵. 黔西南地区小区；Ⅵ₄³⁻⁶. 江西地层小区；Ⅵ₅. 东南地层区；
Ⅵ₅². 右江地层分区；Ⅵ₅³. 湘中地层分区；Ⅵ₅⁴. 桂湘赣地层分区

(2)黔北地层小区：早古生代地层发育良好，分布广泛，化石丰富，缺失泥盆系。

(3)黔中地层小区：普遍缺失中—上奥陶统、志留系和泥盆系。

(4)黔西北地层小区：缺失中—上寒武统及奥陶系，上古生界发育不全，石炭系、二叠系过渡地层发育。

(5)黔西南地层小区：泥盆系为台盆碳酸盐岩、碎屑岩组合，具石炭系、二叠系过渡地层，三叠系发育完好。

(6)江南地层小区：处于扬子陆块与东南活动带的过渡地带。以中元古界四堡群复理石建造为基底，与上覆新元古界下江群(丹洲群)类复理石建造不整合接触。下震旦统长安组、黎家坡组为含冰筏沉积的砂泥岩；富禄组属海相碎屑岩；大塘坡组为黑色泥岩及碳酸盐岩含锰建造。上震旦统—志留系由碎屑岩、硅质岩夹碳酸盐岩组成，属浅海与次深海之间过渡的斜坡带沉积。受加里东期构造运动影响，区内抬升，普遍缺失上志留统—下泥盆统沉积，石炭系—三叠系保存极差。

2. 东南地层区

前南华纪基底岩系为九龙群（或四堡群）、下江群（或丹洲群），与扬子地层区江南地层分区连成一片，均为活动型沉积。贵州东部两区界线主要依据加里东期构造特征和构造运动造成的志留系、泥盆系界面性质（扬子地层区为平行不整合，东南地层区为不整合）来划分。

1）右江地层分区

早古生代后期地层发育不全，保存不好，缺失奥陶系和志留系。早泥盆世晚期至二叠纪基底上隆，出现裂陷和裂谷型盆地，台地边缘或盆间孤立台地为浅水碳酸盐岩建造，盆地则为深水碳酸盐岩、硅质岩、细碎屑岩沉积；晚二叠世至晚三叠世早期地层中形成再生活动型巨厚复理石夹碳酸盐岩及火山碎屑岩建造；晚三叠世晚期以后处于陆相环境。

2）湘中地层分区

褶皱基底为新元古界四堡群（九龙群）和下江群（或丹洲群）两套岩系组成，两者呈不整合接触，代表武陵运动界面。震旦系平行不整合于前南华纪地层之上。早震旦世沉积物以含陆源冰碛砾石的浅海碎屑岩为主，夹碳酸盐岩。震旦纪至早古生代为不稳定环境，沉积物以复理石或类复理石夹硅质岩为主。晚古生代及早三叠世沉积为碳酸盐岩夹碎屑岩及硅质岩建造。中生代印支—燕山期地壳强烈上升，盖层被大幅度剥蚀。

3）桂湘赣地层分区

该区未见前南华系出露。震旦纪至早古生代为活动型沉积，夹碳酸盐岩及硅质岩，地层发育较好。以复理石或类复理石建造为主，夹碳酸盐岩及硅质岩，地层发育较好。

（二）岩石地层格架

贵州地层在纵向上包括四大沉积发育阶段：新元古界梵净山群/四堡群/九龙群是一套厚度巨大的复理石沉积建造，显示了活动型地区特征，是贵州省地层沉积发育的第一个阶段。新元古界板溪群/下江群/丹洲群—下古生界构成了第二个沉积发育阶段，西北部形成稳定区，接受稳定的台地型沉积，东南部早期为活动型地区沉积，震旦纪之后自北西向南东形成断阶式斜坡—盆地，沉积物由碳酸盐岩、砂岩、泥质岩为主逐渐过渡为硅质岩、砂岩、泥质岩为主。上古生界和中—上三叠统，在贵州省范围内都是稳定型地区沉积，是第三个沉积发育阶段。中三叠世后发生的印支运动，使贵州省结束了海相沉积历史，形成以陆相河湖盆地的沉积，构成了第四个沉积发育阶段。

贵州地层中蕴藏有丰富的矿产，包括煤、锰、磷、铝土、锑、汞、铜、铅锌、铁、重晶石、石膏、铀、镍、钼、钒等，具有重要的经济价值。

1. 青白口纪早期（梵净山群/四堡群/九龙群）

贵州青白口纪早期涉及梵净山群/四堡群/九龙群（图2-3），梵净山群（共划分为7个组）仅分布于黔东北梵净山区，四堡群（共划分为3个组）和九龙群（共划分为2个组）分布于黔东南从江地区。三者为岩性组合相似的、并列的岩石地层单位：下部前复理石泥质岩和上部复理石砂泥岩，其上部砂泥岩中尚夹有以大套枕状细碧岩为主的海相火山喷发岩及分异的基性—超基性岩。变质后表现为一套变质砂岩、板岩、千枚岩、片岩夹层状基性—超基性岩组合。厚度大于10 000m，未见底。

2. 青白口纪晚期

贵州青白口纪晚期涉及下江群/丹洲群/板溪群（图2-3），下江群（共划分为6个组）主要分布于黔东中部；丹洲群（共划分为3个组）分布于湘、黔、桂交界地带；板溪群（共划分为4个组）分布于铜仁—凤

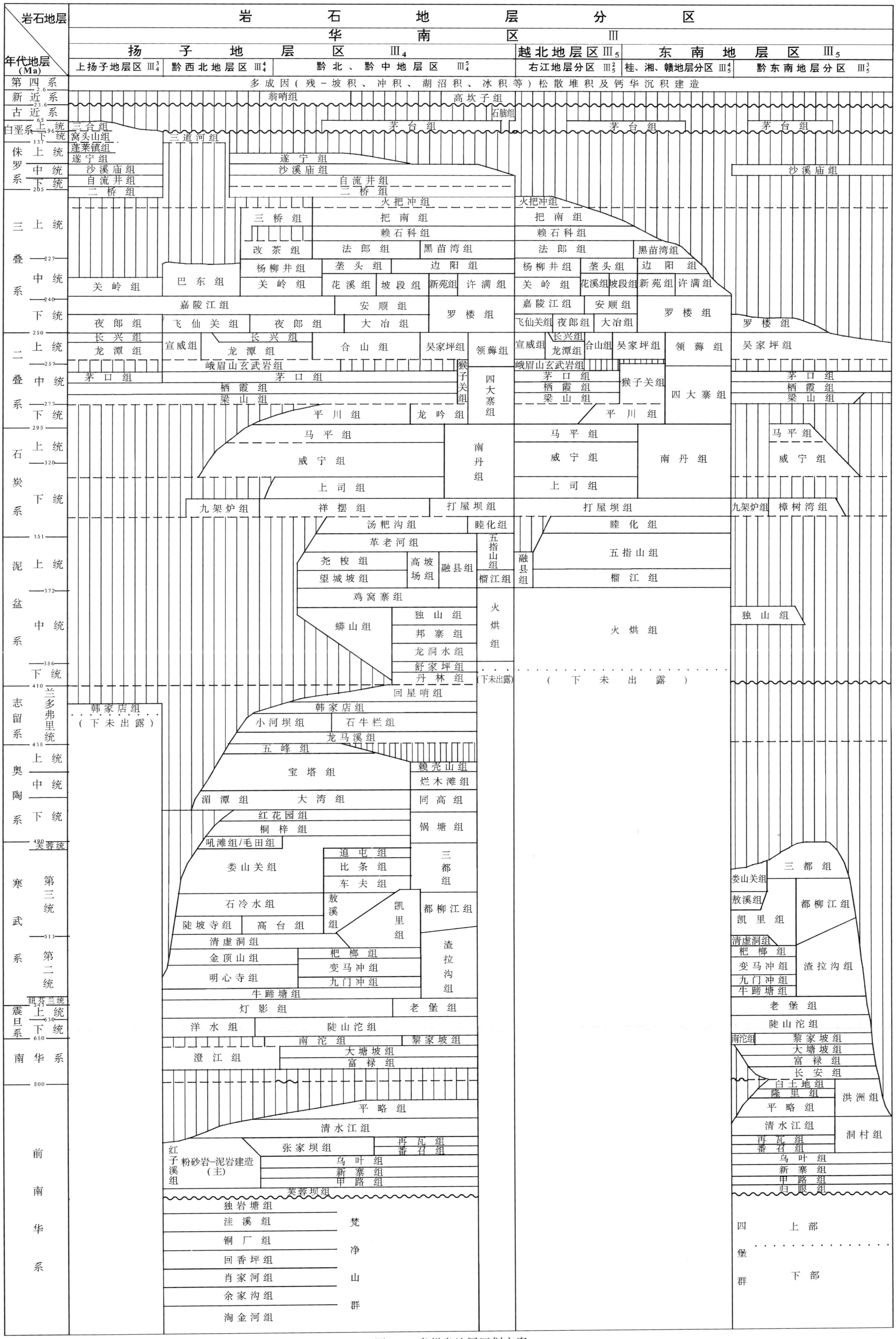

图2-2 贵州省地层区划方案
(据《贵州地层典》，1996年，改编)

冈一线以北。三者为新元古代早期相并列的岩群,厚4 500～10 000m,角度不整合于四堡群、梵净山群或九龙群之上。

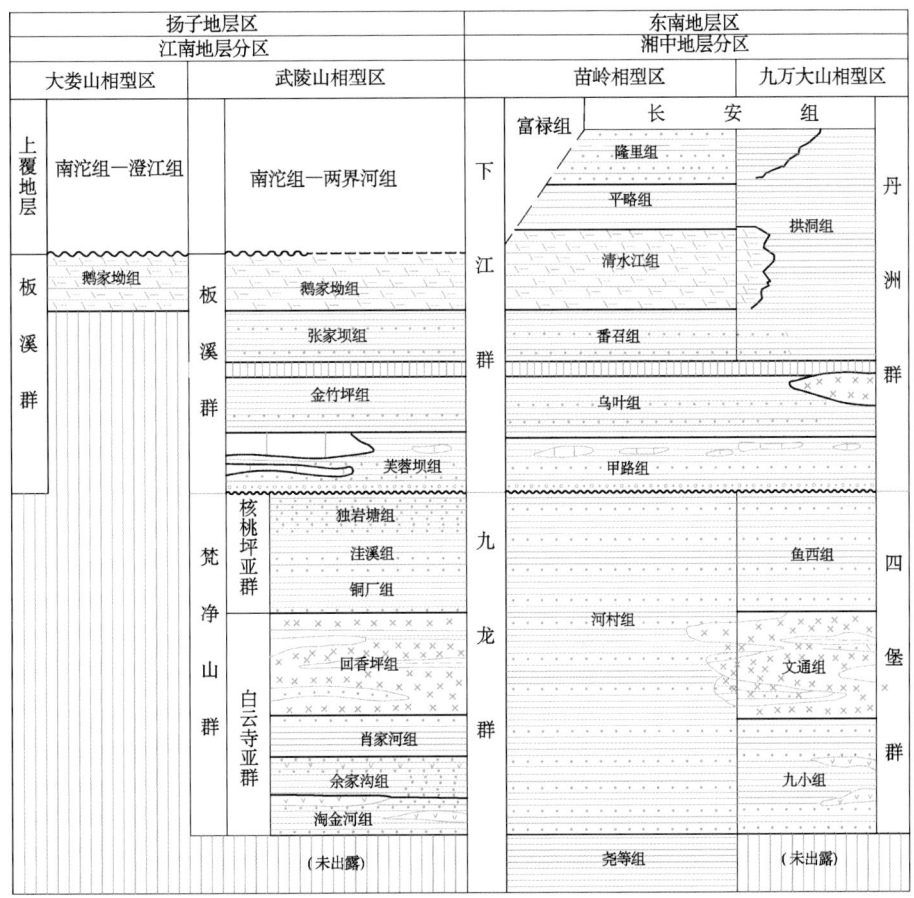

图2-3 贵州省前震旦纪岩石地层单位关系示意图

板溪群下部芙蓉坝组由灰绿色、紫灰色块状变质砾岩、变质砂砾岩及变质岩屑砂岩等组成,多以变质砾岩为主。中下部红子溪组下部及金竹坪组以变质砂砾岩为主;红子溪组上部及张家坝组以紫红色绢云母板岩和砂质板岩为主;上部鹅家坳组主要为变质凝灰岩、变质砂岩和板岩互层。

下江群和丹洲群在地理上连成一片,两岩群下部甲路组和乌叶组岩性、岩相大体相同。中下部以石英绢云片岩、千枚岩、板岩为主,下部夹变质砂岩和大理岩透镜体;上部以黑色有机质千枚岩、板岩为主,夹变质砂岩。两岩群上部丹洲群内称拱洞组;下江群中上部分为4个组,自下而上为番召组、清水江组、平略组、隆里组。前者以泥质岩为主,后者以砂泥岩为主,并以夹大量凝灰质岩为特征。两者的分界大致在黎平—榕江一线。各岩石地层单位均经受了绿片岩相区域变质。地层中生物化石仅见疑螈类,均为形态类型相对简单的分子,其生物地层意义尚待深入研究。

3. 南华系

南华系相当于《贵州省岩石地层》所称的下震旦统(图2-4),主要分布于贵州东部,零星见于黔中和黔北,分为扬子地层区、江南地层区及两者之间的过渡地层区,共划分为8个组,厚1 900～6 500m。

扬子地层区南华系发育较差,以陆相碎屑岩为主,变化较大,常有间断和缺失,与下伏前南华纪地层角度不整合接触。江南地层区(贵州东部)地层发育完整,岩性复杂,厚度巨大,以冰碛杂砾岩为主,自下而上划分为长安冰期、富禄间冰期和南沱冰期,与下伏前南华纪地层多为整合接触,局部为假整合接触。过渡地层区(黔东北至黔东一带)地层发育良好,为种类繁多的碎屑沉积,大塘坡时期的沉积锰矿主要产于本区,含锰岩组由下部碳质黏土岩、粉砂质黏土岩夹似层状菱锰矿及上部粉砂质黏土岩、黏土岩夹粉砂岩组成,厚100~550m,向南东减薄。该区下部地层常有不同程度的缺失,与下伏前南华纪地层多为假整合接触。南华纪地层中生物化石匮乏,仅见少量疑颤类。

4. 震旦系

震旦系主要分布于贵州东部,零星见于黔中和黔北,分为扬子地层区、江南地层区及两者之间的过渡地层区,相当于《贵州省岩石地层》所称的上震旦统(图2-4),《贵州省岩石地层》共划分为3个组,与下伏南华系为平行不整合接触。

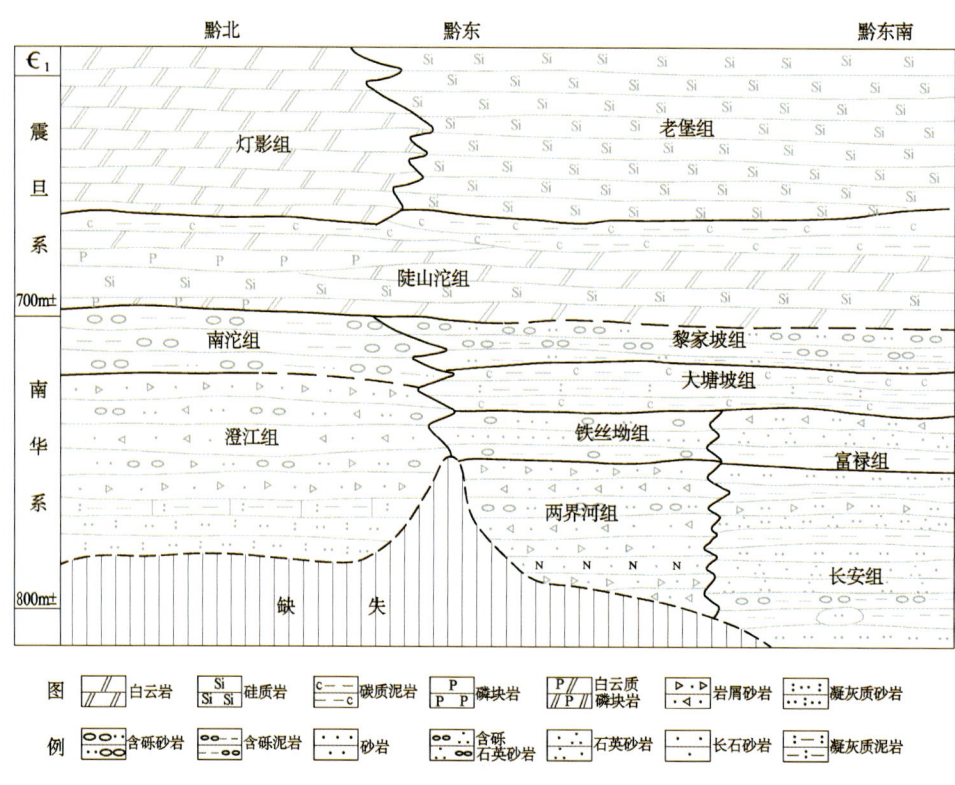

图2-4 贵州省南华纪—震旦纪岩石地层时空分布图

扬子地层区震旦系发育较好,以碳(磷)酸盐岩沉积为主,属海相稳定沉积类型,著名的海相富磷块岩——"开阳式"磷矿即产于本区。含磷岩组由中下部浅灰色厚层块状细晶白云岩、鲕粒或藻白云岩夹砂砾屑白云岩以及上部粉砂质黏土岩、微晶白云岩夹硅质岩、磷块岩和顶部白云质硅质岩、含磷白云岩、含磷硅质岩、磷块岩组成,厚200~440m。江南地层区(贵州东部)地层厚度相对较薄,以暗色碳硅质沉积为主。过渡地层区(黔东北至黔东一带)以碳硅质岩和碳酸盐岩沉积为主,属海相稳定沉积类型。震旦纪地层中见由疑源类、藻类和菌类组成的微体生物化石群落。

5. 寒武系

寒武系分布广泛,发育完整,化石丰富,可划分为扬子和东南两个地层区共23个组(图2-5),与下伏震旦系为整合接触。厚度大于3 000m。

(1) 扬子地层区：指台江—三都一线以西的地区。寒武系共划为 19 个组。早寒武世梅树村期早、中时为碳(磷)酸盐岩和含磷硅质岩沉积，西部含丰富的小壳化石；梅树村期晚时至沧浪铺期主要为碎屑岩沉积，扬子型三叶虫繁衍；早寒武世龙王庙期至中、晚寒武世，几乎全为碳酸盐岩沉积，岩石类型复杂多样，下部以灰岩为主，中上部全为白云岩，含较丰富的扬子型底栖三叶虫及少量腕足和腹足类化石。

(2) 东南地层区：指剑河—三都一线以东的地区。寒武系共划分为 4 个组，最下部的老堡组为震旦纪—寒武纪跨时岩石地层单位。梅树村期是一套硅质岩；筇竹寺期至龙王庙期为一套高碳质页岩、碳质粉砂岩沉积，化石稀少；中—晚寒武世以泥质条带灰岩、泥灰岩和钙质页岩为主，夹碳质页岩和白云岩，三叶虫以江南型动物群为特色。

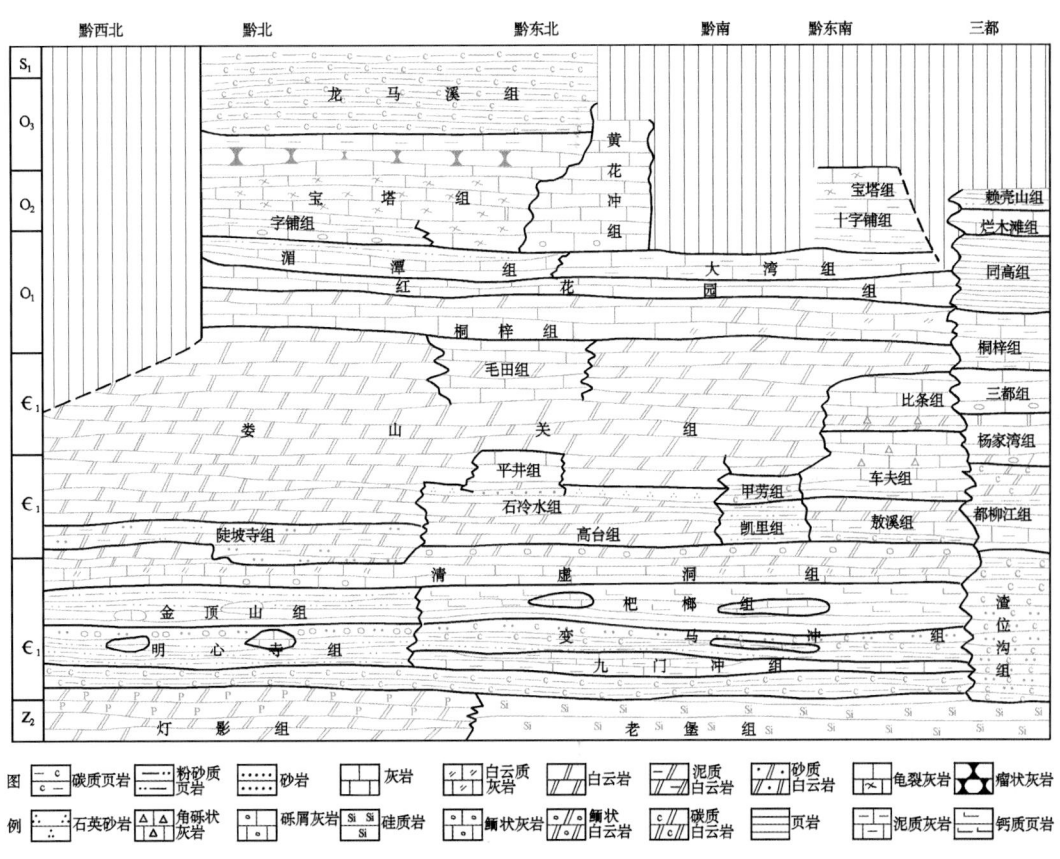

图 2-5 贵州省寒武纪—奥陶纪岩石地层时空分布图

6. 奥陶系

奥陶系仅威宁、大方、瓮安、织金一线及剑河等地缺失沉积，总体分布较为广泛，发育良好，生物化石丰富，共划分为 11 个组(图 2-5)，与下伏寒武系为整合接触。厚度大于 700m。

扬子地层区的奥陶系发育相对完整，共划分为 7 个组，为上扬子克拉通盆地沉积。早奥陶世早期沉积了一套中厚层状白云岩，黔北地区白云岩中夹页岩和泥灰岩，晚期则以泥质和碳酸钙沉积为主；中奥陶世至晚奥陶世石口期主要以生物屑灰岩、泥灰岩发育为主；晚奥陶世五峰期主要沉积了一套黑色页岩夹灰岩的地层。古生物以笔石、三叶虫、头足类和腕足类最发育，属扬子型生物群落。

东南地层区地层发育不全，中—上奥陶统大部缺失，仅发育下—中奥陶统部分地层，可划分为 4 个组，为上扬子前陆盆地深水相沉积的灰岩、泥灰岩、粉砂岩、页岩组合，富含笔石和头足类，生物面貌具华南区与扬子区的过渡色彩。

7. 志留系

志留系发育不全,黔东的镇远—榕江一带,黔西的赫章、金沙一带,贵阳以北、遵义以南均缺失沉积,主要分布于黔北,其次为黔南。下志留统发育相对完整,中—上志留统多有缺失。除少量地层区划属东南地层区的右江、桂湘赣地层分区外,其余均划属扬子地层区。志留系共划分为9个组和1个群(图2-5),与下伏奥陶系整合或平行不整合接触。厚度大于2 000m。

黔北、黔南早—中志留世为上扬子克拉通盆地陆架沉积,发育了一套砂页岩地层,黔中地区则发育一套粉砂岩、泥质岩夹生物屑灰岩的地层;黔东北中志留世主要发育以粉砂岩、细—中粒石英砂岩夹砂质页岩为主的地层。省内普遍缺失上志留统。生物面貌以笔石、三叶虫、头足类和腕足类发育为特征,以笔石占主导地位,属扬子型生物群落。

8. 泥盆系

泥盆系分布于贵州南部,除缺失早泥盆世早期地层外,其余地层均发育较好,且生物化石丰富(图2-6)。《贵州省岩石地层》中划属扬子地层区上扬子地层分区的黔西南、黔西北地层小区(共划分为11个组),以及东南地层区的右江、桂湘赣地层分区(共划分为5个组)。

《贵州省区域地质志》中将泥盆系划分为贵阳-水城、安顺-盘县和望谟-罗甸3个地层分区。

(1)贵阳-水城地层分区:主要为海相浅水碳酸盐岩和碎屑岩沉积,富含层孔虫、腕足类和珊瑚,与下伏志留系呈假整合接触,最大沉积厚度2 298m。其中凯里小区为滨岸沉积,下—中泥盆统大部分为陆源碎屑岩,上泥盆统为白云岩,化石稀少;独山、赫章县两个地层小区为近岸台地沉积,下泥盆统主要为陆源碎屑岩,中、上泥盆统主要为碳酸盐岩,底栖生物化石丰富。

(2)安顺-盘县地层分区:为台缘沉积区,以岩性复杂、相变剧烈和滩礁相碳酸盐岩发育为特点,富含层孔虫、腕足类和珊瑚等底栖生物及菊石、三叶虫等浮游生物。其中麻尾小区为典型台缘沉积,表现为浅水碳酸盐岩和碎屑岩与深水泥质岩、硅质岩、碳酸盐岩交错出现;普安小区除下泥盆统、上泥盆统和中泥盆统下部为滩礁相碳酸盐岩外,其余均为较深水泥质岩、硅质岩和碳酸盐岩。

(3)望谟-罗甸地层分区:为台盆沉积区,发育海相深水泥质岩、硅质岩和碳酸盐岩,富含菊石、三叶虫、薄壳竹节石和介形虫等浮游生物。

9. 石炭系

石炭系主要分布于贵州南部,在黔东的黎平和黔北的道真两地有少量出露,发育较好,层序连续,生物化石丰富,与下伏泥盆系呈整合接触(图2-6)。《贵州省岩石地层》中划属扬子地层区上扬子地层分区的黔西南、黔西北、黔中、黔北地层小区(共划分为13个组),以及东南地层区的右江、桂湘赣地层分区(共划分为5个组)。

《贵州省区域地质志》中将石炭系划分为独山-威宁、郎岱-罗甸和普安-麻尾3个地层分区。

(1)独山-威宁地层分区:俗称"白区",是贵州石炭系的主体,以台地相浅色碳酸盐岩为主,最大厚度2 790m,䗴、珊瑚、腕足类等底栖生物化石丰富,著名的黔中铝土矿即产于该区九架炉组中,含矿岩系由黏土岩、铝土岩(矿)、铁矿及碳质页岩组成。该区的祥摆组为石炭系唯一含煤岩组,以石英砂岩为主,夹砂质页岩、碳质页岩、煤层、煤线及少量泥灰岩。

(2)郎岱-罗甸地层分区:俗称"黑区",为相对深水的台盆相暗色碳酸盐岩及硅质岩沉积,化石稀少,以浮游型生物为主,最大厚度1 550m。

(3)普安-麻尾地层分区:具上述两个分区之间的过渡色彩,下石炭统为暗色碳酸盐岩及硅质岩沉积,中—上石炭统为浅色碳酸盐岩,最大厚度2 070m。

10. 二叠系

二叠系广泛分布于全省各地,地层发育完整,沉积类型多样,古生物化石丰富,与下伏石炭系呈假整合或整合接触(图2-6)。《贵州省岩石地层》中划属扬子地层区(共划分为10个组)和东南地层区(共划分为8个组)。

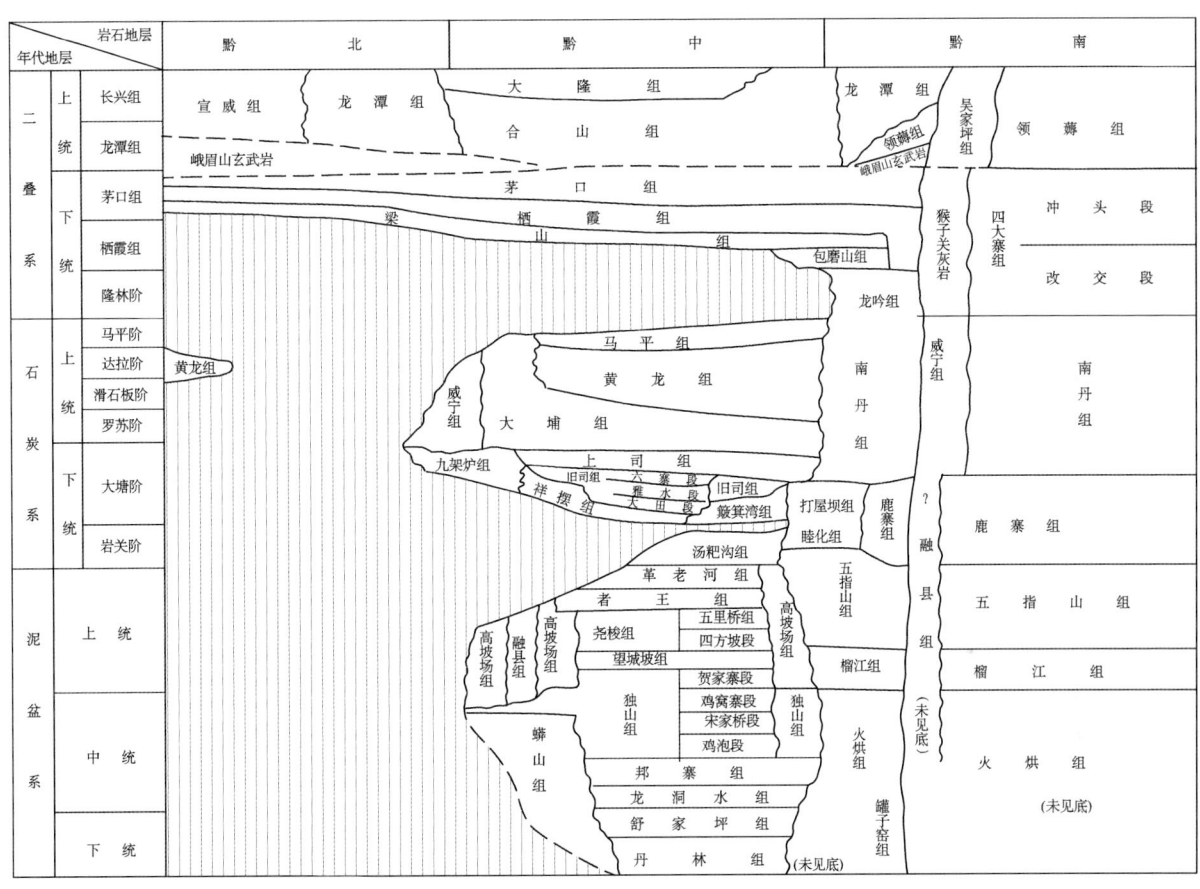

图2-6 贵州省泥盆纪—二叠纪年代地层、岩石地层对应关系图

下—中二叠统:黔南地区主要为开阔台地相质地较纯的碳酸盐岩,地层发育齐全,蜓、珊瑚等生物化石丰富,岩相较复杂,最大沉积厚度1 200m,多整合于石炭系之上;黔中、黔北地区主要为不纯的半局限台地相碳酸盐岩,岩性较稳定,珊瑚化石较发育,但下二叠统发育不全,与下伏老地层为假整合接触,最大厚度500m;南盘江地区由浅海盆地和台地边缘深水相暗色碳酸盐岩及硅泥质岩组成,地层发育最完整,蜓类和菊石较繁盛,最大沉积厚度650m。

峨眉山玄武岩:仅发育于扬子地层区的上扬子地层分区,以致密斑状、杏仁状玄武岩为主,夹玄武质火山碎屑岩,以及砂岩、泥岩等,与下伏地层呈平行不整合接触,最大厚度超过1 000m。

上二叠统:苗岭区(主要指黔东北、黔东及黔东南地区),地层发育齐全,一般由海相碳酸盐岩组成,盛产蜓、珊瑚和菊石,最大厚度300m,与下伏中二叠统茅口组呈平行不整合接触。三岔河区(主要指遵义—贵阳—关岭一线以西和毕节—普安一线以东的区域),主要由海陆交互相含煤碎屑岩及生物碎屑灰岩组成,富含植物化石和双壳类、腕足类等动物化石,最大厚度500m,与下伏中二叠统茅口组或峨眉山玄武岩呈平行不整合接触。其中,龙潭组和合山组是省内重要含煤岩组,合山组为一套以泥灰岩为主,夹数层煤层及少量硅质条带等岩性组合;龙潭组则主要由长石石英砂岩、粉砂岩、页岩夹煤层及生物碎屑灰岩组成。乌蒙山区(指毕节—普安一线以西区域),为一套陆相含煤碎屑岩,盛产大羽羊齿等植物化石,最大厚度1 062m,与下伏峨眉山玄武岩呈平行不整合接触,其中宣威组也是贵州省内重要的含煤岩组,由细砂岩、粉砂岩、黏土岩、页岩及煤层组成。南盘江区(指册亨—关岭—紫云—望谟—罗甸一线以南区域),由一套海相深水碎屑岩夹少量碳酸盐岩组成,生物稀少,以菊石为主,最大厚度1 650m,与下伏中二叠统连续沉积。

11. 三叠系

三叠系分布广泛,发育良好,化石丰富,以海相沉积为主,与下伏二叠系呈平行不整合或整合接触(图2-7)。《贵州省岩石地层》划属扬子地层区(共划分为17个组)和东南地层区(共划分为9个组)。

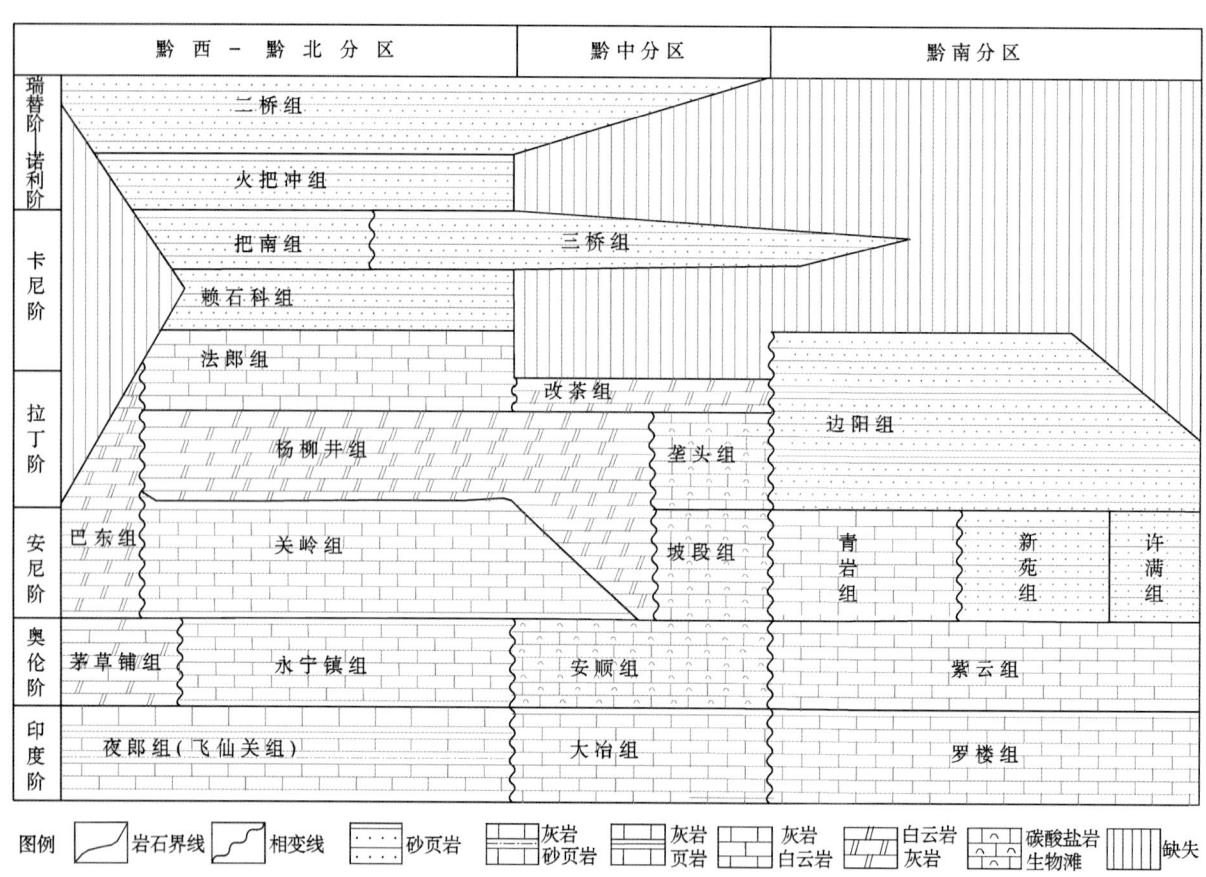

图2-7 贵州省三叠纪岩石地层时空分布图

扬子地层区地层主要由浅水碳酸盐岩组成,双壳类、腕足类、珊瑚等生物化石丰富,最大厚度5 600m。东南地层区地层主要为深水陆源碎屑和钙屑重力流沉积,生物以浮游型菊石和双壳类为主,总厚度大于4 000m。

下三叠统下部:扬子地层区的黔西、黔北地区主要发育一套潮坪-潟湖相陆源碎屑岩,而贞丰—安顺—福泉一线为台地边缘陆源碎屑岩和碳酸盐岩混合沉积;东南地层区发育一套钙屑及细屑重力流和远源火山碎屑浊流沉积。

下三叠统上部:扬子地层区的黔西、黔北地区由陆源碎屑岩和碳酸盐岩组成,而贞丰—安顺—福泉一线由台地边缘相鲕粒、生物屑白云岩组成；东南地层区由斜坡-深水槽盆相的薄层泥晶灰岩、滑塌钙屑角砾岩、高密度颗粒流灰岩及钙屑浊积岩组成。

中三叠统中下部：扬子地层区的黔西、黔北地区主要为半封闭—封闭的局限台地相泥质白云岩、灰岩及含膏白云岩组合，而贞丰—安顺—福泉一线为台地边缘区，由亮晶生物屑灰岩、亮晶鲕粒灰岩和藻纹层白云岩组成，其前缘斜坡地带发育重力崩（塌）积形成的岩楔或岩舌；东南地层区发育一套深水槽盆相陆源碎屑浊积岩。

中三叠统上部：沉积环境发生了很大变化，深水盆地迅速充填，在六枝、镇宁、关岭、紫云、罗甸等地，主要为含菊石和双壳类的生物碎屑泥砾灰岩或白云岩、砂岩、泥岩组成的陆架沉积，而南部的兴义、兴仁、贞丰、望谟等地，则是由含大量浮游型菊石及双壳类的深灰色薄层泥晶灰岩、钙质泥岩和浊积岩组成的深水开阔陆架沉积。

上三叠统下部：仅上扬子地层分区的黔西南地层小区发育浅海相碎屑岩，黔中地层小区发育海相碳酸盐岩与碎屑岩组合；东南地层区的右江地层小区发育浅海相碎屑岩。

上三叠统上部：仅贞丰、六枝等地发育海陆交互相砂页岩含煤组合以及贵阳地区发育海陆交互相碳酸盐岩与碎屑岩组合。

三叠纪晚期海水全部退出贵州，仅上扬子地层分区发育河湖相长石石英砂岩、粉砂岩、泥质岩夹劣质煤层组合。

12. 侏罗系

侏罗系零星分布于道真—遵义—郎岱—盘县一线北西及以东的天柱附近，为河湖相沉积，生物群以淡水双壳类、腹足类、叶肢介、植物、鱼类及爬行类较发育，与下伏三叠系呈平行不整合接触。《贵州省岩石地层》中划属于扬子地层区，共划分为4个组（图2-2）。以黔西北的赤水—习水一带发育较好，地层发育齐全，厚逾3 000m，其余地区发育不全。

下侏罗统为一套以河湖相紫红色及黄绿色泥（页）岩夹薄层石英细砂岩、粉砂岩、生物碎屑灰岩或泥灰岩为主的地层。

中侏罗统下部以一套河湖相黄绿色、紫红色夹深灰色泥岩、粉砂岩为主，夹细、粉砂岩及生物碎屑灰岩透镜体；中侏罗统上部主要为一套河流相沉积的黄灰色、紫灰色长石石英砂岩，与紫红色、紫灰色泥（页）岩不等厚互层的地层。

上侏罗统下部以一套网状河流-洪泛平原沉积为主，局部为浅湖相沉积的紫红色、砖红色钙质、粉砂质泥岩夹浅灰色、紫红色长石石英砂岩、粉砂岩，局部夹泥灰岩地层；上侏罗统上部以一套河流-洪泛平原沉积为主，局部夹湖沼相沉积的紫灰色长石石英砂岩，与紫红色泥（页）岩不等厚互层，夹黄绿色页岩及生物屑灰岩。

13. 白垩系

白垩系零星分布于上扬子地层分区的赤水地层小区、黔中地层小区、黔西北地层小区，以及东南地层区的湘中地层分区。赤水地层小区地层发育较好，发育下、上白垩统，共划分为1个群2个组，为一套泛滥性河流相的砖红色含砾砂岩、砂岩与泥岩组成的若干个大小不等的间断旋回，下部产早白垩世介形类，最大残留厚度154m，与下伏地层呈假整合接触。黔西北地层小区仅发育下白垩统，称三道河组，为山麓-洪流相沉积的由灰色块状泥岩与砖红色含砾长石石英砂岩、钙质长石石英砂岩或含砾砂岩组成的3个半间断性旋回，最大残留厚度900m。黔中地层小区和湘中地层分区仅发育上白垩统，缺失下白垩统，共划分为1个群3个组，为山麓-洪流-湖泊相沉积的由红色砾岩-砂岩-泥岩组成的3个旋回，产轮藻和介形类化石，最大残留厚度1 440m（榕江盆地）。

14. 古近系

古近系零星分布于盘县、普安、兴仁、兴义等地的山间盆地，仅发育始新统—渐新统，其中盘县石脑盆地研究较详细，划分为1个群2个组，最大残留厚度727m。下部为一套山麓洪积相的灰色带棕红色砾岩及褐红色砂质钙质泥岩组成间断性旋回，产少量腹足类化石，与下伏二叠系或三叠系呈角度不整合接触；上部由河流相沉积的褐红色带灰色砾岩及杂色含砾砂质泥岩夹煤线组成，产哺乳类、爬行类、腹足类及植物化石。

15. 新近系

新近系仅施秉翁哨和威宁高坎子两处可见，分别命名为翁哨组和高坎子组，为河湖相沉积。翁哨组岩性为灰绿色含砂砾黏土岩间夹灰黄色泥质粉砂岩及数层褐煤，底部为角砾岩夹砾岩，产轮藻、介形类、腹足类、脊椎动物、昆虫及孢粉等化石，最大厚度134.6m，与下伏奥陶系呈角度不整合接触；高坎子组为由黄色砾岩-含砾黏土岩-钙质砂岩和泥灰岩组成的3个沉积旋回，产轮藻、介形类、腹足类、双壳类和昆虫等，最大厚度63.3m，角度不整合于三叠系之上。

16. 第四系

第四系分布零星而广泛，类型多样，厚度不大，下更新统至全新统均有发育。

黔西北威宁地区：地势高耸开阔，山间盆地湖沼发育，堆积了较厚的湖泊沼泽地层及湖沼外围的残坡积红土。下更新统下段的下部由厚30m的河流相沉积砾、砂、黏土及上部厚10m的湖相沉积黏土和粉砂质黏土组成；上段为威宁草海周围数级阶地上分布的砾石层。中—上更新统由湖相沉积的有机质黏土层及泥炭层组成，厚度大于85m。全新统由坡积砾屑砂土-亚黏土层、湖积泥炭层及少量石钟乳、石笋等化学堆积物组成。

威宁地区以外的省内其余地区：未发现早更新世早期地层。下更新统上段主要由河湖相砂砾和黏土及冰川-冰缘相的泥砾、融冻岩屑或泥石流堆积组成，最大厚度近80m；中—上更新统由冰川-冰缘及冰水-河流堆积物、洞穴碎屑堆积物（含古人类遗物）、洞穴化学沉积物以及灰华阶地堆积和残坡积物等组成。全新统由河流沉积物、湖沼沉积物、坡残积物及洞穴堆积物等碎屑堆积物组成。

二、沉积岩建造组合划分及其特征

贵州沉积盆地，就整个地史发展而言，以海相沉积为主，相位齐全，陆相沉积次之，可分为大型河湖相及山间盆地相两种类型。按构造发展阶段以角度不整合界面划界，大致可分为4个不同阶段的沉积建造组合，各阶段均有不同的演化序列，总体来看是一个活动的洋壳逐渐趋于稳定的陆块。晚三叠世海水全部撤出，上升成陆，结束了海相沉积的历史，开始了分散的陆相沉积。对于前寒武纪的沉积（火山沉积）岩系，由于变质程度较低，一并放在沉积岩中叙述。根据全国项目办下发的《地质构造研究工作技术要求》推荐的划分方案划分贵州省综合地层分区，参照构造古地理单元（五级划分）及对应大地构造亚相对贵州省沉积岩建造组合类型进行了初步划分（表2-1）。

表 2-1 贵州省沉积岩建造组合类型划分方案

地层区		构造古地理单元			对应大地构造亚相
	Ⅱ级	Ⅲ级	Ⅳ级	Ⅴ级	
扬子地层区	陆内	压陷盆地	小型山间断陷盆地	砾石、砂砾-砂土-亚黏土建造（Q）	小型山间断陷盆地亚相
				河流砂岩-砾岩建造（N_2h）	
				沼泽含砾黏土岩-含砾岩-褐煤建造（N_1w）	
			大型内陆河湖盆地	冲积-河流砂岩-砾岩、泥岩建造（K_2m），河流长石石英砂岩-粉砂质泥岩建造（K_2s）	大型内陆河湖盆地亚相
				冲积砾岩-砂、砾岩-泥岩建造（$E_{2-3}sh$）	
				河流砾岩-长石石英砂岩建造（K_1s）	
				湖泊长石石英砂岩-钙质黏土岩建造（J_2z－J_3s）	
				湖泊泥岩-石英砂岩-含铁砂岩建造（$J_{1-2}z$）	
				河流复成分砂岩-碳质泥岩建造（T_3h）	
	前陆盆地	周缘前陆盆地	前渊-隆后	湖泊石英砂岩-粉砂岩-碳质泥岩含煤建造（T_3je）	隆后亚相
				滨岸浅滩石英砂岩-粉砂岩-泥岩建造（T_3b）	
				陆棚钙质黏土岩-粉砂岩屑砂岩建造（T_3l）	前渊亚相
	裂谷	夭折裂谷		陆源碎屑滩浅粉砂岩-白云岩-泥页岩-灰岩建造（T_3g）	碳酸盐岩陆棚斜坡亚相
				开阔-半局限台地灰岩-粉砂岩-黏土岩建造（T_3g）	
				斜坡-盆地页岩-泥灰岩建造（$T_{2-3}f^2$）	
				陆棚半局限台地生物屑泥晶灰岩建造（$T_{2-3}f^1$）	
				盆地黏土岩-页岩-粉砂岩-生物屑灰岩建造（$T_{2-3}hm$）	
				局限台地白云岩-灰岩-黏土岩建造（T_2bd,T_2g,T_2y,T_2h）	
				开阔-半局限台地砂岩-黏土岩建造（T_2p,T_2l）	
				台地边缘礁、滩灰岩建造（T_3l）	
				斜坡-盆地页岩-泥灰岩-砂岩建造（T_2x,T_2xm,T_2b）	
				局限台地白云岩建造（$T_{1-2}a$）	
				开阔-半局限台地灰岩-白云岩-泥岩建造（$T_{1-2}j$）	
				斜坡灰岩-砾屑灰岩-泥岩建造（$T_{1-2}l$）	

续表2-1

地层区	构造古地理单元					对应大地构造亚相	
	II级	III级	IV级	V级			
扬子地层区	裂谷	夭折裂谷		湖泊砂岩-泥岩建造(T_1d)	滨岸潮坪粉砂岩-泥岩建造(T_1f)	开阔-半局限台地灰岩-黏土岩建造(T_1y,T_1d)	碎屑岩滨浅海亚相	碳酸盐岩陆棚斜坡-盆地亚相
				河湖含煤碎屑岩建造(P_3x)	三角洲含煤碎屑岩建造(P_3l,P_3ch)	台地含煤灰岩建造(P_3h)		
				玄武岩建造($P_{2-3}em$)			板内岩浆岩亚相	
						台地灰岩建造(P_2q-P_2m)	碎屑岩滨浅海亚相	碳酸盐岩陆棚斜坡-盆地亚相
				滨岸湖泊-沼泽含煤碎屑岩建造(P_2l)				
				滨岸湖泊-沼泽含铁、铝黏土岩建造(P_1d)				
	被动陆缘	陆棚碳酸盐岩台地-陆源碎屑浅海	碳酸盐岩台地	台地灰岩-白云岩-黏土岩建造(C_1j-C_1sh-$C_{1-2}b$-C_2h-C_2P_1m)			碳酸盐岩陆棚斜坡-盆地亚相	
					台地边缘滩礁灰岩建造(P_2h-P_3w)	斜坡-盆地灰岩-砾屑岩-硅质岩建造($P_{2-3}lh$)		
						斜坡-盆地碳酸盐岩浊积岩-碎屑灰岩建造($P_{1-2}s$)		
						斜坡-盆地砂、页岩-泥灰岩建造(P_1l)		
					台地边缘滩礁灰岩建造(CP_1w)	斜坡-盆地灰岩-砾屑灰岩-硅质岩建造(CP_1n)	碎屑岩滨浅海亚相	
			陆源碎屑	滨岸湖泊-沼泽含铁、铝黏土岩、煤-碎屑岩建造(C_1t)	台地边缘滩颗粒白云岩建造(C_1j,C_1x)	斜坡-盆地黏土岩-碳质黏土岩-硅质岩建造(C_1m)		
				台地生物屑灰岩-白云岩建造(D_3g)		斜坡-盆地泥质条带灰岩建造(D_3C_1wz)		
				台地白云岩建造(D_3y)	台地白云岩-泥灰岩白云质岩建造(D_3gp)		碳酸盐岩陆棚斜坡-盆地亚相	
				台地生物屑灰岩-泥灰岩建造(D_3w)	台地边缘滩白云岩建造(D_3r)	盆地硅质岩-硅质页岩建造(D_3l)		
				滨岸陆源碎屑滩相石英-含铁砂岩-页岩建造($D_{1-2}m$)	滨岸陆源碎屑滩相石英-含铁砂岩建造(D_2j)		碎屑岩滨浅海-碳酸盐岩台地亚相	碎屑岩陆斜坡-盆地亚相
					台地白云岩-灰岩建造(D_2d)	盆地泥灰岩-泥质粉砂岩建造($D_{1-2}h$)		

续表 2-1

地层区	II级	III级	IV级	构造古地理单元 V级		对应大地构造亚相
扬子地层区	被动陆缘	陆棚碳酸盐岩台地-陆源碎屑浅海	碳酸盐岩台地-陆源碎屑	滨岸陆源碎屑滩相石英-含铁砂岩-页岩建造 ($D_{1-2}m$)	滨岸三角洲石英砂岩,砂砾岩-含铁砂岩建造 ($D_2 l$)	碎屑岩滨浅海-碳酸盐岩台地亚相
					台地泥灰岩建造 ($D_2 b$)	
					滨岸陆源碎屑滩相石英-页岩建造 ($D_1 sh$)	
					滨岸陆源碎屑滩相石英建造 ($D_1 d$)	
					盆地泥灰岩-泥质粉砂岩建造 ($D_{1-2}h$)	碎屑岩陆棚斜坡-盆地亚相
		陆源碎屑浅海	陆源碎屑	潮坪-潟湖相砂岩-粉砂岩-黏土岩建造 ($S_1 hx$)		陆源碎屑滨浅海亚相
				潮坪-潟湖粉砂岩-黏土岩建造 ($S_1 x$)	潮坪-潟湖相砂岩-黏土岩建造 ($S_1 h$)	
					潮坪陆源碎屑灰岩夹黏土岩建造 ($S_1 s$)	
				滞留盆地碳质页岩建造 ($O_{2-3}sh-O_{2-3}S_1 l$)	开阔台地生物灰岩-黏土岩建造 ($O_3 w - O_3 S_1 l$)	
		陆棚碳酸盐岩台地	碳酸盐岩台地	台地生物灰岩建造 ($O_{2-3}b, O_{2-3}h$)	内陆棚砂页岩-灰岩建造 ($O_2 lk$)	
					外陆棚瘤状灰岩 ($O_{1-2}tg - O_2 l$)	
				内陆棚砂页岩-灰岩建造 ($O_{1-2}m$)		
				台地生物碎屑灰岩建造 ($O_1 t - O_1 h$)	外陆棚瘤状灰岩-黏土岩建造 ($O_1 d$)	
				台地白云岩白云质灰岩建造 ($\epsilon_{3-4}l$)	台地白云岩-灰岩建造 ($\epsilon_4 m$)	陆源碳酸盐岩斜坡-盆地亚相
					台地白云岩建造 ($\epsilon_4 z$)	
					台缘斜坡泥质条带灰岩-砾屑灰岩建造 ($\epsilon_{3-4}ch - \epsilon_4 b$)	
				台地白云岩建造 ($\epsilon_4 h$)	台缘斜坡泥质条带灰岩-砾屑灰岩建造 ($\epsilon_{2-3}d - \epsilon_{3-4}s - \epsilon_4 O_1 g$)	
				台地白云岩-白云质岩建造 ($\epsilon_3 p$)		

续表 2-1

地层区	II级	III级	IV级	构造古地理单元 V级			对应大地构造亚相
扬子地层区	被动陆缘	陆棚碳酸盐岩盆地	碳酸盐岩台地	台地白云岩建造($\epsilon_3 sh$)	台地白云岩-泥质白云岩建造($\epsilon_{2-3}dp$,$\epsilon_3 g$)	台缘斜坡泥质条带灰岩-砾屑灰岩建造($\epsilon_{2-3}d$-$\epsilon_{4}O_1 g$)	陆源碳酸盐岩斜坡-盆地亚相
				台地白云岩-白云质灰岩建造($\epsilon_2 q$)	台地黏土岩-泥质灰岩建造($\epsilon_{2-3}k$)		
				内陆棚砂质页岩-灰岩建造($\epsilon_2 j$)	外陆棚黏土岩-粉砂岩建造($\epsilon_2 p$)	盆地碳质泥岩-含磷硅质岩建造($\epsilon_{1-2}zh$)	
				滞留盆地碳质泥岩建造($\epsilon_2 jm$-$\epsilon_2 b$)	斜坡碳质黏土岩-粉砂岩-灰岩建造($\epsilon_2 jm$-$\epsilon_2 b$)		
				台地白云岩建造($Z_2 d$)		盆地硅质岩-碳质硅质岩建造($Z_2\epsilon_1 l$)	碳酸盐岩陆棚斜坡-盆地亚相
				台地含磷白云岩建造($Z_2 d$)	台缘礁滩藻块岩-白云岩建造($Z_1 y$)	斜坡白云岩-含磷白云岩-黏土岩建造($Z_2 d$)	
			陆地-海洋冰川	冰川砂、砾岩-泥灰岩建造($Nh_1 c+Nh_1 f$)	冰川砂岩-粉砂岩-凝灰岩建造($Nh_2 n$)	冰川斜坡含砾泥岩建造($Nh_2 l$)	陆地-海洋冰川亚相
				河流岩屑砂岩-粉砂岩-凝灰岩建造($Nh_1 c+Nh_1 f$)	裂谷滨浅海含砾砂岩-黏土岩建造($Nh_1 f$,$Nh_1 l$)		
	裂谷	陆缘裂谷	裂谷边缘	滨岸陆棚变余砂岩-板岩建造($Pt_3 h$)	陆缘斜坡凝灰岩-凝灰质板岩-板岩建造($Pt_3 z$)	陆源斜坡变余砂岩-板岩-千枚岩建造($Pt_3 q$-$Pt_3 f$)	陆源碎屑斜坡亚相
						陆棚内盆地碳质千枚岩-板岩建造($Pt_3 f$)	陆源碎屑斜坡亚相
						陆棚内盆地碳质千枚岩-绢云母千枚岩建造($Pt_3 w$)	滨浅海亚相
				滨岸陆棚变余砂岩-板岩-千枚岩-大理岩建造($Pt_3 j^1$)			
				滨岸陆棚冲洪积变余砾岩建造($Pt_3 j^1$)			磨拉石盆地亚相

续表 2-1

地层区	构造古地理单元				对应大地构造亚相
	Ⅱ级	Ⅲ级	Ⅳ级	Ⅴ级	
扬子地层区	活动陆缘	弧后盆地	裂谷边缘	半深海-深海斜坡变余砂岩-绢云母板岩-绢云母千枚岩建造（$Pt_3 tc$—$Pt_3 w$—$Pt_3 d$）	古弧盆亚相
				深海盆地变余砂岩-绢云母板岩-变余辉绿岩建造（$Pt_3 t$—$Pt_3 y$—$Pt_3 x$—$Pt_3 h$）	
	陆内	压陷盆地	小型山间断陷盆地	砾石、砂砾岩-砂土-亚黏土建造（Q）	小型山间断陷盆地亚相
				冲积砾岩、砾岩-砂、粉砂岩-泥岩建造（$K_2 m$）	
			大型内陆河湖盆地	湖泊长石石英砂岩-钙质黏土岩建造（$J_3 s$）	大型内陆河湖盆地亚相
		前陆盆地	周缘前陆盆地	湖泊石英砂岩-粉砂岩-碳质泥岩含煤建造（$T_3 h$）	隆后亚相
				滨岸浅滩石英砂岩-粉砂岩-泥岩建造（$T_3 b$）	
				陆棚钙质黏土岩-砂岩-灰岩建造（$T_3 l$）	前渊亚相
				斜坡-盆地页岩-泥灰岩建造（$T_{2-3} f^2$）	
				盆地黏土岩-粉砂岩-生物屑灰岩建造（$T_{2-3} hm$）	碳酸盐岩陆棚斜坡-盆地亚相
				开阔半局限台地白云岩-灰岩-黏土岩建造（$T_{2} g$、$T_{2} y$、$T_{2} h$）	
				台地边缘滩、礁灰岩建造（$T_2 p$、$T_2 l$）	
				斜坡-盆地页岩-泥灰岩-砂岩建造（$T_2 x m$、$T_2 b$）	
				局限台地白云岩建造（$T_{1-2} j$）	
				开阔半局限台地灰岩建造（$T_{1-2} a$）	
				斜坡灰岩-砾屑灰岩-泥岩建造（$T_{1-2} l$）	
				开阔半局限台地含煤灰岩建造（$T_1 y$、$T_1 d$）	
				盆地泥晶灰岩建造（$T_{1-2} lk$）	
				滨岸潮坪粉砂岩-泥岩建造（$T_1 f$）	
东南地层区	裂谷	夭折裂谷		三角洲含煤碎屑岩建造（$P_3 l$、$P_3 ch$）	碳酸盐岩陆棚斜坡-盆地亚相
				台地边缘滩、礁灰岩建造（$P_2 h$—$P_3 w$）	
				斜坡-盆地碎屑岩-硅质岩建造（$P_{2-3} h$）	
				河湖含煤碎屑岩建造（$P_3 x$）	
				滨岸潮坪粉砂岩-泥岩建造（$P_3 x$）	板内岩浆岩亚相
				玄武岩建造（$P_{2-3} em$）	
				斜坡-盆地碳质泥灰岩-砾屑灰岩建造（$P_{1-2} s$）	

续表 2-1

地层区	II级	III级	IV级	构造古地理单元 V级			对应大地构造亚相
东南地层区	被动陆缘	陆棚碳酸盐岩台地-陆源碎屑浅海	碳酸盐岩台地-陆源碎屑浅海	台地灰岩建造（$P_2q—P_2m$）		斜坡-盆地碳质泥质灰岩-砾屑灰岩建造（$P_{1-2}s$）	
				滨岸湖泊-沼泽含煤碎屑岩建造（P_2l）	台地边缘滩、礁灰岩建造（$P_2h—P_3w$）		
				台地灰岩白云岩-铝黏土岩-碎屑岩建造（$C_2h—C_2P_1m$）	台地边缘滩灰岩建造（CP_1w）	斜坡-盆地灰岩-砾屑岩硅质岩建造（CP_1n）	
				滨岸湖泊-沼泽含铁、铝黏土岩-碎屑岩建造（C_1j）		斜坡-盆地灰岩-硅质黏土岩硅质岩建造（C_1dw）	
				台地生物屑灰岩-白云岩岩建造（C_1t）		斜坡-盆地泥质条带灰岩-硅质岩建造（D_3C_1wz）	碳酸盐岩陆棚斜坡-盆地亚相
				台地生物屑灰岩-泥灰岩岩建造（D_3w）	台地白云岩-泥质条带白云岩建造（D_3gp）	盆地硅质岩-泥质条带灰岩-硅质页岩建造（D_3l）	
				台地生物岩建造（D_3y）	台地白云岩-泥质白云岩建造（D_3g）		
					台地边缘滩颗粒白云岩建造（D_3r）		
				滨岸陆源碎屑滩相石英-含铁砂岩建造（$D_{1-2}m$）	滨岸三角洲石英砂岩、砂砾岩-含铁砂岩建造（D_2b）	盆地泥灰岩-泥质粉砂岩建造（$D_{1-2}h$）	
					台地灰岩建造（D_2l）		
					滨岸陆源碎屑滩相石英-页岩建造（D_1sh）		
					滨岸陆源碎屑滩相灰岩建造（D_1d）		
		陆棚碳酸盐岩台地	碳酸盐岩台地	台地白云岩建造（$\epsilon_{3-4}O_1l$）			碎屑岩滨浅海亚相
				台地白云岩-泥质白云岩建造（$\epsilon_{2-3}a$）		台缘黏土岩-泥灰岩建造（$\epsilon_{2-3}k$）	碳酸盐岩台地亚相
				台地白云岩-白云质灰岩建造（ϵ_2q）		台缘斜坡泥质条带灰岩-砾屑泥质页岩建造（$\epsilon_{3-4}s$）	碎屑岩滨浅海亚相
						台缘斜坡泥灰岩-砾屑灰岩建造（$\epsilon_{2-3}d$）	陆缘碳酸盐岩斜坡-盆地亚相

续表 2-1

地层区	II级	III级	IV级	构造古地理单元 V级	对应大地构造亚相
东南地层区	被动陆缘	陆棚碳酸盐岩台地	碳酸盐岩台地	外陆棚黏土岩-粉砂岩建造（$\epsilon_2 p$）	陆缘碳酸盐岩斜坡-盆地亚相
				外陆棚含碳质黏土岩-粉砂岩建造（$\epsilon_2 p$）	
				斜坡含碳质黏土岩-粉砂岩-灰岩建造（$\epsilon_2 jm-\epsilon_2 b$）	
				潴留盆地碳质泥岩建造（$\epsilon_{1-2} n$）	
				盆地碳酸盐岩-含磷硅质岩建造（$\epsilon_{1-2} z$）	
				盆地硅质岩-碳质硅质岩建造（$Z_2\epsilon_1 l$）	
				斜坡白云岩含磷白云岩-黏土岩建造（$Z_1 d$）	
		陆缘碎屑盆地	陆地-海洋冰川	冰川砂、砾岩-泥岩建造（$Nh_3 n$）	海洋冰川浅海-半深海亚相
				裂谷盆地泥岩-碳质泥岩含锰建造（$Nh_3 l$）	
				冰川滨浅海含砾砂岩-黏土岩建造（$Nh_2 d$）	
				冰川滨浅海-陆棚-斜坡含砾砂岩建造（$Nh_2 f$）	
				冰川斜坡含砾岩建造（$Nh_1 c$）	
	裂谷	陆缘裂谷	裂谷边缘	滨岸陆棚变余长石石英砂岩-绢云母石英板岩建造（$Pt_3 l$）	陆源碎屑斜坡-盆地亚相
				陆缘斜坡凝灰岩-凝灰质板岩-板岩建造（$Pt_3 q-Pt_3 p$）	
				陆棚内盆地碳质砂岩-板岩-绢云母千枚岩建造（$Pt_3 f$）	
				陆棚斜坡变余砂岩-板岩-千枚岩建造（$Pt_3 w$）	
				滨岸陆棚变余砂岩-板岩-千枚岩-大理岩建造（$Pt_3 j^2$）	
				磨拉石盆地冲洪积变余砾岩建造（$Pt_3 j^1$）	磨拉石盆地亚相
	活动陆缘	弧后盆地		深海盆地变余砂岩-板岩-凝灰岩变余砂岩-片岩变余绿岩建造（$Pt_3 sb$）	陆源碎屑复理石亚相

三、构造古地理单元划分及其特征

构造古地理单元划分的主要原则是大地构造环境对盆地的控制,即构造控盆,盆地控相。贵州大部分地区属于扬子陆块,总体上构成的盆地属于陆缘盆地,自武陵运动以后,靠江南造山带(区)一侧属于活动陆缘,早期(Pt_3—Nh)接受的沉积属于次稳定,沉积物以浊积岩系展现,晚期(Z—S)处于活动陆缘边缘,由于远离陆缘裂谷,受活动陆缘影响不明显,属较稳定沉积。加里东运动以后贵州形成统一华南陆块(D—T_2),且全部转入被动陆缘沉积,属于稳定型。

按大地构造环境和沉积环境,划分出Ⅰ级构造古地理单元1个,Ⅱ级构造古地理单元6个,Ⅲ级构造古地理单元9个,Ⅳ级构造古地理单元9个,并且构造古地理单元与大地构造相单元相互对应(表2-2)。下面就贵州省Ⅲ级构造古地理单元划分及特征分别进行描述。

表2-2 贵州省构造古地理单元划分与大地构造相划分对比表

地质年代	构造环境	构造古地理单元 Ⅰ级	Ⅱ级	Ⅲ级	Ⅳ级	大地构造相 Ⅰ级	Ⅱ级	Ⅲ级	Ⅳ级陆相 代号	花纹	相	海相 代号	花纹	相	代号	花纹	相	代号	花纹	相	代号	花纹	相	岩浆岩 代号	花纹	相	代号	花纹	相
第四系	挤压抬升	陆块	陆内	陆内盆地	压陷盆地 小型山间断陷盆地	陆块	陆内	压陷盆地 小型山间断陷盆地	ⅢC₂		小型山间断陷盆地													ⅢD		煌斑岩			
新近系																													
古近系																													
白垩系					大型内陆河湖盆地			大型内陆河湖盆地	ⅢC₁		大型内陆河湖盆地																		
侏罗系																													
三叠系	挤压		前陆盆地	周缘前陆盆地	前渊—隆后		前陆盆地	前渊—隆后	ⅢB₂₋₁		碎屑岩滨浅海			碳酸盐岩陆棚	ⅢB₂₋₄		碳酸盐岩陆棚边缘			碳酸盐岩陆棚斜坡—盆地	ⅢB₃		峨眉山玄武岩及辉绿岩						
二叠系	拉张裂谷		裂谷	夭折裂谷			裂谷	夭折裂谷	ⅢB₁		河流河湖	ⅢB₂₋₂		碳酸盐岩碎屑岩滨浅海	ⅢB₂₋₃		碳酸盐岩陆棚												
石炭系				陆棚碳酸盐岩—陆源碎屑岩台地	碳酸盐岩—陆源碎屑		被动陆缘	陆棚碳酸盐岩—陆源碎屑浅海																					
泥盆系	抬升		被动陆缘		陆棚碎屑滨海		陆地		ⅢA		碎屑岩			滨浅海																
志留系				陆源碎屑浅海	陆源碎屑			陆源碎屑	ⅡC₁		陆源碎屑浅海													ⅡD₁		酸性岩	ⅡD₂		超基性岩
奥陶系	挤压			陆棚碳酸盐岩台地	碳酸盐岩台地		被动陆缘	碳酸盐岩台地	ⅡC₁		碳酸盐岩陆棚				ⅡC₂		陆缘碳酸盐岩斜坡—盆地												
寒武系																													
震旦系																													
南华系	拉张裂谷			陆缘碎屑盆地	陆地-海洋冰川			陆源碎屑	ⅡB₂₋₁		河流河口湾	ⅡB₂₋₂		川山麓	ⅡB₂₋₃		滨浅海	ⅡB₂₋₄		浅海-半深海海洋冰川									
前南华系	碰撞汇聚		裂谷	陆缘裂谷	裂谷边缘		裂谷	陆缘裂谷	ⅡB₁₋₁		屑滨海	ⅡB₁₋₂		陆源碎屑	ⅡB₁₋₃		陆坡 陆源碎屑	ⅡA		复理石磨拉石盆地	ⅡB₁₋₄		基性—超基性岩	I₁		酸性岩	I₂		基性超基性
			多岛洋活动陆缘弧后盆地				多岛洋活动陆缘弧后盆地																						

1. 弧后盆地

新元古代中期,梵净山及从江地区位于大陆边缘—弧后盆地位置,出现了梵净山群、四堡群深水盆地相细碎屑岩沉积、岛弧型火山岩组合及由基性—超基性岩组成的(弧后)蛇绿岩组合,四堡群的蛇绿岩套是一种岛弧蛇绿岩套,代表弧后盆地的构造环境(丘元禧,1999)。

2. 陆缘裂谷

新元古代晚期,梵净山及从江地区位于大陆裂谷边缘。黔东地区下江群中产出的基性火山岩、辉绿岩也反映了裂陷作用的存在,形成于拉张裂谷环境。主要由陆源碎屑沉积岩组成,早期有浅水碳酸盐岩沉积。以陆源碎屑浊流沉积为主,夹变余沉凝灰岩、变余凝灰质粉—细砂岩、凝灰质板岩。新元古代晚期沉积盆地显示在扬子古陆的边缘黔东南地区大致以松桃—凯里为界,西侧为"红板溪"(红子溪组),东侧为"黑板溪"(甲路组、乌叶组),即现称的下江群、丹洲群,反映出裂谷盆地性质。沉积特征显示自下而上由早期沉降至晚期回返的一套由海侵至海退完整的旋回式沉积。其中乌叶期黑色碳质泥岩和粉砂泥质岩中普遍含黄铁矿,发育水平层理,反映当时处于较深水—深水的还原环境。该时期南部相邻层位广西合桐组中产出基性火山熔岩,反映具有典型裂谷玄武岩特点,也表明乌叶期为一最大海泛期。该时期在以浊流、碎屑流及悬浮沉积为主的地层中发现普遍存在的"滑塌构造""滑塌岩"以及与火山碎屑岩相伴产出的"震积岩",说明这一时期火山地震活动的存在及其显著的关联性,也反映了测区新元古代中期为地壳强烈拉伸时期。

3. 陆缘碎屑盆地

南华纪,由于雪峰运动使贵州中部及西北部上升成陆,成为强烈切割的山岳地区。由于冰川灾变事件的"冰室效应",形成"雪球地球",地壳裂陷作用继续进行,出现了与冰川作用有关的粗碎屑岩及冰成岩。

贵州总体显示为两个大冰期和一个大间冰期。地层由冰期沉积与冰川活动相关重力流成因为主的杂砾岩、间冰期沉积正常滨浅海相砂泥岩(大塘坡期沉积锰矿)组成。沉积特征显示为陆相河流-冰川海岸-滨浅海的沉积。

南华纪早期的冰期(两界河、铁丝坳时期),大致以松桃—福泉—平塘一线为界,以西为分布零散且岩性、岩相、厚度变化均较大的一套以紫红色、灰绿色砂岩为主的地层,反映了陆相河流相地层特征。松桃—福泉—平塘一线以灰色、深灰色及灰绿色变余长石岩屑砂岩为主,夹变余含砾砂岩及砂质-粉砂质板岩。顶部和中下部均见厚度不大的具冰碛成岩特征的冰碛含砾砂岩、砂泥岩,以及含"落石"板岩,表现为冰川海岸沉积。松桃—福泉—平塘一线以东,主要由灰黄—灰绿色块状冰碛含砾粉砂质板岩组成,上部不显层理,下部偶见不清晰的断续水平层理,表现为在重力流作用下的冰(浅)海相沉积。

南华纪中期(间冰期),海侵形成一套以灰—黑灰色粉砂质黏土岩、含碳质黏土岩,具水平层纹,反映相对深水含锰、低能环境的沉积组合。

南华纪晚期(南沱时期)大致由松桃—福泉—平塘一线以西分布零散的紫红色夹灰绿色冰碛砾岩组成。冰碛砾岩呈块状,层次不清,砾石成分复杂,砾石大小混杂,略显自下而上砾径变小、含砾量减少的趋势,反映为河流沉积的特点。松桃—福泉—平塘一线主要由灰色、深灰色至灰绿色,局部灰紫色、紫红色块状至厚层状不显层理的变余冰碛砾岩、冰碛砂砾岩、含砾不等粒砂岩组成,间夹薄层状冰碛含砾砂质板岩,后者水平层理平整发育,有时现"乱层纹"构造,局部地区夹紫红色薄层粉砂质板岩及石英砂岩-粉砂岩透镜体,表现为冰源山麓冲积扇-冰川海岸相沉积。松桃—福泉—平塘一线以东(黎家坡组)主要为灰至深灰色块状冰碛含砾板岩与粉砂质板岩,或夹浅色变余含砾中粒长石石英砂岩透镜体。板岩夹层中可见滑塌构造,代表南华纪晚冰期—南沱冰期在重力流作用下的滨浅海相沉积。

4. 陆棚碳酸盐岩台地

震旦纪—奥陶纪,贵州总体显示为陆棚碳酸盐岩台地沉积盆地性质,且分布于黔东地区沿河—福泉—平塘一线以西。从大区的古地理格局来看,贵州逐渐远离陆缘裂谷,但该时期仍受活动陆缘的影响。沿河—福泉—平塘一线,震旦系—奥陶系反映有高能带及其颗粒沉积,生物滩(礁)相带的特点,沉积特征为一套藻屑白云岩、粉—细晶白云岩、砂砾屑白云岩及鲕粒白云岩,生物碎屑灰岩、假鲕粒灰岩、泥—亮晶生物屑灰岩。

沿河—福泉—平塘一线以西主要为一套有障壁的浅海陆棚碳酸盐岩台地沉积。该线以东主要为一套斜坡-盆地相的泥质条带灰岩、灰岩、泥质灰岩及泥灰岩夹竹叶状灰岩、砾屑灰岩的沉积特征。

本沉积古地理单元中仅在早奥陶世出现有陆源碎屑无障壁陆表海沉积,主要由海岸沙丘-后滨、前滨、临滨、远滨相石英砂砾岩、石英粉砂岩、高岭石黏土、海绿石岩、铁质岩等共生系列组成的稳定克拉通陆表海沉积。

5. 陆源碎屑浅海

由于受加里东运动的影响,志留系在贵州分布较少,主要出露下志留统,中上志留统零星出露,主要岩性为黏土岩、粉砂质黏土岩、泥灰岩、生物屑灰岩、粉砂岩、石英砂岩等,沉积环境属潮坪-潟湖相及陆源(泥)碎屑滩相,具有前陆盆地沉积特征。

6. 陆源碎屑浅海-陆棚碳酸盐岩台地

加里东运动之后,贵州完全进入了被动陆缘演化的古地理格局。泥盆纪—中二叠世总体反映为陆源碎屑浅海-陆棚碳酸盐岩台地。早泥盆世晚期,海水由南东向北西进入贵州,仅在贵州南部形成无障壁陆表海陆源碎屑盆地,以海岸沙丘-后滨、前滨、临滨、远滨相石英砂砾岩、石英粉砂岩、高岭石黏土、海绿石岩、铁质岩等共生系列组成的陆源碎屑沉积序列为特征。中、晚泥盆世—早石炭世逐步转为以浅海潮坪相的混杂堆积及沼泽、潟湖、潮汐通道、潮汐三角洲相陆源碎屑沉积序列为特征。晚石炭世,由于黔中隆起,上石炭统的沉积在贵州中、北部缺失。海水由南东及北部上扬子两个方向进入贵州。仅在贵州北部及南部形成陆表海陆棚碳酸盐岩台地,反映为一开阔台地的碳酸盐岩沉积序列。二叠纪海侵不断扩大,南、北相连形成整个贵州陆表海碳酸盐岩台地。

7. 夭折裂谷

中、晚二叠世,由于板内裂陷,地壳拉伸变薄,峨眉地幔柱作用,贵州西部形成陆内裂谷的峨眉山玄武岩,反映为火山碎屑岩与熔岩组合特征。裂谷内为由含凝灰质陆缘碎屑岩组成的向上变浅的沉积序列,表现为一个夭折裂谷。

8. 周缘前陆盆地

贵州西南地区古地理格局经历了复杂的演化过程,早泥盆世晚期至中二叠世产生拉张裂陷,在构造断块作用下出现不均匀沉积,高位断块出现浅水碳酸盐岩沉积,在低位断块中为深水碳泥硅质沉积。晚二叠世之后断裂活动减弱,海水向南东退缩,形成向南东变浅的进积层序,同时,盆地收缩向南东迁移。三叠纪以来由于受西侧的特提斯构造域金沙江-红河-马江造山带的影响,在挤压背景下裂陷盆地逐渐转换为前陆盆地。

9. 压陷盆地

晚三叠世，贵州结束海相沉积，在挤压背景下仅在凹陷盆地内形成以河湖环境为主的石英砂岩或长石石英砂岩。侏罗纪，贵州处于川黔湖盆边缘。压陷盆地在近四川盆地的黔北、黔东北地区以滨湖相沉积为主。滨湖边缘有少许曲流河沉积。白垩纪均为以一套砾岩、砂岩及泥岩为主的紫红色岩系。除赤水、习水地区与四川盆地属内陆压陷盆地边缘河流沉积以外，贵州大部分地区为分散、孤立的小型断陷盆地。

四、构造古地理演化

根据贵州省内及邻区发育的地层、沉积相、岩浆岩及构造运动等特征，贵州的地史演化过程大致可分为新元古代中期、新元古代晚期至志留纪、泥盆纪—早白垩世和晚白垩世—第四纪4个演化阶段，各阶段均有不同的演化序列，表现为由一个活动的洋壳逐渐演化为稳定的陆块的过程。

（一）新元古代中期

新元古代中期扬子克拉通发生裂解，分裂出扬子陆块和华夏古陆，其间为南华狭窄洋盆和一些微陆块。由于贵州未出露新元古代中期以前的地层，因此大地构造环境演化讨论只能以汇聚背景演化开始。新元古代中期贵州在汇聚背景下的大地构造环境开始演化。贵州东部、东南部可能是南华狭窄洋盆的一部分，梵净山、从江地区产于四堡群中的超基性岩可能是该时期南华狭窄洋盆洋壳岩石组合的代表。梵净山群，早期由浅变质的基性枕状熔岩和拉斑玄武岩为主的火山-沉积地层组成，反映为一个裂解发展阶段，晚期以一套由浅变质砂岩、粉砂岩、泥岩、凝灰岩组成的陆源碎屑浊积岩为主，由下到上，岩石颜色由深到浅，碎屑粒度有逐渐变粗的趋势，反映为大陆边缘盆地向浅海陆棚沉积演化。武陵运动使新元古代地层出现角度不整合，使新元古代中期地层发生绿片岩相区域动力变质作用，同时也形成了前陆磨拉石盆地沉积。贵州以从江地区和梵净山地区发育的新元古代芙蓉坝组，甲路组第一段，白竹组第一段砂、砾岩沉积为代表。

（二）新元古代晚期至志留纪

1. 新元古代晚期

新元古代晚期，扬子陆块周缘发生裂解，其南东缘形成陆缘裂谷，黔东地区下江群中产出的基性火山岩、辉绿岩也反映了裂陷作用的存在，表明其处于拉张裂谷环境。在离散背景下，扬子古陆的边缘雪峰山地区，贵州大致以梵净山—凯里为界，西侧为"红板溪"（红子溪组），东侧为"黑板溪"，即现称的下江群、丹洲群，反映出裂谷盆地性质。由于地壳的发展进入拉伸变薄阶段，海水入侵，海水逐渐加深，沉积了一套滨岸环境下的砂泥质岩组合。甲路晚期，出现了碳酸盐岩、砂泥质岩及火山岩等沉积物，反映沉积环境发生了变化，海水变化频繁，促成了碳酸盐岩潮坪环境的形成。梵净山一带新元古界下部碳酸盐岩中发现有喀斯特不整合存在，表明该时期发生过强烈上升，并遭受过剥蚀、侵蚀作用，使甲路组顶部碳酸盐岩强烈喀斯特化，形成喀斯特不整合。这一记录反映了扬子陆块形成后有一次地壳隆升，可能代表了扬子陆块裂解前重要的地质事件。

乌叶早期，由于拉伸作用地壳下沉，岩性、岩相及分布发育特征产生了一定分异，近陆的梵净山一带（"红板溪"）形成一套灰绿色变质砂岩、粉砂岩、砂质黏土岩组合，中期为紫红色、灰绿色板岩，砂质板岩、变质粉砂岩、碳酸盐岩、火山碎屑岩组合，以板岩、砂质板岩为主，颜色呈现红色、绿色韵律性有序变化，反映了潮湿与干旱气候的更迭。岩石普遍呈水平层理,条带状构造,代表浅海陆棚环境,中部发育滑塌(滑移)变形层理,反映该时期具有陆缘斜坡的沉积特征。从红子溪组岩石组合层序来看,该时期海水进退频繁,总体反映有两次海进-海退旋回。而在向海一侧盆地中("黑板溪"),乌叶早期,下部沉积了一套显水平层理的含碳粉砂质泥岩,上部沉积了一套显斜层理、交错层理的中至厚层状砂岩。说明在此期间地壳发生了大规模沉降,导致海水加深,结束了碳酸盐岩潮坪沉积,开始了潮下过渡带的沉积。乌叶晚期,随着伸展作用的继续,地壳继续下沉,沉积环境由半深海斜坡环境过渡为稳定的深海沉积盆地,沉积了一套巨厚的黑色碳质泥岩和粉砂质泥岩。岩石中普遍含黄铁矿,发育水平层理,应为相对深水还原环境下的低密度流沉积。

新元古代甲路—乌叶期沉积,反映在向洋倾斜的大陆上,由北西向南东为海岸—缓斜坡—大洋一侧的盆地位置。

番召(张家坝)时期,地壳伸展作用仍在继续,但从表现来看较乌叶期稍弱,早期由于地壳的差异性升降,沉积盆地开始抬升。近陆的梵净山一带("红板溪")沉积了一套主要由厚层状至块状变余砂岩—粉砂岩,变余长石岩屑砂岩夹绢云母板岩、粉砂质板岩岩石组合。石英砂岩成分成熟度与结构成熟度高,见大型楔状层理,显示为滨岸环境。在向海一侧盆地中("黑板溪")沉积了一套以灰色、灰绿色条带状绢云母板岩、粉砂质板岩为主,夹变余粉砂岩、变余砂岩,凝灰质板岩及变余层凝灰岩的岩石组合。滑积岩发育,且由滑积岩与正常沉积互层构成韵律式沉积。地层层序显示为向上变浅的韵律特征。以浊流、碎屑流及悬浮沉积为主的地层中普遍存在"滑塌构造","滑塌岩"与火山碎屑岩相伴产出,说明这一时期火山地震活动的存在及其显著的关联,反映出测区构造活动较强。番召晚期,沉积了一套薄层变质砂岩、粉砂质板岩,发育水平细纹层理,泥质物质增多,沉积环境加深,形成稍稳定的深水盆地相沉积。

清水江时期,继承了番召时期地壳伸展作用,在番召时期形成稍稳定的深水盆地相沉积的基础上,整个贵州广泛形成了一个由北西向南东的次深海斜坡-盆地的沉积,该时期贵州西北部与东南部岩性组合大体一致,变化不甚明显,主要为一套变余细砂岩、含粉砂凝灰质板岩、凝灰质板岩、变余沉凝灰岩和变余凝灰岩组合。岩性组合由变余砂岩、变余凝灰质粉砂岩-凝灰质板岩、粉砂质板岩-变余(沉)凝灰岩组成的向上变细的旋回性基本层序,反映盆地是一个逐渐加深的过程。层序以正常沉积层为主,夹滑积岩。单个层序厚约几厘米至几十厘米,层序间为一冲刷面,呈突变接触,层序内各岩性段间为渐变过渡。发育递变层理、平行层理、水平层理及"马尾丝"状变形层理。从沉积类型组合来看北西部与东南部有一定的差异。北西变余砂岩的含量较南东明显要多,沉积作用以滑积岩与浊积岩互层为特征,且滑积岩主要为滑塌型,浊积岩具近源-远源特征。而南东变余砂岩明显要少,沉积作用类型也主要以远源浊流沉积、悬浮沉积为主。表现该时期沉积环境由北西向南东重力作用逐渐减弱,具有由斜坡向盆地方向的演化趋势。该时期大量的火山碎屑物与以浊流、碎屑流及悬浮沉积为主的地层中普遍存在的"滑塌构造""滑塌岩"相伴,也说明其继承了番召时期地壳伸展作用、火山地震活动的存在及其显著的关联。

平略时期,早期延续了清水江时期的沉积,形成的岩性组合为灰色薄—中厚层状绢云母板岩夹少量含粉砂绢云母板岩,偶见灰色厚层状绢云母板岩。层序由"滑塌体"与正常沉积岩交互组成。层序厚度变化较大,可从几十厘米变化至几米。在"滑塌体"中发育同生变形层理和同生滑塌角砾,而在正常沉积层中,仅见发育水平层理。从岩性组合来看,平略早期表现为颜色浅、不含凝灰质,"滑塌体"少,反映这一时期地壳伸展作用、火山地震活动减弱。平略中期,地壳抬升,发育了一套以变余含砾石英杂砂岩、变余粉—细砂岩为主,夹粉砂质板岩及绢云母板岩的盆地上升低水位楔的沉积组合。平略晚期,沉积盆地有下降趋势,形成以灰色薄至中厚层状绢云母板岩、含粉砂绢云母板岩、粉砂质板岩夹少量灰色块状变余砂岩组合。基本层序显示为具平行层理的变余粉砂岩与具水平纹理的含粉砂质板岩构成向上变细的旋回式组合。

隆里期,由于地壳伸展作用减弱,盆地收缩,出现一套以灰色中—厚层变余粉—细砂岩、变余杂砂岩,变余钙质粉砂岩、变余细—中粒石英砂岩与纹层状粉砂质板岩、粉砂质绢云母板岩为主,夹变余含砾石英砂岩的不等厚韵律组合。隆里早期及晚期,从基本层序来看,单个层序显示为向上变细的沉积特征,而从层序组合情况来看,砂岩由下向上厚度增大,颗粒变粗,且上部含砾,反映为总体向上变粗、变厚的基本层序。变余细—中粒石英砂岩成分成熟度与结构成熟度高,发育平行层理、楔状层理,反映盆地已趋近于滨海环境。而中部所见的一套由薄层状粉砂质绢云母板岩、绿泥石绢云母板岩组成的向上变细变薄的层序,反映了隆里时期海水动荡,由低水位向海侵至高水位的沉积过程。

综上所述,新元古代时期沉积特征自下而上显示为一套由早期沉降至晚期回返的海侵至海退组成的完整的旋回式沉积。其中乌叶时期黑色碳质泥岩和粉砂泥质岩中普遍含黄铁矿,发育水平层理,反映当时处于较深水—深水的还原环境。该时期南部相邻层位广西合桐组中产出有基性火山熔岩,反映出典型裂谷玄武岩特点,也表现了乌叶时期为一最大海泛期。青白口纪时期以浊流、碎屑流及悬浮沉积为主,地层中普遍存在"滑塌构造""滑塌岩"以及"震积岩"与火山碎屑岩相伴产出,说明这一时期火山地震活动的存在及其显著的关联,也反映了新元古代为地壳强烈拉伸时期。

2. 南华纪

南华纪随着扬子古陆与华夏古陆的汇聚,雪峰运动使贵州北西(大致以松桃—福泉—都匀—独山一线为界)上升成陆,成为强烈切割的山岳地区,贵州南东处于盆地边缘陆棚海区。由于冰川灾变事件的冰室效应,形成"雪球地球",地壳裂陷作用仍继续进行,出现了与冰川作用有关的粗碎屑岩及冰成岩。总体显示有两个大冰期和一个大间冰期。冰期沉积由与冰川活动相关的,以重力流成因为主的杂砾岩组成,间冰期沉积由正常滨浅海相砂泥岩(大塘坡期有沉积锰矿)组成。

南华纪早期,松桃—福泉—都匀—独山一带处在滨岸-浅海地带,古地势西北高、东南低,海水从东南向西北上超,沉积了两界河组(包含铁丝坳组),以灰色、深灰色及灰绿色变余长石岩屑砂岩为主,夹变余含砾砂岩及砂质—粉砂质板岩。顶部和中下部均见厚度不大的具冰成岩特征的冰碛含砾砂岩、砂泥岩,以及含"落石"板岩,表现为冰川海岸的沉积特征。该线南东(长安组)主要由灰黄—灰绿色块状冰碛含砾粉砂质板岩组成,上部不显层理,下部偶见不清晰的断续水平层理。砾石少而小,含砾率一般小于5%,以硅质岩砾石居多,砾径2~5mm,多呈次圆状。底部见厚约13m的深褐灰色厚层块状冰碛砂质砾岩,砾径1~3cm,一般1cm左右,含砾率40%左右,成分较单一,所见均为变余长石石英砂砾岩。砾石呈次棱角状,大小砾石杂乱分布,其砂级颗粒和细小砾石磨圆度较好,砂泥质胶结,表现为在重力流作用下的冰(浅)海相沉积。

南华纪中期(间冰期),在山岳地区有山间或山麓磨拉石堆积(澄江组)。在短暂的海侵下,松桃—三穗一带沉积了大塘坡组一套灰—黑灰色粉砂质黏土岩、含碳质黏土岩,具水平层纹,反映为海湾相或近岸滞留盆地低能环境的岩石组合。松桃—福泉—都匀—独山一线南东黔东南地区,沉积了正常滨浅海相砂泥岩(富禄时期),主要由灰绿色、黄绿色至深灰色变余砂岩组成,间夹少许粉砂质板岩。层间或见中—粗粒含砾岩屑石英砂岩透镜体,反映这一时期含有许多水道沉积。富禄时期,海侵延续,在其上形成一套灰—黑灰色粉砂质黏土岩、含碳质黏土岩,具水平层纹,反映相对深水含锰、低能环境的沉积组合(相当于大塘坡组)。

南华纪晚期,贵州北西(南沱组)主要由灰色、深灰色至灰绿色,局部灰紫色、紫红色块状至厚层状不显层理的变余冰碛砾岩、冰碛砂砾岩、含砾不等粒砂岩组成,间夹薄层状冰碛含砾砂质板岩,后者水平层理平整发育,有时现"乱层纹"构造。局部地区夹紫红色薄层状粉砂质板岩及石英砂岩—粉砂岩透镜体。冰碛砾岩-砂砾岩中的砾石成分以变余砂岩、凝灰岩、硅质岩、石英岩较多见,偶尔尚见少许花岗斑岩、二长花岗岩砾石(岑巩新坡)。砾石直径一般在5cm以下,个体最大达2m×2.6m(印江桃映),呈次棱角状—次圆状,大小混杂,排列无序,填隙物为砂泥质,呈基底紧密胶结,表现为冰源山麓冲积扇-冰川海岸相沉积。贵州南东(黎家坡组)主要为灰色至深灰色块状冰碛含砾板岩与粉砂质板岩,或夹浅色变余含砾中粒长石石英砂岩透镜体。其中所含砾石有自下而上增多增大的趋势,砾径自 1mm～30cm 不等,含砾率一般在 15% 左右。板岩夹层中,时见滑塌构造,代表南华纪晚冰期—南沱冰期在重力流作用下的冰滨浅海相沉积。

综上所述,贵州省南华纪陆源碎屑沉积表现为两次冰期的沉积特征。大致以松桃—福泉—都匀—独山一线为界,北西区为强烈切割的山岳地区,表现为一套冰源山麓冲积扇沉积;过渡带为冰源山麓冲积扇-冰川海岸沉积;南东区反映为一套冰滨(浅)海相沉积。地层展布及其与下伏地层接触关系反映了古地势西北高、东南低,海水从东南往西北浸漫,长安组、富禄组(及同时异相的两界河组)由南西向北东显示为递次上超。沉积相位表现为冰源山麓冲积扇-冰川海岸相-冰滨(浅)海相沉积。

3. 震旦纪

震旦纪开始,由于温室效应,冰川开始消融。裂谷海槽转为拉伸环境,贵州处于距裂谷海槽较远的北西近扬子古陆的边缘。由北西向南东大致以沿河—福泉—都匀、黎平—榕江为界,分别出现裂谷边缘陆缘裂谷滨浅海-陆缘裂谷浅海-陆缘裂谷斜坡-盆地沉积。

陡山沱期,沿河—福泉—都匀一线北西为稳定的碳酸盐岩沉积,主要为藻类营造的碳酸盐岩台地,黔中陡山沱组为一套浅水陆架上出现的浅滩-潮坪环境下砾、砂屑磷块岩夹黏土岩沉积。在开阳、息烽、福泉和瓮安一带有穹状磷质叠层石及底栖型微生物化石,为台地边缘滩礁相,著名的开阳式磷块岩即发育于此沉积相区。在其周边及南东则为相对深水内陆棚、台地边缘乃至斜坡相的碳质黏土岩、黏土岩夹白云岩、含磷硅质岩(也称陡山沱组)。

灯影期,北西为稳定的碳酸盐岩沉积,主要为浅灰色厚层至块状藻屑白云岩、粉至细晶白云岩、砂砾屑白云岩及鲕粒白云岩,夹硅质白云岩、凝块状白云岩沉积组合。南东则为陆缘裂谷斜坡-盆地形成的留茶坡组深灰色至灰黑色薄—中厚层硅质岩沉积组合,局部夹碳质黏土岩;老堡组为深灰色至灰黑色薄层板状硅质岩与碳质硅质岩的黑色岩系沉积。

4. 寒武纪

早寒武世构造古地理是震旦纪的沿袭,牛蹄塘时期海侵达到了最大的海泛期,形成了在贵州乃至整个华南区域性的一套灰黑色、黑色高碳质页岩或碳质泥岩,夹少量灰绿色薄层砂岩或黄棕色细砂岩,底部为富含黄铁矿及有机质的黑色硅质岩盆地沉积。晚期演变为以陆源为主的广海型沉积,大致以松桃—石阡—都匀一线为界,其北西侧,在黔西北威宁一带,主要为砂岩,含底栖型三叶虫,属后滨-前滨沉积;往东的贵州大部分区域则为页岩、石英砂岩夹灰岩,三叶虫化石丰富,见浪成波痕,为近滨-远滨沉积,在此相带中,沧浪铺期出现点状古杯礁。其南东侧,于铜仁—都匀一带南东形成了斜坡(过渡带)-盆地相的九门冲组深灰色、灰色薄层至厚层状富含有机质的泥晶灰岩,间夹薄层状黑色碳质页岩;变马冲组灰黑色碳质页岩,深灰色、黄绿色粉砂质页岩及黏土岩,夹灰色、浅灰色薄至中厚层状细—中粒石英砂岩、云母细砂岩、泥质粉砂岩。厚度变化大,底栖与浮游三叶虫混生。黎平—三都南东则为盆地型沉积——渣拉沟组黑色碳质页岩,含硅质海绵骨针及星散状黄铁矿。

中晚寒武世,在广海型沉积的基础上,出现了一次典型的碳酸盐岩台地型沉积。贵州由西向东分布有台地、斜坡和盆地 3 个不同相区沉积。台地相区占据了贵州大部分区域,在黔中、黔北和黔西主要为清虚洞组、高台组、石冷水组、娄山关组白云质灰岩、白云岩,具泥裂、斜层理和鸟眼构造,含石膏及膏盐矿物假晶等,为半局限海台地沉积;在近台缘的缓斜坡沉积了一套凯里组(甲劳组)、平井组、后坝组、毛田组的粉砂质页岩、黏土质页岩、灰岩、白云质灰岩与白云岩互层的岩性。在铜仁—镇远—都匀一线上,发育有以鲕状、豆状白云岩或生物骨架岩等为特征的台地边缘相沉积(清虚洞组、娄山关组);再向南东,玉屏—丹寨—三都一线则为乌训组、敖溪组、车夫组、比条组、追屯组的钙质页岩、泥质灰岩、灰岩，含浮游三叶虫和笔石，其间夹碳酸盐类角砾岩，具滑塌构造的斜坡相沉积；在贵州东南隅，则为三都组、杨家湾组、都柳江组的灰—深灰色薄层灰岩、泥质灰岩、含碳质灰岩，夹角砾状灰岩及竹叶状灰岩等。

5. 奥陶纪

奥陶纪早期，基本继承了寒武纪的沉积面貌，只是相带位置有一些变化。在贵州大部分地区，表现为碳酸盐岩台地沉积（桐梓组、红花园组），大致在铜仁—镇远—都匀一线上为一套灰色厚层块状生物碎屑灰岩、假鲕粒灰岩。生物发育，富含头足类、三叶虫、腕足类、海绵等生物化石的滩（礁）相沉积。该线南东为斜坡-盆地相的薄层状泥质条带泥晶灰岩、泥质灰岩夹多层泥晶砾屑灰岩和少量含生物碎屑泥晶灰岩及钙质页岩沉积。中期在台地背景上发展为以陆源碎屑为主的大湾组、湄潭组广海型沉积。

奥陶纪中—晚期，在海退的机制下，黔中和黔西地区变为陆地，海域范围缩小，在以陆源碎屑为主的广海型沉积基础上又演变为台地型沉积。大致在铜仁—镇远—都匀一线以西为一个大开阔台地相沉积，十字铺组、宝塔组为一套浅灰色、灰色中厚—厚层状泥质条带灰岩、泥晶灰岩，底部常为一层紫红色、灰红色含生物碎屑泥晶灰岩沉积，泥质灰岩中缝合线构造发育。该线以东为不明显的台地边缘相，而南东则为斜坡-盆地相的烂木滩组、赖壳山组粉砂质页岩、粉砂质黏土岩及薄层状泥质粉砂岩、硅质灰岩沉积，产丰富的笔石及较多的三叶虫化石。奥陶纪晚期，扬子、华南陆块汇聚，黔中和滇东古陆相连，仅在黔北、黔东北形成滞留海盆低能还原条件下的富含有机质的黑色碳质页岩沉积。

6. 志留纪

早志留世早期，沿袭了晚奥陶世滞留海盆低能还原条件下的沉积，在黔北地区形成了龙马溪组下部以黑色碳质页岩为主的岩性，局部地带有暗灰色含钙粉砂质黏土岩，中部为碳酸盐岩；上部岩性为黑色碳质页岩或灰色、深灰色微至薄层状含碳质粉砂岩，及以页岩为主的黑色岩系与碳酸盐岩组合沉积。早志留世中期海平面有短期下降，海水范围扩大，形成了以开阔台地为主，隆起边缘有生物滩礁相的沉积格局。早志留世晚期，扬子、华南陆块汇聚，黔中和滇东古陆扩大，仅在黔东北、黔中形成具大型透镜状层理和单向板状层理的近滨泥质潮坪及淡化潟湖沉积。

（三）泥盆纪—早白垩世

随着扬子、华夏古陆块汇聚、碰撞，发生加里东运动，形成广阔的陆间造山带，华南陆块形成，贵州在早古生代末、晚古生代初进入了陆内造山的发展演化阶段，形成了以黔东地区出露的偏碱性超基性岩组合为代表的构造热事件，它反映了加里东造山运动的结束。至此，贵州构造古地理已完成了裂谷海槽演化。晚古生代之后在统一的华南陆块上开始了被动陆缘的演化历程。

1. 泥盆纪

早泥盆世由于受加里东造山运动的影响，使贵州褶皱成山、隆起为陆，而缺失早泥盆世早期的沉积。随后在凯里、独山地区出现陆相-滨岸相沉积，分别为蟒山群（乌当组、马鬃岭组）和丹林组、舒家坪组，它们不整合于志留系之上，为一套陆源碎屑岩、砾岩组合，产鱼和植物化石，它们共同构成了该时期前陆磨拉石盆地沉积。

中泥盆世海侵范围扩大，形成了由北东向南西的滨岸相蟒山群一套陆源碎屑岩、砾岩组合，产鱼和植物化石；半局限台地相龙洞水组（泥质灰岩、生物灰岩、灰岩、白云岩），邦寨组（石英砂岩、粉砂岩和含铁质石英砂岩），独山组（泥质灰岩、瘤状灰岩、白云岩夹砂岩、钙质泥岩和页岩）；斜坡-盆地相火烘组（黑色泥岩夹砂岩和少量泥灰岩、灰岩，含竹节石、海百合茎、浮游介形虫、菊石、珊瑚、双壳类和小个体腕足）

沉积。

晚泥盆世沿袭了中泥盆世格局,海侵范围扩大,形成了半局限台地相高坡场组白云岩及白云质灰岩沉积;浅海台地相望城坡组、尧梭组生物碎屑灰岩、白云岩沉积;斜坡-盆地相榴江组(灰黑色至棕色薄层状硅质岩夹灰岩、泥页岩沉积,含竹节石、菊石及介形虫),五指山组(扁豆状灰岩、泥质条带状灰岩、薄层泥晶灰岩,偶夹砾屑灰岩及鲕粒灰岩沉积)。台地-斜坡之间发育有台地边缘(融县组)灰色、浅灰色厚层块状亮晶鲕粒灰岩、亮晶鲕粒砂屑灰岩及亮晶生物屑灰岩沉积。

2. 石炭纪

早石炭世早期沿袭了晚泥盆世沉积格局,只是在黔南地区近岸出现滨岸砂泥坪、沼泽的祥摆组灰色、灰黄色、灰白色薄—厚层状石英砂岩夹灰黑色、黑色、黑褐色砂质页岩、碳质页岩和煤、煤线沉积。睦化组不具明显的台地边缘,而黔南、黔西南打屋坝组为一套以黑色、黄褐色页岩、粉砂质页岩、钙质页岩为主,夹薄层状硅质岩、砂岩、硅质页岩及少量灰岩的盆地沉积。早石炭世晚期海侵范围由南向北有所扩大,局部海水淹没到黔中地区形成九架炉组潮坪-潟湖黏土岩及铝土岩(矿)沉积。

晚石炭世海域范围主要在贵州南部半局限台地-开阔台地碳酸盐岩沉积,此时台地与盆地之间具有明显的浅灰色厚层—块状灰岩、生物屑灰岩夹白云质灰岩,台地边缘白云岩团块沉积。右江盆地(紫云—垭都)是随着特提斯洋的打开,从泥盆纪开始在华南板块南端离散边缘的陆壳基础上发展起来的。在晚古生代它是一个离散或被动陆缘上的裂谷盆地,其演化主要受控于特提斯构造域的构造活动,在北西向紫云-垭都断裂区(罗甸—望谟—盘县)形成一套深水盆地相南丹组深灰色中厚层灰岩、燧石条带和燧石结核灰岩,夹浅灰色生物碎屑灰岩、砾屑灰岩、白云质灰岩及少量薄层硅质岩沉积。

晚石炭世末,黔桂运动(作用)使贵州大部分地区短暂上升,造成部台地相区缺失,盆地区仍为连续沉积。

3. 二叠纪

早二叠世隆林期,在北西向裂陷槽普安一带形成残留盆地相龙吟组和盆地边缘相包磨山组以及残留的边缘近陆半局限台地相平川组。

中二叠世海侵范围扩大,梁山时期已覆盖全省,形成滨岸、沼泽沉积。随着海侵继续,贵州北半部为以泥晶灰岩和生物屑灰岩为主的半局限台地沉积。贵州南部为以亮晶生物屑灰岩为主的开阔台地沉积。紫云-垭都断裂区四大寨组形成一套灰色、深灰色中厚层夹薄层状含燧石团块或条带泥晶灰岩。中二叠世晚期的东吴运动(作用),使台地隆升,中二叠世沉积受到剥蚀,峨眉山玄武岩喷发前期的富硅气液流入海中,在遵义、盘县等地形成断续分布的块状硅质岩("城墙式硅质岩")覆盖于茅口组第二段之上。

晚二叠世早期贵州西部大面积玄武岩喷发使西部隆升,沉积格局发生了较大的变化。沉积相带由中二叠世呈东西向展布改变为晚二叠世呈南北向展布。由西向南东形成泛滥平原相宣威组岩屑粉—细砂岩、粉砂质黏土岩、碳质黏土岩夹煤层,三角洲、沼泽、潟湖潮坪相龙潭组黏土岩、砂岩、硅质岩及燧灰岩夹煤层,半局限台地相合山组深灰色、黑灰色中厚层灰岩、燧石灰岩,夹黑色薄层状硅质岩、深灰色页岩、碳质页岩,台地边缘相吴家坪组浅灰色至灰色厚层块状亮晶砂屑、生物屑灰岩,泥晶砂屑生物屑灰岩,斜坡-盆地相领薅组以深色黏土岩为主,夹灰岩、凝灰岩及硅质岩沉积。

4. 三叠纪

早三叠世基本上沿袭了晚二叠世晚期的古地理格局,由西向南东形成泛滥平原-滨岸-半局限台地(开阔台地)-台地边缘斜坡-盆地沉积。早三叠世晚期台地边缘逐渐明朗,且在册亨一带形成孤立台地,磷块岩组成,为生物屑砂屑磷块岩,内含凝胶状磷块岩砂屑的细晶白云岩砾屑和小壳化石,可渐变为含磷白云岩。表现为生物碎屑滩的特征,因其厚度太小,岩性又不稳定,表明其远离滩核而处于滩缘地带。该岩系上段为潮下浅海细碎屑岩、硅质岩及磷块岩组合,磷碳质硅质岩及夹硅质磷块岩透镜体的粉砂质黏土岩,具水平纹层,具悬浮沉积特点,显示了平静的沉积环境。该区位于贵州中西部的浅海台地相区,其中"磷质生物碎屑滩相"是磷矿生成最有利的环境。

总之,该区开阳式(陡山沱期)、新华式(梅树村期)磷矿位于"黔中隆起"之北西,主体为台地边缘的磷质缓坡地带(局部棚内滞留盆地),沉积物以陆源碎屑为主,夹少量碳酸盐岩和磷质岩。磷矿生成环境总体有利,但较黔中地区要差。

综上所述,磷矿主要受粉砂岩-白云岩-磷块岩-硅质岩沉积建造控制,其对成矿的控制作用明显。

3. 黔东地区沉积建造组合与成矿关系

1) 丹寨开阳式(陡山沱期)、新华式(梅树村期)磷矿

矿区位于扬子陆块南部被动边缘褶冲带,都匀南北向褶皱区,属较稳定的陆块区,向东逐渐向雪峰山基底逆推带过渡。磷矿严格受地层层位控制,主要赋存于下震旦统陡山沱组(Z_1d)、上震旦统至寒武系纽芬兰统老堡组($Z_2\epsilon_1 l$),反映为沉积型矿产。

晚震旦世贵州正处于上扬子陆块东南被动边缘向前陆充填的活动期,兴凯运动使贵州松桃—江口—印江—务川—瓮安—贵阳一线北西地区,隆升为初始台地相区,南东地区演变为初始台地前缘缓斜坡-陆棚边缘盆地。陡山沱期丹寨地区为初始台地相,沉积物为结晶白云岩和藻白云岩以及台地前缘缓斜坡相的硅质岩夹碳质页岩和开阳式磷块岩;梅树村期海平面上升,由于位于氧化界面以下,相对覆水深,水体安静,沉积了一套黑色薄层状隐晶质硅质岩,间夹少量黑色碳质黏土岩及结核状磷块岩,底部为似层状、透镜状新华式磷块岩,并伴生有U、V等有益元素。矿石组分以胶磷矿为主,含少量泥质、黄铁矿及闪锌矿等。上述两个时期均表现为上升洋流活动期,富含有机组分及SiO_2和P_2O_5,随海水上涌进入,在初始台地-前缘缓斜坡-陆棚边缘盆地聚磷。

从沉积环境与沉积物反映,磷矿主要受粉砂岩-白云岩-磷块岩-硅质岩沉积建造控制,对成矿的控制作用明显。

2) 铜仁新华式磷矿

矿区位于扬子陆块南部被动边缘褶冲带,Ⅳ级构造单元以铜仁宽缓褶皱带为主,跨及凤冈南北向褶断带。磷矿严格受地层层位控制,主要赋存于老堡组上段($Z_2\epsilon_1 l^2$)及牛蹄塘组下段($\epsilon_{1-2}n^1$),反映为沉积型矿产。

从含磷岩系区域分布及沉积特征可知,在寒武纪梅树村期皆为陆棚环境,其早期可进一步划分为陆棚滞积相和斜坡滑塌相两个相带。

(1)陆棚滞积相。老堡组上段为黑色碳质页岩含凝胶磷块岩结核和似层状透镜体,发育水平纹层,富含星散状黄铁矿。牛蹄塘组下段为灰黑色薄层状硅质岩夹黑色碳质页岩,或为黑色磷碳质页岩夹少量硅质岩透镜体,发育水平纹层,富含星散状、团块状及条带状黄铁矿。

(2)斜坡滑塌相。老堡组上段沉积为滑塌角砾状磷块岩,砾间一般无填隙物,偶见少量碳质页岩。牛蹄塘组下段沉积为黑色碳质页岩夹粉砂质页岩,含少量凝胶磷块岩结核,富含Ni、Mo等金属元素,显然属缓坡滞积环境。

从总体来看,缓坡滞积相形成的矿层薄,而斜坡滑塌相由于滑塌作用的结果,可造成矿质体的富集,应是寻找磷块岩矿床较有希望的沉积相类型。从沉积环境与沉积物来看,磷矿主要受碳质黏土岩-硅质岩沉积建造控制,对成矿的控制作用明显。

质细砂屑缺氧沉积，夹不稳定的薄层透镜状、结核状磷块岩及富含 V、Mo、Ni 等元素的"金属层"。

上述各沉积相带的特征中，磷质生物碎屑浅滩相反映的成磷作用最强，相位处在当时新生的浅水陆架富磷酸盐海水上升流活动区，沉积界面位于潮下带上部至潮间带的部位，水体温暖，生物繁盛，极易形成磷质砂屑浅滩沉积、磷质潮坪沉积等磷酸盐岩沉积相。特别是磷质生物碎屑浅滩区，其成磷期的磷酸盐、碳酸盐的产率与海平面的上升速度是基本协调平衡的，从而形成了大量优质的磷块岩矿层。

磷质生物碎屑滩缘斜坡之塌积相，因其物源区主要是磷质生物碎屑浅滩，形成的角砾状磷块岩质量较高，但稳定性差。

滩后含磷潟湖相区，因位居滩后，海流磷质经滩区过滤，浓度大为降低，仅于初始浅水时沉积了少量磷块岩，随着海侵的推进，磷矿形成的条件逐渐丧失，故成磷作用较弱。

含磷淹没台地相区，由于覆水稍深，水温较滩区要低，生物也大为减少，加之水介质以安静为主，磷质补充乏力，成磷条件向不利方面发展，规模稍大的磷块岩矿床的成生概率较小。

综上所述，磷矿主要受白云岩-磷块岩-硅质磷块岩-结核状磷块岩-碳质泥岩沉积建造控制，对成矿的控制作用明显。

2. 黔北地区沉积建造组合与成矿关系

矿区位于扬子陆块南部被动边缘褶冲带的毕节弧形构造区及织金宽缓褶皱区。磷矿严格受地层层位控制，主要赋存于下震旦统陡山沱组（Z_1d）、上震旦统至寒武系纽芬兰统灯影组（$Z_2\in_1 dy$），反映为沉积型矿产。该区开阳式（陡山沱期）、新华式（纽芬兰世）磷矿均见及。

1）早震旦世陡山沱期开阳式磷矿

磷矿区以陆源碎屑为主，碳酸盐岩次之，含少量磷质岩。依据沉积物及其反映的沉积环境，可分为两个沉积相类型。

（1）棚内滞留盆地相：下部为灰色薄至中厚层状微粒白云岩，夹紫红色及灰绿色泥质白云岩，应属潮坪沉积；中部以具水平层理的灰色粉砂质黏土岩为主，有少量灰绿色及褐灰色页岩，为半深水陆棚相沉积；上部以碳质黏土岩为主，夹少量泥质白云岩，具水平层理，其顶部黑色页岩中夹透镜状白云岩，之下为凝胶状磷块岩、结核状磷块岩与黑色页岩相间产出，反映为棚内滞留盆地沉积。

（2）棚内磷质缓坡相：底部为紫红色含粉砂泥质白云岩，显微层理；中下部为紫红色含粉砂质黏土岩，显微层理，夹多层微层状微粒白云岩，白云岩单层厚 1～5mm，其中常含石英粉砂和绿泥石等黏土矿物；上部为紫色含粉砂质黏土岩和灰—深灰色中厚层夹薄层状微晶白云岩，白云岩含白色燧石团块，夹一层厚 0～20cm 硅质磷块岩。含粉砂质黏土岩的共同特点是呈紫红色，这可能与炎热干燥的古气候或沉积区水体较浅的氧化环境有关。

从区域来看，该区在陡山沱期是上扬子陆表海的一部分，属于远离古陆（滇中古陆）的浅海陆棚环境；就局部而言，它位于"黔中隆起"之北西，是台地边缘的磷质缓坡地带，沉积物以陆源碎屑岩为主，夹少量碳酸盐岩和磷质岩。从相带展布来看，东部遵义地区地形低洼，水体较深，为棚内滞留盆地。由于是上升洋流活动期，富含有机组分及 SiO_2 和 P_2O_5 随海水上涌进入，在棚内滞留盆地聚磷。这一结果反映在浅海陆棚环境中，地形相对低洼的滞留盆地有利于磷质的聚集和矿床的形成；西部金沙地区地形逐步抬升，水体较浅，曾一度出现过局限台地环境，但总体仍属棚内磷质缓坡环境。在施工的探矿孔中，所见均为磷质岩，未发现工业矿体，反映为不利于磷质的聚集和矿床的形成。

2）寒武纪纽芬兰世梅树村期

进入寒武纪纽芬兰世梅树村期，该区基本上继承了晚震旦世晚期碳酸盐岩台地的古地理格局，但沉积物源有所变化，海水有所加深，沉积相类型变得复杂多样。主要发育有以碳酸盐岩、磷酸盐岩沉积为特色的生物碎屑滩及其相关的相类型。含磷岩系剖面结构特征反映含磷岩系下段由硅泥质碳酸盐岩及区3个Ⅳ级构造单元。磷矿严格受地层层位控制,主要赋存于下震旦统洋水组中,底板为上南华统南沱组,顶板为灯影组,反映为沉积型矿产。

瓮福地区处于黔中隆起向北东向、北东东向缓倾的陆棚环境,由于海底地形的差异及海平面的脉动造就了潮坪相、初始台地相(或浅水缓坡)、台地前缘斜坡相、黔中古陆(或古隆)4个不同的沉积环境。

(1)潮坪相:为一套陆源碎屑岩、白云岩、硅质岩及磷块岩等沉积,始终处于海水频繁进退的周期性潮坪环境。

(2)初始台地相(或浅水缓坡):处于上扬子古陆东南被动边缘向前陆充填的活动期,海平面不断上升,沉积范围迅速扩大,沉积物由陆源碎屑岩逐渐被碳酸盐岩替代而形成混合沉积,并代表海洋初始的藻类植物开始蓬勃繁盛,大陆架缓坡逐渐向台地过渡,发育了滩相沉积,并沉积了黏土岩夹粉砂岩和硅质岩等细粒陆源碎屑物及富镁白云岩或白云岩夹层。

(3)台地前缘斜坡相:形成一套白云岩-黑色(碳质)黏土岩旋回层。

(4)黔中古陆(或古隆):陆地遭受剥蚀。

陡山沱期由于海侵范围扩大,海水逐渐淹没准平原化的陆地(黔中隆起),但南沱期的海陆分布线仍控制了陡山沱期沉积分区,由印江—余庆—福泉一线的西北为浅水沉积区,黔中隆起、陆棚边缘缓坡和陆棚边缘盆地组成古地理格架。瓮福磷矿是在南沱期河口湾沉积基底上发展形成的缓坡带,东、西、南三侧被黔中古陆(隆起)环抱。北面为与陆棚及半深水海域相通的聚磷海湾。陡山沱期是上升洋流活动期,大量的有机组分及SiO_2和P_2O_5随海水上涌进入本区。区内海平面频繁升降,水体较浅,水温暖和,Ca、Mg生产率和以菌藻类为代表的海洋初始生产率都非常高,而磷酸盐溶解度较低,有利于磷酸盐析出,析出的磷质被河口湾中的大量陆源碎屑岩吸收(磷酸盐化)或大量藻类等生物矿化富集,而后从富磷的孔隙水和海洋底水中沉淀成矿,形成了富藻磷块岩及砂屑、砾屑磷块岩。

含磷岩系的矿石结构、岩类组合及结构构造能较好地反映岩相特征及沉积环境。含磷岩系是在富含南沱组陆缘碎屑的河口湾上发展起来的缓坡及海湾中,在含磷上升洋流的流经处以及温暖气候、繁盛的藻类生物的条件下,在海平面不断振荡、水动力较强、富氧浅海等因素的极佳匹配而形成的。由此可见,潮坪、废弃三角洲及海湾等地段是含磷岩系的富集带。而印江—余庆—都匀—福泉一线以东为缺氧的白云岩及碳质页岩的深水沉积,不具备形成含磷岩系的环境。

综上所述,该区磷矿主要与砂岩、磷块岩、白云岩建造组合关系密切,沉积建造组合岩性对成矿的控制作用明显。

3)织金新华式沉积型磷矿

矿区位于上扬子古陆块Ⅱ级构造单元,扬子陆块南部被动边缘褶冲带Ⅲ级构造单元之凤冈南北向褶断区及织金宽缓褶皱区Ⅳ级构造单元,属稳定的陆块区。磷矿严格受地层层位控制,主要赋存于上震旦统至寒武系纽芬兰统灯影组二段($Z_2\epsilon_1dy^2$)至牛蹄塘组一段($\epsilon_{1-2}n^1$)之间,反映为沉积型矿产,成矿时代为寒武纪纽芬兰世。

寒武纪纽芬兰世梅树村期,织金地区岩相古地理的格局为川黔半局限海台地南部边缘—台缘。大致可划分为:①磷质生物碎屑浅滩相,为不稳定的磷质角砾岩层,其中磷块岩角砾有向上增多的趋势,属潮道滞留沉积,其上为薄至中厚层状生物屑砂屑磷块岩与含磷质生物屑砂屑细晶白云岩组成的交替沉积。②磷质生物碎屑滩缘塌积相,为角砾状磷块岩、白云岩,少量硅质岩和黏土岩的混杂沉积,厚4~7m,富含大个体小壳类化石。③滩后含磷潟湖相,不稳定的砂质磷块岩薄层与含磷粉晶白云岩的交替沉积。④含磷淹没台地相,由薄层硅质岩、含磷硅质岩及少量碳质页岩、极薄层状(0.5~4cm)硅质白云岩和硅质砾屑磷块岩构成,厚4.6m,发育水平细纹层,含软舌螺和海绵类化石及少量生物碎屑与星散状黄铁矿,并见饼状砾,指示为潮下浅水既安静又有间歇振荡的沉积环境。⑤磷质滞积相。梅树村晚期,由于海平面突然上升,该区沦为陆棚较深水环境,远离陆源供给区,形成了一套以硬质界面开始的碳状白云岩、鲕状灰岩层流动并发生蚀变和成矿作用。后期的构造作用伴随的热源、物源沿构造上升时,改造矿源层,成矿物质运移到破碎带中成矿。

以上表明含藻细晶灰岩、角砾状白云岩、鲕状灰岩建造与成矿有密切的关系。

(三) 磷

贵州磷矿主要分布在金沙-遵义、织金、开阳、瓮安-福泉、丹寨和铜仁等地区,对应的有新华式、开阳式两种类型,矿床类型主要为海相沉积型磷块岩矿床。含矿岩系为震旦系陡山沱组/洋水组、寒武系纽芬兰统至第二统牛蹄塘组一段($\in_{1-2}n^1$)。

下震旦统洋水组(Z_1y):以灰色白云岩和磷块岩为主,间夹少量硅泥质岩。多数地区可分为上、下两矿层。主要分布在黔中的开阳—息烽和瓮安—福泉地区。

下震旦统陡山沱组(Z_1d):深灰色砂质页岩、硅质页岩、碳质页岩、含磷硅质页岩、磷块岩,夹透镜状灰岩。主要分布在丹寨、铜仁和遵义地区。

上震旦统—寒武系纽芬兰统灯影组($Z_2\in_1dy$):上部为深灰色中厚层状泥质灰岩夹薄层状钙质页岩,下部为黑色碳质页岩,底部为磷矿层,成矿时代为寒武纪纽芬兰世,主要分布在织金地区。

1. 黔中地区沉积建造组合与成矿关系

1) 开阳地区开阳式沉积型磷矿

矿区位于扬子陆块南部被动边缘褶冲带凤冈南北向褶断区,部分跨织金宽缓褶皱区。磷矿严格受地层层位控制,主要赋存于下震旦统洋水组中,底板为上南华统南沱组,顶板为灯影组,反映为沉积型矿产。

早震旦世陡山沱期,贵州正处于上扬子古陆东南被动边缘向前陆充填的活动期,晋宁运动后黔中地区隆升成古陆,为物源供给区,周缘为沉降盆地接受陆表海沉积,溶解磷酸盐的富磷上翻洋流由湖南西部自东向西进入贵州,在适宜的环境和生物化学条件下形成了含磷岩系。

磷矿与古地理沉积相的关系密切:①开阳地区陡山沱期的海相沉积磷块岩,恰位于晋宁运动后形成的黔中古陆北缘缓坡浅水区域,古陆上的下江群浅变质岩系经长期风化剥蚀夷平,其陆源碎屑颗粒经地表径流或冰川漂移搬运,为古陆周缘海盆提供了丰富的陆源含磷颗粒,通过水解等化学作用形成可溶解的磷酸盐溶于海水中。②开阳处于黔中古陆北缘海湾潟湖环境,其向南狭缩的沉积空间极其有限,在强大的某种地质营力长期作用下,溶解磷酸盐的富磷海水团随上翻洋流由东向西、自北向南的分流源源不断地进入该沉积盆地后,受狭缩的沉积区域限制不易扩散,由于气候温热干燥、阳光蒸发、浓缩,磷质日渐富集过饱和,形成聚磷盆地。③古陆北缘缓坡富氧浅水区域及适宜的温热气候条件,有利于某种喜氧喜磷的藻类原始生物在沉积界面附近大量生长、发育、繁衍,在生物参与作用下,捕获、黏结、吸附海水中的磷质,沉淀形成生物作用沉积磷块岩。④沉积盆地受潮汐作用影响,海水升降进退频繁,水体动荡能量较强,在滨岸潮坪浅水区,生物沉积磷块岩多被改造破碎成再积砂屑隐藻磷块岩;而在水体安静、稳定的较深水环境中,盆地沉降与沉积物充填速率保持平衡条件下,则形成更厚的块状无层理的圆柱状叠层石磷块岩和层纹、条纹状叠层石磷块岩。

由以上可以看出:开阳地区恰处于陆缘海湾浅水特殊环境,由深海区沿陆坡上翻的富磷海水团进入沉积空间有限的该沉积盆地后不易扩散,经长期蒸发、浓缩、磷质过饱和,在大量某种喜磷原始藻类生物的参与作用和适宜的化学条件下,形成大量优质的磷块岩矿床,成为我国重要的磷化工基地之一。磷矿主要受粉砂岩-白云岩-磷块岩-硅质岩岩系控制,该岩系对成矿的控制作用明显。

2) 瓮安-福泉开阳式沉积型磷矿

矿区位于扬子陆块南部被动边缘褶冲带,跨凤冈南北向褶断区、都匀南北向褶皱区和铜仁宽缓褶皱滨浅海台地相碳酸盐岩在准同生或交代作用下形成的白云岩孔隙率增大,在成岩后热液作用下,特别是热液由下而上活动时,热液沿孔隙率较高的白云岩层流动并发生蚀变和成矿作用。后期在构造驱动下浅成热液中的铅锌物质在一定的构造部位富集成矿。白云岩、角砾白云岩、砂屑白云岩、砾屑白云岩、含燧石白云岩、微晶白云岩、细晶白云岩等岩石建造组合对成矿的控制作用明显。

2. 黔东地区沉积建造组合与成矿关系

黔东位于扬子陆块被动边缘褶冲带和雪峰山基底逆冲带两个Ⅲ级大地构造单元过渡区。西侧为陆块被动边缘褶冲带,显生宇地层广泛分布。除燕山运动形成褶皱、断裂外,其他运动包括加里东期均属造陆性质的升降运动。东侧为雪峰山基底逆冲带,广泛出露青白口纪浅变质岩,加里东期的广西运动和燕山期构造运动为形成褶皱的造山运动。上述构造过渡区形成稳定地台的时代为早寒武世晚期,比扬子地台其他地区晚,比华南褶皱带形成时间早。黔东地区铅锌矿带地表是一个北段为北东向,南段为南北向,总体向西北凸出的弧形褶断带。成矿带内以早古生代地层出露最广,仅北段有部分青白口系—震旦系出露,南段有晚古生代—中生代地层出露。镇远附近有少量偏碱性超基性岩小岩体。青白口系以浅变质碎屑岩为主,震旦纪—中生代地层以灰岩夹碎屑岩为主,白云岩以寒武系中的厚度最大。

1)福泉-都匀、镇远-三都、松桃-玉屏、沿河牛角塘式铅锌矿

矿区位于扬子陆块南部被动边缘褶冲带的都匀滑脱褶皱带北东侧和铜仁逆冲带西侧部分,断裂较发育。与成矿有关的近南北向黄丝背斜、王司背斜及背斜中的小背斜,北东向早楼大断裂及近东西向、北东向、近南北向区域断层是区内的控矿构造。矿床主要受断层及层间破碎带的有利岩性控制,离断层越远,矿体的厚度越小,铅锌品位越贫,反映为断裂型铅锌矿,含矿岩石为断裂破碎带构造岩,为层控内生型矿床。

本区的铅锌矿床有一定的容矿岩石及层位,主要赋存于寒武系第二统清虚洞组(ϵ_2q),下奥陶统红花园组(O_1h),上泥盆统望城坡组(D_3w)鲕粒白云岩、细晶白云岩、生物白云岩、晶洞白云岩中。矿体呈似层状、透镜状产出。

加里东早期,由于断裂作用形成沉积盆地。热源、物源沿断层上升,为盆地沉积提供物质补给,产生Zn、Cd等元素的高背景值沉积层,可能为成矿的矿源层。沉积盆地周缘形成的主要是开阔海台地、半局限海台地、局限海台地,在清虚洞组、红花园组、望城坡组形成潮下低能带泥质白云岩、页岩沉积,为成矿提供了储、盖条件,准备了成矿空间。加里东末期构造运动在清虚洞组、红花园组、望城坡组中形成褶曲、断裂、碎裂岩带。当与构造运动伴随的热源、物源沿构造上升时,改造矿源层,成矿物质运移到上述构造中成矿。

以上表明矿床明显受岩性控制,清虚洞组、红花园组、望城坡组岩层厚、晶粒粗、性脆、易碎裂,提供了良好的容矿空间。后期的沉积对成矿起"盖层"和"次盖层"作用,次级逆冲,使含矿组分不致逸失而聚积成矿。鲕粒白云岩、细晶白云岩、生物白云岩、晶洞白云岩建造对成矿的控制作用明显。

2)松桃-玉屏、沿河牛角塘式铅锌矿

矿区位于扬子陆块南部被动边缘褶冲带Ⅳ级构造单元带铜仁宽缓褶皱区及凤冈南北向褶断区。区域上形成一系列北东向褶皱-断裂系,在褶曲核部常被平行于褶曲轴的断层破坏,已知铅锌矿床(点)均分布于断裂带旁侧的褶曲核部。区内铅锌矿主要受清虚洞组(ϵ_2q)、敖溪组($\epsilon_{2-3}a$)、娄山关组第一段($\epsilon_{3-4}O_1l^1$)的碳酸盐岩建造控制,同时受褶皱和构造控制,反映为层控内生型矿床。

早寒武世—中晚寒武世,在广海型沉积的基础上,出现典型碳酸盐岩台地型沉积。黔东地区由西向东排布着台地、斜坡和盆地3个不同相区沉积。玉屏—松桃—沿河一带表现为台缘相沉积的清虚洞组、敖溪组、娄山关组第一段形成一套含藻细晶灰岩、角砾状白云岩、鲕状灰岩沉积。由于这些岩石存在较大的孔隙率,在成岩后热液作用下,特别是热液由下向上活动时,热液沿孔隙率较高的藻细晶灰岩、角砾

提供了一定的空间。

1. 黔西北地区沉积建造组合与成矿关系

黔西北位于扬子陆块内部,晚古生代为北西-南东向狭长裂陷槽盆沉积环境。槽盆内有北西向长期活动的同沉积断层,控制中泥盆世东岗岭期至中二叠世茅口期沉积。槽盆从泥盆纪形成到二叠纪晚期消亡。岩石以碳酸盐岩为主,夹碎屑岩。此外有二叠纪峨眉山玄武岩及与之同源的辉绿岩出露。区内铅锌矿的形成与北西向裂陷槽盆的发生、发展演化密不可分。

1) 威宁西部会泽式碳酸盐岩型铅锌(银)矿

矿区位于扬子陆块南部被动边缘褶冲带,IV级构造单元属六盘水复杂变形区。区内的矿产主要受矿山厂-金牛厂背斜、石门断裂带、银厂坡逆断层上盘层间断裂控制,反映为断裂型铅锌矿,含矿岩石为断裂破碎带构造岩。

本区的铅锌矿床有一定的赋矿地层,主要为上泥盆统融县组(D_3r)、下—上石炭统摆佐组($C_{1-2}b$)、下石炭统上司组(C_1sh)。北西-南东向狭长裂陷槽盆活动,形成一系列构造并相伴有较强的岩浆侵入-喷出活动和成矿作用。隆起的边缘具有控制矿带和成矿作用。由于不同时期、不同岩性(主要是碳酸盐岩)界面多为不整合或假整合面,在界面上的碳酸盐岩,特别是临近界面之上的准同生白云岩,由于其孔隙率较高并具有碱屏障性质,酸性的成矿热液在其中流动通过时极易发生蚀变并富集成矿。浅水环境下沉积碳酸盐岩在准同生或交代作用下形成的白云岩孔隙率增大,在成岩后的热液作用下,特别是热液由下向上活动时,热液沿孔隙率较高的白云岩层流动并发生蚀变和成矿作用。

上述表明,铅锌矿是断裂型产物,其受到白云岩、白云质灰岩岩系控制,白云岩、白云岩化灰岩建造与铅锌矿有着密切的关系。

2) 普安、赫章、水城杉树林式碳酸盐岩型铅锌(银)矿

矿区位于扬子陆块南部被动边缘褶冲带,IV级构造单元以六盘水复杂变形区为主,尚跨及毕节弧形构造区及织金宽缓褶皱区。铅锌矿主要产于水杉背斜、绿卯坪背斜、丁头山背斜和格所背斜近轴部,威水构造带,龙吟北东向、近南北向张性—张扭性断裂的层间断裂破碎带内,反映为断裂型铅锌矿,含矿岩石为断裂破碎带中构造岩,为复合内生型矿床。

本区的铅锌矿床有一定的容矿岩石及层位,主要赋存于泥盆系罐子窑组($D_{1-2}g$)、石炭系—二叠系南丹组(CP_1n)、石炭系上司组(C_1sh)、下—上石炭统摆佐组($C_{1-2}b$)、上石炭统黄龙组(C_2h)、上石炭统—下二叠统马平组(C_2P_1m)、中二叠统栖霞组(P_2q)的碳酸盐岩中。矿体多产于层间破碎带中,呈似层状、透镜状产出,产状与围岩基本一致,反映与一定层位有关。北西-南东向狭长裂陷槽盆活动,地块或隆起与凹陷间的同生长断裂的长期反复活动,通过下渗循环热(卤)水沉积,也使得较丰富的成矿物质赋存于碳酸盐岩中。

赫章-水城杉树林式铅锌矿是断裂型构造控制的产物,且受到白云岩、白云质灰岩岩系控制,白云岩、藻白云岩、白云岩化灰岩、灰岩建造与铅锌矿有着密切的关系。

3) 织金、毕节、仁怀、习水杜家桥式铅锌矿

矿区位于上扬子古陆块 II 级构造单元,扬子陆块南部被动边缘褶冲带 III 级构造单元的织金宽缓褶皱区和六盘水复杂变形区 IV 级构造单元,属稳定的陆块区。

铅锌矿床分布在背斜近轴部。背斜由于受区域断层破坏,产生有次级断裂,矿体主要受次级断裂及层间破碎带控制,反映为断裂型铅锌矿,含矿岩石为断裂破碎带的构造岩,为复合内生型矿床。铅锌矿床有一定的容矿岩石及层位,主要赋存于上震旦统至寒武系纽芬兰统灯影组($Z_2\epsilon_1dy$)、寒武系第二统清虚洞组(ϵ_2q)白云岩中。矿体多产于层间破碎带中,呈似层状、透镜状产出,产状与围岩基本一致,反映与一定层位有关。

边缘裂陷盆地向周缘前陆盆地的演化,不同相位的沉积岩石各具特色并丰富多彩。

1)普安-贞丰地区金矿

在二叠纪晚期形成海陆交互相的含煤碎屑岩夹生物碎屑灰岩沉积建造,在三叠纪早期形成浅海陆棚相细碎屑岩夹不纯碳酸盐岩沉积建造,在晴隆—兴仁一线北西还伴有大面积玄武岩浆的喷发及火山碎屑堆积,构成了区内微细浸染型金矿赋存的特殊岩石建造类型,区内所有金矿均赋存于以上3个岩石建造组合中。

2)册亨-望谟地区金矿

在孤立台地碳酸盐岩生物礁(P_3jh)→斜坡相钙泥质堆积($T_{1-2}l$)→深水及相对深水相浊流沉积(T_2xm,T_2b)地层中均有产出。从纵剖面上反映,能干性(渗透障)与非能干性(不渗透障)有规律性地交替叠置和有序排列,金矿均产于地层柱中能干性(渗透障)与非能干性(不渗透障)的转换部位。板其金矿位于T_2xm^1/P_3jh,百地和丫他金矿位于T_2nl^1/T_2xm^1,烂泥沟微细粒浸染(卡林)型金矿位于T_2b^2/T_1b^1及T_2nl^1/T_2xm^4细砂岩、粉砂岩和粉砂质黏土岩建造中,是比较典型的建造岩性组合对金矿成矿作用的控制。

另外,在黔西南地区还有红土型金矿,目前发现的矿床(点)较少,仅在晴隆大厂、兴仁戈塘有所见及。大厂穹状背斜和戈塘穹状背斜二叠系茅口组(P_2m)灰岩出露区附近均有原生卡林型金矿产出,红土型金矿产于有塌积或残留硅化凝灰岩、凝灰质黏土岩的岩溶洼地内,是通过风化淋积在富铁土层中再富集而成的金矿。

2. 黔东地区沉积建造组合与成矿关系

1)天柱-黎平地区金矿

矿区位于雪峰山基底逆冲带,背斜是最主要的控矿构造。背斜构造中部一带发育一些次级小褶曲,长5km、宽1km的范围为含金岩石建造。

区内金矿赋存层位主要有青白口系番召组(Pt_3f)—隆里组(Pt_3l)和南华系长安组(Nh_1c)浅变余砂岩、凝灰质板岩及砂砾岩岩系。浅变余砂岩、凝灰质板岩及变余砂砾岩沉积建造组合为含金浅成热液成矿作用提供了一定的空间。

2)丹寨-三都地区金矿

矿区位于扬子陆块南部被动边缘褶冲带和雪峰山基底逆推带两个Ⅲ级构造单元结合部,各时代地层的沉积环境明显受其控制。从反映沉积环境演化的沉积建造来看,自雪峰运动转化为稳定陆块后,虽然跨入了稳定地台发展阶段,但地壳的升降运动仍较频繁,致使部分地层发育不完整或沉积后遭受剥蚀而缺失。

金矿主要为构造控矿,区内受排降向斜、苗龙背斜、瓦寨向斜及近南北向、近东西向、北东向、北西向的断裂控制。

该区金矿主要赋矿层位是寒武系第二统—第三统都柳江组($\epsilon_{2-3}d$)、第三统杨家湾组(ϵ_3y)、第三统—芙蓉统三都组($\epsilon_{3-4}s$)和寒武系芙蓉统—奥陶系下统锅塘组(ϵ_4O_1g)。

灰色薄层条带状灰岩、灰色薄层层纹状泥灰岩建造岩性组合为含金浅成热液成矿作用提供了一定的空间,对金矿成矿作用具有明显的控制作用。

(二)铅、锌

铅锌矿在贵州省内各地均有零星分布,但集中分布在黔西北和黔东南两个带状区域,即水城矿带和凯里矿带。从所形成的铅锌矿床来看,除牛角塘式铅锌矿外,主导成矿作用是热液喷流和叠加形成的复合内生型矿床,构造作用较强。但却有一定的容矿岩石及层位,岩石建造组合为含矿浅成热液成矿作用明显的盆地沉积已南移至广西。

中三叠世海侵范围扩大,贵州大部分地区为半局限台地沉积,台地边缘明显,反映为坡段组、垄头组浅灰色厚层块状亮晶生物屑灰岩、生物屑藻团灰岩、藻团块灰岩、亮晶砂砾屑灰岩、亮晶角砾灰岩沉积。贵州南部黔西南地区许满组、边阳组主要为陆源碎屑浊流和钙屑浊流形成的砂页岩,反映为广海盆地沉积特征。

晚三叠世受印支运动的影响,古地理格局发生了较大变化。卡尼早期(竹杆坡-瓦窑时期),贵州大部分地区已变为陆地。在陆地边缘残留有半局限台地。原台地区演变为浅水盆地,沉积了一套厚层泥晶灰岩、泥灰岩、页岩及含锰泥岩组合。卡尼中期(赖石科时期)为盆地环境,区内最后一次浊流沉积淹没了整个黔西南地区,南部和中部主要为陆源碎屑浊积岩,北部关岭地区主要为钙屑浊积岩。

晚三叠世卡尼期之后,瑞替期除局部地区(如郎岱、贞丰龙场)有海陆交互相的含煤沉积之外(火把冲组),广大地区遭受剥蚀,仅在局部凹陷地区发育有陆相河湖沉积(二桥组)。总之,晚三叠世中期之后,贵州结束了海相沉积历史,开始了陆相沉积。

5. 侏罗纪—早白垩世

侏罗纪—早白垩世,贵州处于川黔湖盆南缘。大致在道真、湄潭、龙里、贞丰一线北西为河湖相沉积环境。贵州主要为紫红色碎屑岩沉积,含陆生动植物化石,属大型内陆河湖相的产物。

(四)晚白垩世—第四纪

晚白垩世至第四纪,贵州进入板内隆升活动阶段,形成一系列地垒-地堑式构造组合样式,明显切割了先期构造形迹和地质体,控制了古近纪渐新世、新生代地层,呈山间磨拉石盆地产出。同时,晚白垩世—古近纪地层出现褶皱变形,使新近系与下伏地层呈角度不整合接触。喜马拉雅造山运动使晚白垩世至古近纪时期的地貌遭到了彻底破坏,新近纪初曾趋近夷平。新近系仅见于施秉下翁哨,为山间盆地河湖及沼泽沉积,有褐煤。第四系有多种成因类型,分布广泛而连片性差。除石灰华外,新近系和第四系堆积物都未固结成岩。

五、沉积岩建造组合与成矿关系

贵州省矿产资源较丰富,尤其是与沉积岩建造组合关系密切的沉积矿床和热液矿床最重要,下面分别以贵州省重要矿产与沉积建造组合有关的成矿关系进行描述。

(一)金

金矿主要分布在黔西南、黔东南两个区域,以热液型金矿为主,另有少量砂金矿以及风化淋积在富铁土层中再富集而成的金矿。从所形成的金矿床来看,主导成矿作用是动力驱动的含金浅成热液,热液流体在适当的构造部位,选择有利的岩性进行交代、沉淀或充填成矿,即有一定的容矿岩石及层位。岩石建造组合为含金浅成热液成矿作用提供了一定的空间。

1. 黔西南地区沉积建造组合与成矿关系

黔西南地区有两个金矿:一是产于普安-贞丰地区的金矿,二是产于册亨-望谟地区的金矿。前者位于南盘江-右江前陆盆地和上扬子陆块南部被动边缘褶冲带接触部位,后者位于南盘江-右江前陆盆地内部。区内微细浸染型金矿的形成与南盘江-右江前陆盆地发生、发展演化密不可分。自晚古生代以来,南盘江-右江地区逐渐发生了北西和北东两个方向的裂陷,形成了台盆分布格局,伴随该盆地由大陆

（四）铝土矿（风化黏土岩）

贵州铝土矿主要分布在务川-正安-道真、遵义-开阳、黔中、凯里等地区，对应的有大竹园式、后槽式、猫场式、鱼洞式4种类型，矿床类型主要为古风化壳沉积型铝土矿。

1. 黔中地区沉积建造组合与成矿关系

清镇-修文地区猫场式铝土矿

矿区位于扬子陆块南部被动边缘褶冲带（Ⅲ级构造单元），跨凤冈南北向褶断区、织金宽缓褶皱区和都匀南北向褶皱3个Ⅳ级构造单元。铝土矿严格受地层层位和岩性的控制，矿体呈层状或似层状产于古风化壳沉积含矿岩系中，属古风化壳沉积型铝土矿。

猫场铝土矿的形成属外生成矿作用。早石炭世晚期，黔中寒武纪—奥陶纪碳酸盐岩基底隆起，形成岩溶地貌，如岩溶丘陵、岩溶山地、溶盆、洼地、漏斗等。山地、丘陵上的风化剥蚀覆盖经地表水流搬运，向溶盆、洼地注入填积，经重碳酸钙型水或碳酸钙水（pH为7.5左右）的水解、改造或地表水的"去硅排铁"改造，使铝硅酸盐化物渐变成铝土矿。该区铝土矿床的形成经历了长期多阶段的发展、演化，其形成过程大致可分为5个阶段。

（1）基底抬升阶段：中奥陶世的构造运动使黔中隆起，铝土矿层基底出露，发生风化、剥蚀、夷平，形成大量含氧化铁和三氧化二铝（Al_2O_3）的碎屑物质。基底的抬升和夷平是成矿的物质准备阶段。

（2）基底喀斯特化及古风化壳形成就位阶段：泥盆纪黔中演化构成内陆喀斯特平原，在演化和喀斯特化过程中，古风化壳形成，粗碎屑物质变细并发生水解，在喀斯特地貌单元（如湖盆、溶洼等）中就位，奠定了成矿的基础。

（3）铝土化阶段：早石炭世开始，该区的湿热气候条件有利于红土风化壳的形成和溶滤迁移再堆积。该阶段黏土矿物继续分解，使氧化铝和氧化硅发生分离，达到"去硅、富铝"的矿化作用。

（4）"脱硅、去铁"纯化阶段：早石炭世晚期红土风化进一步深化"脱硅、去铁、排碱及碱土金属"作用，在堆积的溶盆、溶洼内通过渗滤作用使成矿元素重新组合、重新分配，有利于成矿组分三氧化二铝的富集，并使K、Ca、Mg、Si、Fe等元素流失。早期成岩阶段的交代充填、重结晶作用，也促进了物质组分的重新调整，起到富化作用。

（5）表生富集阶段：燕山期构造运动强烈，褶皱、断裂极其发育，并使铝土矿层出露地表。在表生作用下，铁质流失，使铝土矿次生褪色变白，次生高岭土化，矿石表面蜂窝化，孔隙度加大，极有利于矿石的纯化。该阶段延续至今，在构造有利条件下形成溶斗富矿。

综上所述，铝土矿体主要产于铝土矿、铝土岩、黏土岩与高铁铝土矿、铁质黏土岩建造组合。

2. 务川-正安-道真地区沉积建造组合与成矿关系

务川-正安-道真地区大竹园式铝土矿

矿区位于上扬子古陆块Ⅱ级构造单元（V-2），扬子陆块南部被动边缘褶冲带Ⅲ级构造单元（V-2-7）的凤冈南北向褶皱区Ⅳ级构造单元（V-2-7-2），属稳定的陆块区。铝土矿严格受地层层位和岩性的控制，矿体呈层状或似层状产于含矿岩系中，区内铝土矿属古风化壳异地沉积型铝土矿矿床。本区成矿地质作用可概括为风化剥蚀作用、冲蚀作用和沉积作用3个方面。

1）风化剥蚀作用——铝土矿成矿物质基础的地质作用

黔北铝土矿的基底岩层有下志留统韩家店组粉砂质泥页岩和上石炭统黄龙组灰岩两类，二者风化剥蚀的结果对铝土矿的成生所起的作用是不同的。

黄龙组灰岩是贵州晚石炭世开始的海侵沿着隆升的黔北大陆的低凹缺口进入本区洼地而沉积形成

的。经测试,灰岩风化溶蚀后的残留物含铝甚微,不具成矿意义;而灰岩风化溶蚀的结果,主要是提供成矿物质搬运的通道和聚积成矿的有利空间。

韩家店组粉砂质泥页岩主要由水云母、粉砂、石英以及少量中黏土质、铁质、绿泥石、斜长石和黄铁矿组成,岩石含 Al_2O_3 16.16%~29.45%,SiO_2 34.98%~59.24%,Fe_2O_3 1.87%~11.54%,具备了风化成矿的物质条件,是本区铝土矿主要的成矿母岩。同时,这种物质组合也是岩石在水介质的参与下,风化剥蚀作用得以不断深入的内在因素。

成矿母岩自地表浅部渐次至深部接受长时期的风化剥蚀,历经寒、热、干、湿的氧化、溶解与冲刷,结果发生了两个显著而重要的变化:一是铝硅分离,相当部分硅质流失,Al/Si 值逐步提高,最终形成铝土矿质;二是大部分钾、铁质流失,降低了铝土矿质有害杂质的含量。其中,各促导因素既并行存在又因地而异,由此完成水云母向三水铝石、一水软铝石的转变,即水云母→高岭石→铝矿物的转变。

2) 冲刷和搬运作用

母岩的风化成矿必须伴随不断的冲刷和搬运,才能使下部的弱氧化带上升为地表浅部成为强氧化带,为铝土矿质的形成提供源源不断的矿物质。简单地说,风化剥蚀形成富铝的碎屑物质(铝土矿质),冲刷搬运则是借助重力和水流将与铝土矿质相伴的非矿质碎屑物向冲积区和汇水盆地集中的地质作用。

由于冲刷主要是依赖于雨水径流,而雨水具有地区性、阶段性、季节性,因此水流中携带的铝土矿质就会出现"有、无""多、少"的区别,这是冲刷作用极为重要的特点;而搬运作用则主要是在重力和水流的作用下进行的,受控于地貌,显著的特征之一是搬运过程中富铝碎屑继续遭受风化,从而进一步分异、纯化,特征之二是搬运距离有远近之别,距离愈远矿质愈纯,但区内大多还属优良或优质矿范畴。然而,在排泄路径不畅通的地段,冲刷、搬运都难以进行,一般仅形成坚韧的铝铁质硬壳,其 Al_2O_3 含量介于矿与非矿之间,含 mFe 亦较高。这类情况仅零星见于桃园向斜北段、栗园向斜中南段和新模向斜北段等地。

3) 沉积作用——主要的成矿地质作用

这种作用主要发生在区内以上石炭统黄龙组灰岩为主的基底地区,因为上石炭统黄龙组灰岩皆分布于当时的低洼地带,水往低处流,携带矿质的水流自然皆由风化剥蚀区向这些低处汇聚,最大规模可能是道真湖盆。其次发生在以韩家店组泥页岩为基底的古山间谷地、缓坡和谷口,沉积规模远不如前者。

从铝土矿的风化剥蚀区到汇水湖盆,沉积作用呈现由残坡积→冲积→湖泊沉积的推进,铝土矿的质量与沉积规模随之提高、扩大。在平面上相应的沉积物则围绕湖盆中心呈环带分区。另外,本区洪积作用仅局部发生,见于凤王槽-宴溪一带。

铝土矿沉积期的岩系剖面却有含矿和无矿两类,后者是沉积分异的结果,与所处古地理环境有关;前者的岩系剖面一般都为二元结构:下部黏土岩,上部铝土矿和铝土岩,反映沉积作用的早期,成矿母岩风化不剧烈,搬运沉积的只能是黏土质细屑。之后,随着时间的推移,风化作用向纵深发展,富铝碎屑物质形成愈丰,因而造就上部的铝土矿和铝土岩的沉积。

此后,区内含矿岩系中偶有碳质层的沉积,这是局部汇水区因水体不稳定而导致间隔性的封闭或半封闭环境,进而沼泽化的结果,对铝土矿的形成影响不大。再者,表生熟化作用多使矿体中的铁、硫质流失,有助于地表浅部铝土矿的优质化。

务川-正安-道真地区铝土矿含矿岩系沉积建造类型主要有以下 4 种:黏土岩建造;绿泥石黏土岩-黏土岩建造;黏土岩-粉砂岩建造;绿泥石黏土岩(绿泥石岩)-黏土岩-铝土矿建造。前 3 种为无铝土矿产出建造类型,而第 4 种则是该区内主要含铝土矿的建造类型。

3. 遵义-开阳地区沉积建造组合与成矿关系

遵义-开阳地区后槽式沉积型铝土矿

该矿区位于扬子陆块一级构造单元内的上扬子陆块(V-2)Ⅱ级构造单元,扬子陆块被动边缘褶冲带(V-2-7)Ⅲ级构造单元内之凤冈滑脱褶皱带(V-2-7-2)或黔中隆起(V-2-7-5)Ⅳ级构造单元,属稳定的陆块区。铝土矿严格受地层层位和岩性的控制,矿体呈层状或似层状产于含矿岩系中,为古风化壳沉积型铝土矿。

后槽铝土矿床从根本上来说是一个古风化壳矿床,属于黔北地区古风化壳保存较为完好的一个部分。志留纪末和泥盆纪初发生的广西运动,使黔中-黔北-渝南广大地域隆起为陆,为隆起区的石炭纪铝土矿含矿岩系沉积提供了重要的区域地质背景条件。晚泥盆世末至早石炭世中、晚期的紫云运动,使区域地壳发生了向南的漂移,古地磁测定表明遵义一带为北纬$8°12'$,处于靠近赤道的湿热气候区,与现代对比,其年均气温大约为20~26℃,年降水量约1 000~3 000mm,且雨季和旱季相互交替。这种气候为区内岩石红土型风化及三水铝石铝土矿的形成提供了重要的成矿背景条件。

中二叠世早期海侵之前,在湿热气候条件下,桐梓组黏土岩、页岩经原地化学风化形成富铝(三水铝石)的红土型风化壳(铝土矿成矿母质),并大致同时达到准平原化。遵义铝土矿则处于汇水区斜坡地带,为其后形成岩溶洼地型铝土矿提供了有利的基底地貌。中二叠世早期海侵之后,残留在高地的富三水铝石红土型风化壳于大塘期九架炉亚期被地表径流冲刷、搬运、堆积在附近的滨湖沼泽、浅湖、岩溶洼地等中。在成岩过程中,由于桐梓组白云岩的基底排水通畅,杂质随水带走;以桐梓组页岩为基底者排水不畅,保留杂质较多,局部形成透镜状绿泥石铁矿、硫铁矿或层状黄铁矿黏土岩及富铁的绿泥石黏土岩。从铝土矿含矿岩系形成并被上覆地层覆盖,一直到喜马拉雅期,主要经历了成岩作用和变质作用,铝土矿中三水铝石变成一水铝石,泥炭、腐泥变成无烟煤。喜马拉雅运动以来,地壳不断抬升,部分含矿岩系暴露于地表或近地表,在氧化条件下,一些高硫、高铁铝土矿发生了变化,形成低铁低硫铝土矿,而在地下深处,特别是潜水面以下仍多为高硫型铝土矿。

遵义-开阳地区铝土矿含矿岩系沉积建造类型主要有以下3种:黏土岩建造;黏土岩-铝质岩-似层状铝土矿建造;绿泥石黏土岩-黏土岩-铝土矿建造。第1种为无铝土矿产出建造类型,第2种为有似层状铝土矿产出建造,而第3种则是该区内主要含铝土矿的建造类型。

4. 凯里地区沉积建造组合与成矿关系

凯里地区鱼洞式沉积型铝土矿

矿区位于上扬子陆块Ⅱ级构造单元,扬子陆块南部被动边缘褶冲带的Ⅲ级构造单元东部,跨省内划分的铜仁-凯里基底边缘冲断带及黔南褶皱带两个Ⅳ级构造单元。铝土矿严格受地层层位和岩性的控制,矿体呈层状或似层状产于含矿岩系中,属古风化壳沉积型铝土矿。

鱼洞式铝土矿的形成属外生成矿作用。它是炎热潮湿多雨气候条件下物化作用的结果,其形成过程包括风化作用、搬运作用、沉积作用3个阶段。在形成铝土矿的地球化学全过程中,母岩的分解及其分解物的分异始终起着主导作用,并贯穿全过程。每一阶段的成矿机制各有侧重。当一个成矿系统中,各种控矿因素在特定局部地段形成最佳组合时,则可形成大型甚至超大型矿床。

1)红黏土形成阶段(风化作用阶段)

奥陶纪末的广西运动使凯里地区隆起为陆,基底母岩在O_2、CO_2、H_2O的作用下,原岩中的K^+、Na^+、Ca^{2+}、Mg^{2+}等被活化分解陆续带出基底母岩。古陆经长期稳定的风化溶蚀达到准溶原阶段,风化残留Si、Fe、Al的氧化物和氢氧化物聚集在侵蚀面上形成红黏土,富含Fe、Al、Si的红黏土为下一步铝土矿、铁矿的形成准备了丰厚的物质基础。

2)铁矿、铝土矿形成阶段(搬运-沉积作用阶段)

泥盆纪晚期,凯里、黄平、福泉一带处于黔桂海盆北东向的半局限台地海湾中,接受碳酸盐岩沉积。至下石炭世早期由于紫云运动,地壳上升,凯里、黄平、福泉一带上升为陆,海水退至马场—麻江—丹寨一线。由于地壳的抬升,原古陆和新上升为陆的地下水位降低,又开始新一轮基底母岩的溶蚀作用。长期溶蚀作用使凯里地区隆起不断被夷平,由中期转入晚期,侧向溶蚀速度大于下切溶蚀速度,经漫长地质时期的溶蚀作用,溶坑、溶凹发展成湖盆。外部形态趋近准溶原。凯里溶蚀湖是在古陆岩溶发育的基础上发展起来的,起初是彼此分离的各有排泄通道的溶坑、溶凹和漏斗,它们之间为初步富集的喀斯特型铝土矿和富铝铁的红黏土所充填。在侧向溶蚀作用下,不断扩展最终形成一个底部起伏不平、相互连通的多中心溶蚀湖。新抬升成陆的海湾盆地,除保留原海底地貌以外,溶蚀作用沿着构造薄弱环节快速溶蚀,在原海盆洼地中形成新的漏斗,新老负地形为铝土矿、铁矿的形成准备了赋矿场所。

与此同时,古陆已形成的红黏土由于地势和水文地质条件的改变,为了达到新的稳定平衡,必然要按照离子活化顺序进行分解带进新的沉积场所。由于红黏土中首先析出的 Fe^{3+} 被地表水搬运到盆地、洼地和漏斗中,当含铁溶液的 pH 值在 7 左右和 Eh 值在 0 以下时,变价铁由高价铁氧化物变为低价铁氧化物,并逐渐富集直至达到饱和状态,在碱性还原条件下凝聚沉积形成菱铁矿。随着时间的推移,当充填物质超过氧化界面后,从古陆上搬运来的铁质逐渐减少,铝质逐渐增多,经过相当长时间的充填和沉积过程稳定的发展,含铝质溶液的 pH 值和 Eh 值不断改变,铝质不断被搬运到盆地、洼地、漏斗中,聚集成富含铝质的溶液,经沉积凝固,地下水又带走部分二氧化硅,从而使氧化铝不断富集,最终形成铝土矿层。

上述盆地、洼地及漏斗,经长期的不断充填和沉积,水位越来越低,部分地区发展成沼泽环境,在酸性条件下渗水使风化物中 Fe^{3+} 还原为 Fe^{2+},与有机质还原硫结合形成黄铁矿,黏土岩中的黄铁矿多富集于含铝岩系的底部。

3)成岩作用阶段

中二叠世由于构造运动古陆下沉,海侵范围逐渐扩大,古陆只剩下湘黔海岛和江南古陆两小块,其余发展为海洋环境,接受碳酸盐岩沉积,中二叠世梁山早期充填沉积的梁山组(P_2l)深埋于地下。在松软的沉积物转变为沉积岩(矿产)的过程中,在上覆地层静压力作用下,首先压实脱水,如三水铝石变为一水铝石;体积收缩、降低孔隙度,并发生胶结作用,部分非晶质菱铁矿变成晶质菱铁矿,不稳定矿物质变成稳定矿物质,并生成一些新的成岩矿物。在静压力不断加大或构造应力作用下,已固结成矿岩系或矿体产生裂隙和压溶作用,在地下水的参与和影响下,引起含矿岩系(矿)层的少许交代作用和结构构造的变化,但仍不改变岩(矿)层的基本性质,达到了新的地球化学稳定平衡。

4)铝土矿的表生作用阶段

经东吴运动进入燕山运动,大地构造运动加强,长期稳定的沉积历史宣告结束,继而发生多次强烈的构造运动,把深埋地下的铝质岩(矿)系抬升到地表,原生铝土矿和铝土岩在地表和近地表条件下再次受到 H_2O、O_2、CO_2 形成的各种酸类及生物、温度变化等基本营力的改造。

原生铝土矿经风化、剥蚀、淋滤带走一部分二氧化硅,铝土矿、铁矿品质有所提高,就地残留,构成互不相连的若干个孤立的残留铝土矿;同时受构造运动的破坏形成残坡积堆积型铝土矿,呈无规律地零星分布。

综上所述,铝土矿体主要产于铝土矿、铝土岩、黏土岩与高铁铝土矿、铁质黏土岩建造组合。

(五)煤

贵州是我国煤层气的重要产出分布区,主要分布在东经108°以西的六盘水、毕节、黔西南北部和黔北等地。含煤地层自下而上有下石炭统祥摆组,中二叠统梁山组,上二叠统,上三叠统,新近系翁哨组和第四系。下石炭统祥摆组局部含有薄煤层,少数地段达可采厚度,中二叠统梁山组局部含有薄煤或煤线,上二叠统含有多层可采煤层,上三叠统局部含煤线或薄煤,新近系翁哨组见有褐煤,第四系有泥炭堆积。

上二叠统是贵州省最主要的含煤地层,分布广泛,发育完好,含化石丰富。这里主要讨论上二叠统含煤地层沉积建造组合与成矿关系。

1. 聚煤作用

古植物和古气候是控制聚煤的主导因素之一。适宜的古气候和古植物条件是聚煤作用发生的必要因素。据前人的研究成果,二叠纪晚期,地球的北半球已经出现了统一的劳亚大陆,南半球冈瓦纳大陆与劳亚大陆存在直接的陆地联系,出现了一个互相连接而又南北对峙的统一大陆,称泛大陆。贵州属于劳亚大陆南缘的上扬子板块的一部分,据古生物及古地磁资料,晚二叠世扬子板块应位于赤道附近,即劳亚大陆南缘。由于受来自东部的大洋季风的影响,当时应为温暖潮湿的热带雨林气候。晚二叠世期间,贵州地处低纬度地区,为温暖潮湿的热带雨林气候,真蕨、种子蕨及石松等高等造煤植物十分繁盛,为大规模聚煤作用提供了丰富的物质基础。贵州晚二叠世所形成的大量煤层、煤系底部的铝土质泥岩和煤系中大量碳酸盐岩的产出,以及共生门类丰富的动物化石等都是温暖潮湿气候的证据。此外,贵州东部灰岩氧稳定同位素计算的海水古温度在 20～30℃ 之间,也证实了这种看法。温暖潮湿的气候条件有利于植物的大量繁殖,从而为成煤作用提供了物质基础,晚二叠世大规模聚煤作用就是在这种气候背景下发生的。

2. 古地理格局、含煤岩系岩石组合情况

中二叠世末至晚二叠世初的东吴运动改变了贵州地壳中二叠世的古地理格局,海水全线退缩至紫云、望谟、罗甸一带的深水盆地中,广大地区上升为陆,遭受风化剥蚀。与此同时,西北部发生大面积的玄武质岩浆喷溢,造成了西北高、东南低的古地形特征。晚二叠世早期,由南东向北西的海侵,呈频繁的脉动式海水进退,西部渐发育几条古河流,流向南东,倾注入海。除东部雪峰古陆、西北部三道河高地和南部癞子山无沉积外,省内其余广大地区均有晚二叠世沉积,形成了南东-北西向、由海相-过渡相-陆相组成的岩相古地理格局。

各相区的分布极有规律,由北西向南东,依次有陆相、过渡相、海相,各相之间均呈犬牙交错、逐渐过渡关系。相区中,各种沉积相带的横向分布亦有规律,由北西向南东,有河流相-三角洲-潮坪-潟湖-碎屑泥质潮下-局限碳酸盐岩台地-开阔碳酸盐岩台地-边缘生物礁-深水盆地相,明显受聚煤盆地西高东低古地形的控制。

陆相区分布在西北部威宁一带,大致在垮都—罗洲—财神一线以西地区,为一套若干冲积层序叠置的陆相碎屑岩含煤沉积,统称"宣威组(P_3x)",称为宣威相区;岩性为灰色、绿灰色夹暗紫色泥岩、砂质泥岩、粉砂岩及细砂岩,时夹含砾砂岩或砾岩层,组厚 0～192m,南东厚、北西薄;含煤层 0～30 层,一般 0～9 层,含可采煤层 0～4 层,可采厚度 0.6～3m,东部含煤性较好,向西含煤性急剧变差,均为薄煤层或煤线。

过渡相区位于安龙—贞丰—关岭—安顺—平坝—息烽—绥阳一线西部,及威宁金钟—赫章罗洲—财神一线以东地区,总体上呈北东向展布;该区上二叠统由碎屑岩夹碳酸盐岩和煤层组成,上二叠统分为峨眉山玄武岩组($P_{2-3}em$)(盘州地区)、龙潭组(P_3l)和长兴组(P_3ch)[或汪家寨组(P_3wj)],称为龙潭相区,煤炭资源丰富,是贵州省的主要产煤区;上二叠统含煤岩系厚 76～543m,含煤 1～83 层,煤层总厚度 1.93～52.0m,含可采煤层 0～26 层,可采厚度 0～29.8m,盘县、水城、纳雍之间地区含煤性渐好,往外围含煤性逐渐变差。

海相区位于贵州东部和南部,为一套以浅海台地相为主的碳酸盐岩、硅质岩夹砂泥岩含煤沉积,上二叠统分为合山组(P_3h)和长兴组(P_3ch),称为合山相区;含煤岩系厚93～2 380m,北薄南厚;含煤0～16层,煤层总厚度0～9.10m,含可采煤层0～3层,可采厚度0～4.71m,由北西向南东,含煤性逐渐变差,长兴组大部分地区不含煤。

3. 各地区沉积建造组合与含煤性的关系

各地区所处相位的沉积建造组合与煤的关系主要有以下6种类型。

1）陆相区

黔西北威宁地区宣威组(P_3x):厚层状中、细砂岩、粉砂质泥岩、泥质粉砂岩建造组合,含煤性很差,几乎没有煤层形成,只在局部地区形成零星煤线。

2）过渡相区

(1)水城地区龙潭组下段(P_3l^1):泥质粉砂岩、煤、粉砂质泥岩建造组合,含煤性较好,煤层层数较多,夹矸较多,总厚度大,单层厚度较小,厚度变化较大,横向连续性好。

(2)盘州地区龙潭组上段(P_3l^3):厚层状细砂岩、煤建造组合,含煤性较好,煤层厚度较大,为该地区主要可采煤层,结构简单。

(3)六枝地区长兴组(P_3ch):厚层状泥岩、煤建造组合,含煤性较好,煤层层数很多,横向连续性较差,煤层厚度较大,一般2～5m。

(4)织金地区龙潭组中段(P_3l^2):薄层泥岩、粉砂岩、细砂岩、煤建造组合,含煤性较好,煤层层数较多,夹矸较多,总厚度大,单层厚度较小,厚度变化较大,横向连续性好。

3）海相区

贵定地区合山组上段(P_3h^3):厚层灰岩、泥灰岩、煤、泥岩建造组合,含煤性较差,局部发育薄煤层,横向连续性较差,煤层厚度很小。

以上6种类型反映煤矿主要产于过渡相区泥岩、粉砂岩、细砂岩、煤等沉积建造组合。

（六）锰

锰矿主要分布于黔东北松桃和从江地区、黔北遵义地区及黔西北水城地区。松桃和从江地区锰矿产于南华系大塘坡组(Nh_2d^1)下部,黔北遵义地区及黔西北水城地区锰矿产于中二叠统茅口组(P_2m)上部与上二叠统龙潭组(P_3l)下部之间。

松桃和从江地区的含锰岩系以碳质黏土岩为主,夹少量碳酸盐岩、凝灰岩和碳酸盐岩锰矿体;遵义地区及水城地区含锰岩系为碳质黏土岩、含碳质硅质灰岩和菱锰矿体。

1. 松桃和从江地区沉积建造组合与成矿关系

关于"大塘坡式"锰矿的成因,前人做过较多研究,主要集中在20世纪80年代。一直存在热水成因、生物成因和化学成因的争议。因此,"大塘坡式"锰矿的成因和形成环境一直未能形成较为统一的认识。

近年来,周琦、杜远生等(2007)在系统分析研究现代天然气渗漏——冷泉和冷泉碳酸盐岩的理论中得到启示,提出在中新元古代浅变质岩系褶皱基底上,由于Rodinia超大陆裂解而成的凹陷盆地为锰矿的形成提供了良好的富集空间。并提出了南华系大塘坡组的菱锰矿与白云岩透镜体和下伏两界河组的白云岩透镜体,都是同一古天然气渗漏系统中不同时期的冷泉碳酸盐岩沉积物。成矿作用以生物化学作用为主,古天然气的渗漏导致以甲烷为能源的藻菌类生物大量繁殖,于喷溢口发生缺氧氧化反应($CH_4+SO_4^{2-} \rightarrow HCO_3^- + HS^- + H_2O$),为菱锰矿的形成提供了大量的$CO_2$等物质基础。菱锰矿是碳同位素负偏、高异常硫同位素的还原环境形成。

综上所述,菱锰矿体主要产于碳质黏土岩-菱锰矿-白云岩类沉积建造组合。

2. 遵义和水城地区沉积建造组合与成矿关系

关于遵义"铜锣井式"锰矿的成因,前人做过较多的研究,主要集中在20世纪80年代,观点及认识也不尽一致。

遵义锰矿物质来源于地幔热柱的强烈活动。地幔柱的托升作用(何斌等,2005)引起已存在的贵阳深断裂、紫云-垭都深断裂活动,由于地壳不均衡裂陷(拉张和同沉积断裂的影响),在碳酸盐岩台地的基础上发生了分异,形成了一条自云南,经贵州水城—纳雍—黔西—遵义的自南西向北东的黔中台沟(陈文一等,2003),富硅、锰的热液流体沿水城—纳雍—黔西—遵义的北东向黔中台沟通道运移,为遵义锰矿的沉积提供了物质来源。由于大量富硅、富锰的热液流体与海水混合,形成热海水,在海解作用下,沉积富锰硅质岩及碳酸锰矿。从铜锣井矿区典型矿床含矿岩系分析:①深灰色、黑灰色中厚层含碳质灰岩,厚10m;②黑色碳质黏土岩,厚0.05m;③灰色至灰白色含菱锰矿及黄铁矿质黏土岩,上部含翠绿色黏土岩,厚0.38m;④灰色、灰褐色及灰黑色锰矿层。上部为黄铁矿质菱锰矿,菱锰矿呈沙状、粒状,少数呈砾状,中部含黄铁矿质菱锰矿、钙菱锰矿,厚1.83m;⑤灰色、灰褐色及灰黑色黄铁矿质水云母黏土岩,含少量砂屑,中下部含少量菱锰矿颗粒,微波状层理,顶部为豆状锰铁矿,厚1.19m;⑥灰白色黏土页岩,含黄铁矿细脉,厚0.87m;⑦黑色煤层,厚0.13m;⑧深灰色薄至中厚层状含硅质灰岩,中夹黑色燧石团块及黄铁矿结核,厚5m。

该区菱锰矿体主要与碳质黏土岩-菱锰矿-硅质灰岩沉积建造组合关系密切。

水城地区锰矿,虽然在遵义地区时代同属中二叠世晚期,但多是后期风化的氧化锰,属晚新生代表生的常温、常压下水源作用的产物。这里不再赘述。

(七)菱铁矿

贵州铁矿成因类型较多,主要为层控矿床、海相沉积矿床。层控型菱铁矿主要产于上古生界碳酸盐类岩石中,集中分布在贵州西部赫章铁矿山、水城观音山及普安罐子窑等地。从中志留世至早石炭世地层中,都有本类型矿床(点)或矿化点发现,并以产于中泥盆统独山组(D_2d)及石炭系摆佐组($C_{1-2}b$)者工业价值较大,即菜园子式层控内生型矿床。沉积型菱铁矿按沉积环境进一步分为海相沉积型(宁乡式)和陆相沉积型(苦李井式)。海相沉积型矿床分布在黔西北威宁—赫章及黔南都匀、独山、三都一带,主要有中泥盆世铁矿、早石炭世铁矿、晚二叠世铁矿。陆相沉积型矿床分布于凯里地区,产于中二叠统梁山组(P_2l)含铁岩系下部。

1. 层控内生型铁矿

黔西北地区菜园子式层控内生型铁矿

该区位于上扬子陆块Ⅱ级构造单元,扬子陆块南部被动边缘褶冲带Ⅲ级构造单元之六盘水复杂褶皱区和织金短轴褶皱区两个Ⅳ级构造单元,属较稳定的陆块。

菱铁矿体主要产出层位为大河口组(D_2dh)的上覆地层独山组鸡泡段(D_2d^1)及下伏地层龙洞水组(D_2l)、舒家坪组(D_1sh)的碳酸盐岩中。矿体呈脉状、似层状产出,脉状矿体赋存于含矿层位的断层破碎带中,似层状矿体赋存于含矿层位的层间剥离带中。

赫章菜园子菱铁矿的成矿作用大致经历了以下3个阶段:

(1)成矿物质的初步富集——矿源层形成的阶段。赫章菜园子在泥盆纪时,正位于靠近黔中古陆的滨、浅海地带。在潮湿、温暖的气候环境下,在长期隆起的古陆上化学风化作用异常活跃,风化后丰富铁质被带入邻近的滨、浅海湾——滇-黔滨浅海湾,在现在的铁矿山、菜园子、雄雄夏一带,形成规模巨大的沉积鲕状铁矿层和沉积铁矿含矿岩系(D_2dh)以及其上覆、下伏含铁碳酸盐岩岩层,这些富含铁质的碳酸盐岩岩层构成了菱铁矿的矿源层,为菱铁矿的形成提供了物质基础。

(2)成矿物质的活化迁移阶段。当经历漫长的沉积-成岩作用后形成的矿源层在碱性还原环境($pH>7$,$Eh<0$)中保留下来。由于菱铁矿具有以下特性:菱铁矿在酸和弱酸性溶液中是可溶的,极易迁移,当pH值升高($pH>7$)可发生$FeCO_3$沉淀,在氧化条件下或温度升高时,即转变为Fe_2O_3、Fe_3O_4;当其他条件不变时,温度升高可从溶液$Fe(HCO_3)_2$中析出$FeCO_3$;菱铁矿在有CO_2渗入的溶液中溶解为$Fe(HCO_3)_2$,上述过程是可逆的。因此,菱铁矿的形成必须具备合适的氧化还原环境、温度、压力和有机质的含量等条件。

矿源层在漫长的地质历史过程中,经历了区域性的上升运动——东吴运动:峨眉地幔热柱受上隆活动影响达到顶峰,全区发生了大规模玄武质岩浆喷溢及辉绿岩岩浆侵入。矿源层温度显著上升,含矿溶液活性极剧加强,从矿源层萃取大量的成矿物质,溶液与溶液、溶液与围岩发生复杂的物理化学作用、生物化学作用并沿构造通道迁移富集。

(3)成矿物质的后期叠加改造再富集阶段。晚白垩世区域发生了燕山运动,这是很重要的一次造山运动,使晚白垩世以前的地层普遍发生褶皱断裂,奠定了现今所见地质构造和地貌景观的基础。构造应力转变的热能驱动含矿溶液沿导矿构造迁移至合适的容矿空间叠加、改造、再富集。

因此,赫章菜园子菱铁矿的形成是多因素、多期次、多种成矿作用的结果,是典型的层控内生型矿床,其形成受有利的地层、沉积建造、沉积环境、构造和火山活动控制。

综上所述,富含铁质的碳酸盐岩岩层构成了菱铁矿的矿源层。灰岩、白云岩、白云质灰岩、泥质白云岩沉积建造组合对菱铁矿有明显的控制作用。

2. 海相沉积矿床

1)威宁-赫章地区宁乡式沉积型铁矿

该区位于上扬子陆块Ⅱ级构造单元,扬子陆块南部被动边缘褶冲带Ⅲ级构造单元之六盘水复杂褶皱区和织金短轴褶皱区两个Ⅳ级构造单元。菱铁矿赋存于中泥盆统大河口组(D_2dh),反映为沉积型矿产。

威宁-赫章地区宁乡式海相沉积型铁矿属生物作用参与下强烈搅动环境中的同生机械沉积矿床。中泥盆世大河口时在典型的湿热型气候下,长期处于剥蚀状态下的黔中古陆发生强烈的化学风化作用,产生大量的赤铁矿胶体,并以悬浮物的形式被流水带入陆表浅海,前滨海相具有强烈搅动的水动力能量,在悬浮状态下,赤铁矿以细砂-粉砂质颗粒为核心,以化学或生物化学的方式沉积形成鲕状绿泥石-鲕状赤铁矿-菱铁矿石相和生物遗骸,再经波浪和潮汐水流的搬运改造和富集,最终在近滨相至远滨相上部成矿。

综上所述,砂岩、粉砂质泥岩、泥质粉砂岩、泥岩、赤铁矿层、菱铁矿层沉积建造组合对菱铁矿有明显的控制作用。

2)都匀-独山地区宁乡式铁矿

该区位于扬子古陆块Ⅱ级构造单元及扬子陆块南部被动边缘褶冲带Ⅲ级构造单元之都匀滑脱褶皱带Ⅳ级构造单元。菱铁矿赋存于中泥盆统大河口组(D_2dh),反映为沉积型矿产。

铁矿区位于江南古陆西南侧,铁矿沉积富集在滨海河口三角洲石英砂岩鲕状赤铁矿相区及滨海浅滩砂岩鲕状赤铁矿相区。此区中志留世时海水由西南方向形成海侵,至中泥盆世末期由于上扬子古陆逐渐上升,又形成海退现象,从陆地上冲刷下来的碎屑物,如石英碎屑、电气石英石,在海滨激流的作用下,以碎屑为核心形成现在含石英碎屑、鲕状高矽赤铁矿。铁矿床的沉积位置都是靠近古陆的一侧,表明古陆是铁矿物质的来源。古陆上较长时期受到风化剥蚀作用,风化剥蚀后的铁质呈铁质溶胶和悬浮物,随地表径流进入水盆地(陆相盆地)或海盆地,在物理、化学和生物作用下沉积生成铁矿床。

铁矿床的沉积与盆地水中氢离子的不同浓度(pH 值)和盆地中的不同氧化位势(Eh 值)有关。从古陆上带来的铁质(氧化铁),在海洋水中铁质呈微小的痕迹存在,主要是以含铁胶体形式存在,含铁溶胶被地表径流带入海盆地,铁质在海盆地中的存在形式,由于 pH 值、Eh 值的不同而发生变化。Fe^{3+} 在氧化位势较高,pH 值大于 2 时(含铁溶液仍呈酸性反应),铁质便从溶液中沉淀出来,生成鲕状赤铁矿、赤铁矿。

铁矿在沉积过程中,具有固定的层位,常呈层状、似层状(或成透镜状)、结核状形态,鲕状、层纹状(或条带状)产出。赤铁矿、含矿砂岩及页岩(砂质页岩)沉积建造直接控制了铁矿的产出。

3. 陆相沉积矿床

凯里炉山地区苦李井式铁矿

该区位于扬子陆块南部被动边缘褶冲带Ⅲ级构造单元东部,跨铜仁-凯里基底边缘冲断带及黔南褶皱带两个Ⅳ级构造单元。菱铁矿严格受地层层位控制,赋存于中二叠统梁山组(P_2l)含铁岩系下部,反映为沉积型矿产。

在晚泥盆世沉积之后,该区上升为陆遭受剥蚀,在准平原化阶段,低凹地带由地表水汇集而形成淡水湖泊,古风化壳为铁矿形成提供了丰富的物质基础。

铁矿床的沉积位置都在靠近古陆的一侧,表明古陆是铁矿物质的来源。古陆上(大陆上)较长时期受到风化剥蚀作用,风化剥蚀后的铁质呈铁质溶胶和悬浮物,随地表径流进入水盆地(陆相盆地)或海盆地,在物理、化学和生物地球化学作用下沉积生成铁矿床。从古陆上带来的铁质(氧化铁)的沉积最容易而且最快,几乎全部沉积在古陆的盆地中。苦李井式铁矿以呈大小不等,组成密集分布的结核式小透镜体形态的菱铁矿,赋存于铝土质页岩中,菱铁矿结核形成于湿热气候条件下,湖水相对较深的低能带还原环境中。

梁山组(P_2l)含(煤)铁岩系的分布和岩性特征表明,贵州中二叠世栖霞早期,海水由南向北侵入,逐渐淹没了黔北广大地区,致使黔南碳酸盐岩台地的北部,浅水潟湖和沼泽广泛分布,从而形成了一套滨海湖沼相含铁碎屑沉积岩。由南向北,超覆在中上寒武统至上石炭统之上;铁矿石的鲕粒状结构较少发育,砂、页岩具水平层理及缓坡状层理,含矿顶、底板的铝土质页岩较为稳定,这些特征说明,铁矿可能在比较平静的水动力条件下生成。含矿岩系含植物根部、芦木类茎部和动物化石以及有机质,显示菱铁矿属湿热气候条件下还原环境中的产物,湖水深数米。从苦李井、鱼洞一线向北至瓮安苏家塘、水头坝一带,矿层中的赤铁矿增多,菱铁矿减少,显示中二叠世栖霞早期的湖水由北往南有逐渐变深的趋势。

铁矿富集受含铁岩系下伏古岩溶面起伏严格控制,古岩溶面凹下处,矿体厚度增大,含矿岩系增厚,矿石品位变富;反之,厚度减小,含矿岩系减薄,品位变贫。

综上所述,铁矿富集受含铁岩系下伏古岩溶面起伏严格控制,其上沉积的碳质页岩、页岩、石英砂岩、铁铝岩及含煤沉积建造与铁矿的形成关系密切。

第二节 火山岩岩石构造组合

一、火山岩时空分布

贵州省出露的火山岩划分为 5 个自然组合(图 2-8),各自然组合的时空分布特征分述于下。

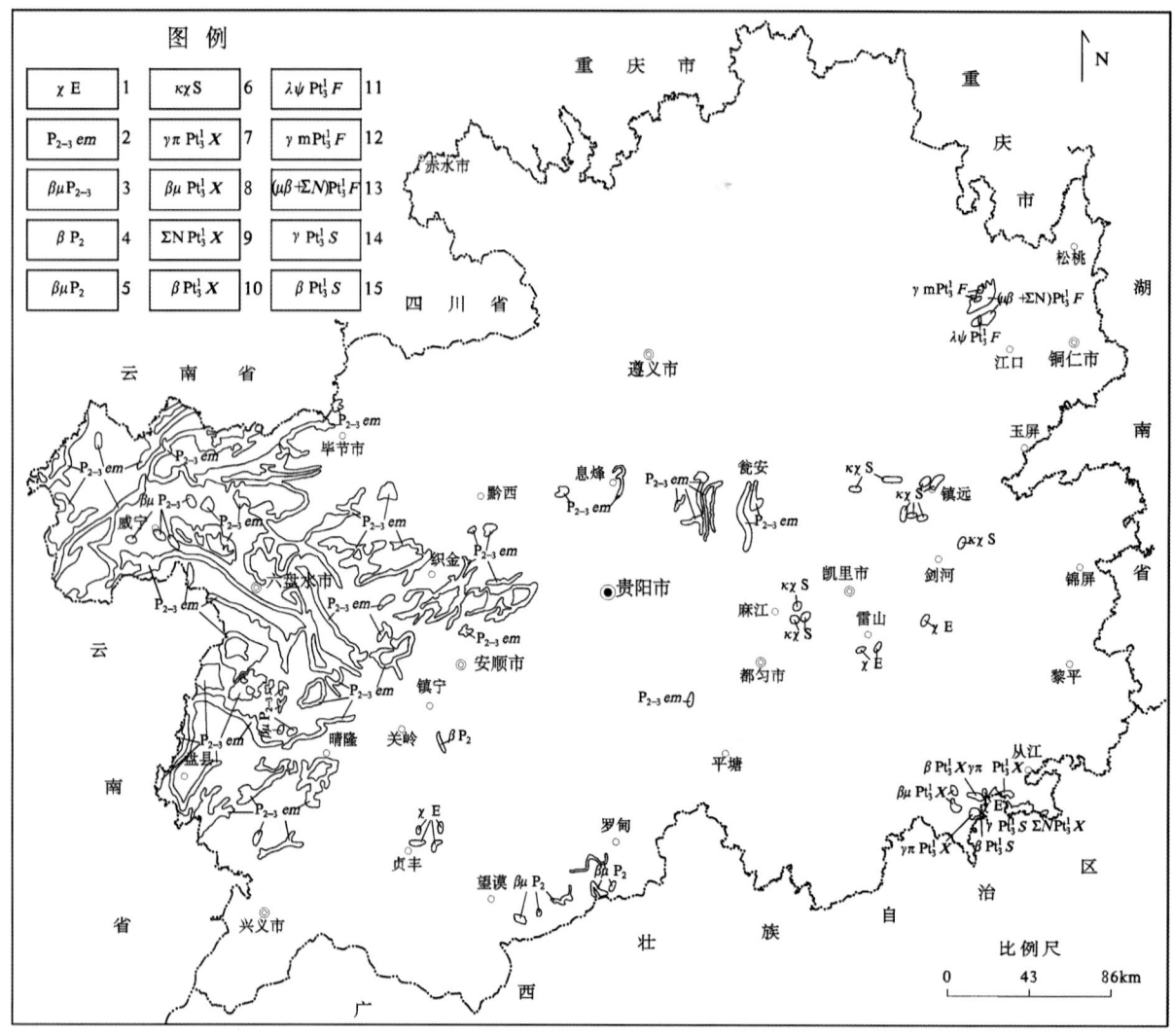

图 2-8 贵州省岩浆岩分布略图

1. 古近纪钙碱性煌斑岩；2. 中—晚二叠世峨眉山玄武岩组；3. 中—晚二叠世辉绿岩；4. 中二叠世偏碱性玄武岩；5. 中二叠世辉绿岩；6. 志留纪钾镁煌斑岩；7. 新元古代下江时期花岗斑岩；8. 新元古代下江时期辉绿岩；9. 新元古代下江时期基性—超基性岩；10. 新元古代下江时期基性火山岩；11. 新元古代梵净山时期石英钠长斑岩；12. 新元古代梵净山时期白云母花岗岩；13. 新元古代梵净山时期细碧岩及层状基性—超基性岩；14. 新元古代四堡时期花岗岩；15. 新元古代四堡时期基性火山岩

1. 黔东北梵净山地区的细碧岩-角斑岩-石英角斑岩

产于新元古界梵净山群(Pt_3^1F)的细碧岩-角斑岩-石英角斑岩,是梵净山群火山沉积岩系的重要组成部分,呈层状整合于暗色细屑沉积岩层中,伴有集块岩和火山角砾岩。

2. 黔东南黔桂交界雨田山—帮富山一带的基性火山岩

该基性火山岩产于新元古界四堡群(Pt_3^1S),共有5层,呈层状、透镜状夹于千枚岩、变质砂岩中。

3. 黔东南从江地区九星—地虎—平正一带的基性火山岩

该基性火山岩产于新元古界下江群(Pt_3^1X),呈层状夹于以千枚岩为主的副变质岩中。

4. 黔西北的大陆溢流玄武岩及潜火山相辉绿岩

大陆溢流玄武岩是贵州分布范围最大的火山岩,面积约 $3\times10^4 \mathrm{km}^2$。喷发相的玄武质火山岩层,下伏中二叠统茅口组（$P_2m$）灰岩,上覆上二叠统含煤岩系,岩石地层单位命名为峨眉山玄武岩组（$P_{2-3}em$）,时代定为中—晚二叠世。潜火山相辉绿岩的侵位地层均限于上古生界,以中二叠统茅口组灰岩居多,产状以层状岩床为主。

5. 黔西南的偏碱性玄武岩及潜火山相辉绿岩

火山喷发形成的玄武质熔岩和火山碎屑岩,仅见于镇宁县巴窝附近,下伏下—中二叠统四大寨组（$P_{1-2}s$）灰岩,上覆中—上二叠统领薅组（$P_{2-3}l$）陆源碎屑岩夹灰岩,时代为中二叠世。潜火山相辉绿岩分布于望谟—罗甸一带,侵位于下—中二叠统四大寨组灰岩中,产状均为层状岩床。

二、火山岩相与火山构造

1. 火山岩相

5个火山岩自然组合均为基性火山岩,玄武质熔岩呈岩被产出,火山岩相主要为溢流相。

梵净山地区细碧岩-角斑岩-石英角斑岩的底部,时见集块岩、火山角砾岩,火山碎屑成分与细碧岩相同,并含大量基性火山弹,表明该组合喷发初期存在爆发相。

镇宁县巴窝偏碱性玄武岩的底部,也有玄武质集块岩-火山角砾岩,表明喷发初期也存在爆发相。与喷发活动大致同期或稍晚形成的还有潜火山相层状辉绿岩。

分布范围最大的大陆溢流玄武岩(峨眉山玄武岩),岩相变化相对复杂。其剖面结构为下部除玄武质熔岩外,还多有玄武质集块岩-火山角砾岩,显示火山喷发初期爆发相显著,并时与溢流相交替叠置;中部为厚度占较大比例的玄武质熔岩,以岩浆洪溢为特征;上部多为玄武质火山角砾岩-凝灰岩,与玄武质熔岩互层,显示弱爆发相与溢流相交替叠置。峨眉山玄武岩分布区的东部边缘地带,已进入滨岸海域,尤其是下部的火山碎屑岩,普遍分布有火山碎屑岩,而且存在喷发-沉积相。火山碎屑以凝灰级为主,并随火山碎屑的减少而渐变为正常沉积岩,以沉凝灰岩→凝灰质黏土岩→黏土岩的变化序列较为常见。峨眉山玄武岩组中还夹有陆相水体中形成的沉火山角砾岩-凝灰岩,呈局部发育的喷发-沉积相。

2. 火山构造

5个火山岩自然组合的火山岩相都是溢流相或以溢流相占绝对优势,因而火山构造均属裂隙式火山机构。峨眉山玄武岩反映出的火山机构特征尤为典型,不仅岩浆溢流形成了大面积的熔岩台地,而且依集块岩、火山角砾岩,以及火山碎屑流形成的熔结凝灰岩等近火山口岩石标志圈定的火山喷发中心分布,均与断裂带有关,其中多有物探资料指示为岩石圈断裂带。

三、火山岩岩石构造划分及其特征

依各火山岩自然组合的岩石学、岩石地球化学特征,结合地质背景分析,将贵州的火山岩划分为5个岩石构造组合。

1. 弧后盆地岩石构造组合

梵净山地区的细碧岩-角斑岩-石英角斑岩中,占95%以上的细碧岩岩石地球化学以富钠、铝、铁,含钛、钾、镁、钙含量中等为特点,基本能够代表岩浆成分的火山弹化学成分也是如此。在岩石系列判别图解上投影,结果显示为跨拉斑玄武岩和钙碱性两个系列区。稀土元素组成为轻稀土富集型,配分型式与洋岛拉斑玄武岩可对比。据此特征分析,构造环境似具岛弧特征,但不够成熟,大致可划为不成熟的拉斑玄武质岛弧,即具洋岛特征的初始洋壳向扬子陆块俯冲形成的岛弧。细碧岩-角斑岩-石英角斑岩形成于弧后盆地伸展中心位置,岩浆源区的地幔类型很可能属正常—富集型。

2. 活动大陆边缘岩石构造组合

黔桂交界地区产于四堡群中的基性火山岩,依其化学成分判别的岩石系列为钙碱性系列,稀土元素配分型式为向右倾斜的平滑曲线,显示岩浆源区的地幔类型似为正常—富集型。结合地质背景分析,推断该基性火山岩形成于活动大陆边缘。

3. 裂谷盆地岩石构造组合

从江地区产于下江群中的基性火山岩,是由新元古代地幔热柱作用,致华南陆块裂解成为裂谷盆地,在此构造环境中发生幔源玄武岩浆溢出而形成。岩浆源区的地幔类型应属富集型。

4. 稳定陆块岩石构造组合

分布在黔西北地区的大陆溢流玄武岩及潜火山相辉绿岩,岩石学和岩石地球化学特征基本相同,显示为拉斑玄武岩系列的石英拉斑玄武岩。稀土元素组成为轻稀土富集型,铷锶同位素组成表明岩浆活动与陆内拉张作用有关。结合地质背景分析,大陆溢流玄武岩及潜火山相辉绿岩的岩石构造组合应为典型的稳定陆块环境中的岩石构造组合,岩浆源区的地幔类型属典型的富集型。

5. 陆内裂谷岩石构造组合

分布在黔西南地区的偏碱性玄武岩及潜火山相辉绿岩,岩石学和岩石地球化学特征也基本相同,其与黔西北地区大陆溢流玄武岩成因均为峨眉地幔热柱作用的产物,只是偏碱性玄武岩是一个不同于黔西北地区的地幔亚柱作用的结果。偏碱性玄武岩的碱度在碱钙性范围内,较大陆溢流玄武岩偏高,岩石属拉斑玄武岩系列的橄榄拉斑玄武岩。以岩石化学成分判别的构造环境为板内环境,大洋系数的平均值在大陆裂谷玄武岩范围内,显示岩石圈伸展变薄的裂陷程度高于大陆溢流玄武岩分布区,岩浆源区地幔类型属富集型。火山活动处于南盘江-右江裂谷盆地,岩石构造组合划为陆内裂谷组合。

四、火山构造岩浆旋回与构造岩浆岩带

(一)火山构造岩浆旋回

依据贵州出露的地质体,将其地质演化历史划分为4个构造旋回阶段:新元古代梵净山/四堡时期(武陵期)、新元古代下江时期—早古生代志留纪(雪峰期—加里东期)、晚古生代—早古生代志留纪(雪峰期—加里东期)、晚古生代—中生代(海西期—燕山期)和新生代(喜马拉雅期)。岩浆活动即发生在这4个旋回,其中火山活动只发生在前3个旋回。

1. 新元古代梵净山/四堡时期(武陵期)构造岩浆旋回

新元古代梵净山/四堡时期,贵州处于扬子与华夏两个陆块之间,岩浆活动构造属性表现为扬子与华夏两个陆块之间发生的俯冲、碰撞,以及板内作用等。

梵净山地区的细碧岩-角斑岩-石英角斑岩属于梵净山时期扬子与华夏两个陆块之间的初始洋壳,向扬子陆块俯冲形成不成熟岛弧,弧后盆地为细碧岩-角斑岩-石英角斑岩的形成提供了幔源拉斑玄武岩浆喷溢的构造环境。

四堡时期俯冲机制下的活动大陆边缘岩浆活动,形成黔桂交界一带产于四堡群具岛弧特征的基性火山岩。

2. 新元古代下江时期—早古生代志留纪(雪峰期—加里东期)构造岩浆旋回

在地幔热柱作用下,岩石圈发生伸展减薄,华南陆块开始裂解,裂谷盆地环境下的拉斑玄武岩浆喷溢,形成了产于下江群中的基性火山岩。

3. 晚古生代—中生代(海西期—燕山期)构造岩浆旋回

晚古生代贵州的岩浆活动均属大陆板内环境,突出的表现为峨眉地幔热柱作用引发的幔源岩浆活动。由若干呈放射状分布的地幔亚柱组成的峨眉地幔热柱,始于泥盆纪的上涌,导致岩石圈伸展、减薄、裂陷,直至二叠纪玄武质岩浆大喷发。

黔西北地区由岩石圈断裂带控制的幔源岩浆裂隙式喷溢,形成了大陆溢流石英拉斑玄武岩和玄武质火山碎屑岩,岩浆浅部侵位形成潜火山相辉绿岩。

峨眉地幔热柱的另一个亚柱上涌,影响到包括黔西南在内的南盘江-右江地区,导致该地区在晚古生代形成裂谷盆地,并同时发生从泥盆纪至早三叠世的基性岩浆断续喷发和侵位。黔西南地区处于南盘江-右江盆地北端,岩浆活动较少,仅于中二叠世发生橄榄拉斑玄武质岩浆喷溢和侵位,形成镇宁县巴窝偏碱性玄武岩和望谟—罗甸一带潜火山相辉绿岩。

(二)构造岩浆岩带

岩浆活动与大地构造背景密切相关。贵州大地构造位置处于扬子陆块的上扬子陆块,构造岩浆岩带的Ⅰ、Ⅱ级单元属扬子陆块构造岩浆岩省(Ⅵ)、上扬子陆块构造岩浆岩带(Ⅵ-2)。贵州共划分为5个Ⅲ级大地构造单元,其中4个分布有火山岩。将贵州构造岩浆岩带划分为构造岩浆岩亚带、岩段及火山岩岩石构造组合,详见表2-3。

表2-3 火山岩构造岩浆岩带简表

省	带	亚带	岩段	岩石组合
扬子陆块构造岩浆岩省Ⅵ	上扬子陆块构造岩浆岩带Ⅵ-2	上扬子陆块南部碳酸盐岩台地(Pz)构造岩浆岩亚带Ⅵ-2-4	黔西北稳定陆块(P_{2-3})大陆溢流玄武岩段Ⅵ-2-4-1	石英拉斑玄武质熔岩、玄武质火山碎屑岩,以及以层状为主的潜火山相辉绿岩
		南盘江-右江前陆盆地(T)构造岩浆岩亚带Ⅵ-2-8	黔西南陆内裂谷(P_2)偏碱性玄武岩段Ⅵ-2-8-1	橄榄拉斑玄武质熔岩、玄武质火山碎屑岩,以及层状潜火山相辉绿岩
		雪峰山陆缘裂谷盆地(Qb—Nh)构造岩浆岩亚带Ⅵ-2-6	从江地区裂谷盆地(Pt_3^1X)基性火山岩段Ⅵ-2-6-1	基性火山岩
			黔桂交界地区活动大陆边缘(Pt_3^1S)基性火山岩段Ⅵ-2-6-2	基性火山岩
		上扬子东南缘被动边缘盆地(Pz_1)构造岩浆岩亚带Ⅵ-2-5	梵净山弧后盆地(Pt_3^1F)细碧角斑岩段Ⅵ-2-5-1	细碧岩-角斑岩-石英角斑岩、集块岩、火山角砾岩

五、火山岩的形成、构造环境及其演化

(一)新元古代梵净山/四堡时期构造岩浆旋回的火山岩

1. 梵净山地区细碧岩-角斑岩-石英角斑岩

新元古代梵净山时期,岩石圈的正常—富集型地幔局部熔融形成的拉斑玄武岩浆在弧后盆地受南北向拉张断裂控制,拉斑玄武岩浆上升喷溢并快速就地分异,形成了产于梵净山群的细碧岩-角斑岩-石英角斑岩。

2. 黔桂交界地区基性火山岩

新元古代四堡时期,在俯冲机制下发育于活动大陆边缘的断裂带,控制了具岛弧特征的钙碱性系列玄武质岩浆溢出,形成了夹于砂泥质岩层中的基性火山岩。

(二)新元古代下江时期构造岩浆旋回的火山岩

新元古代下江时期,地幔热柱作用使得岩石圈伸展减薄,形成裂谷盆地,新元古代梵净山/四堡时期末的武陵运动使得扬子和华夏两个陆块拼接形成的华南陆块又分离为两个陆块。在二者之间的华南裂谷盆地环境中,富集型地幔局部熔融形成的玄武质岩浆受拉张断裂带控制上升喷溢,形成了从江地区夹于下江群泥质岩层中的基性火山岩。

(三)晚古生代—中生代构造岩浆旋回的火山岩

1. 黔西北地区大陆溢流玄武岩及潜火山相辉绿岩

稳定陆块环境在峨眉地幔热柱作用下,在黔西北地区表现为从泥盆纪开始,即沿岩石圈断裂带发育台沟或台盆,产生深水、浅水的沉积分异;中二叠世末地壳抬升使大部分地区成陆;中二叠世末至晚二叠世初,石英拉斑玄武质岩浆在岩石圈断裂带控制下喷发和浅成侵位,形成大陆溢流玄武岩和潜火山相辉绿岩。

岩石地球化学表现为低 Mg、高 Ti、SiO_2 过饱和等特征,反映出富集型地幔低程度熔融形成的岩浆,不仅分异程度高,而且发生了强烈的壳幔相互作用。长期积蓄的火山势能使火山活动早期多有强爆发过程,从而形成了粗火山碎屑岩。

2. 黔西南地区偏碱性玄武岩及潜火山相辉绿岩

峨眉地幔热柱的一个亚柱上涌,造成包括黔西南在内的南盘江-右江地区发生强烈的张裂沉陷而成为裂谷盆地。橄榄拉斑玄武岩岩浆从泥盆纪至早三叠世,即断续喷发和浅成侵位。而黔西南地区的橄榄拉斑玄武岩岩浆活动只发生在中二叠世。

贵州的地震面波层析成像显示,深度 100~150km 的面波速度,由南向北增高,即南部南盘江-右江盆地区为较热物质,其北部台地区为较冷物质,二者边界近东西向转为北东向的岩石圈断裂带,控制了望谟—罗甸一带岩浆侵位形成的层状辉绿岩的分布。镇宁县巴窝偏碱性玄武岩的产出,则受控于近南北向的岩石圈断裂带。

六、火山岩岩石构造组合与成矿关系

与成矿关系密切的火山岩岩石构造组合,主要是产于裂谷盆地环境中的新元古界下江群的基性火山岩,以及稳定陆块环境中生成的大陆溢流玄武岩和陆内裂谷环境中生成的偏碱性玄武岩。

(一)新元古界下江群基性火山岩与成矿关系

新元古代下江时期,裂谷盆地环境下拉斑玄武岩岩浆喷溢形成的基性火山岩和火山气液活动,与从江地区火山沉积改造层控型有色金属和贵金属矿床关系密切。

携带的矿质进入水体沉淀富集,使基性火山岩赋存的下江群甲路组的泥质岩层和基性火山岩本身成为矿源层或局部构成矿床。从江县高文—洋边山一带分布的铜矿点中,达到品位要求的矿体几乎都赋存于甲路组中,呈似层状、透镜状或扁豆状产出。

从江县地虎铜铅锌金银多金属矿床的赋矿地层为甲路组,初步判断地虎附近为火山气液活动的中心地段,可能形成了热卤水池,并在沉积阶段已成矿,属火山-沉积型矿床,之后又经历了热液活动的叠加和改造。

(二)大陆溢流玄武岩与成矿关系

1. "凝灰岩型"金锑矿

"凝灰岩型"金锑矿指产于峨眉山玄武岩和玄武岩尖灭后龙潭组中的金、锑矿,有时还伴有萤石等矿产,赋矿岩石主要是玄武质沉火山角砾岩-沉凝灰岩-凝灰质黏土岩-黏土岩,并遭受了强烈的硅化作用。典型矿床有安龙县戈塘金矿、贞丰县水银洞金矿、晴隆县大厂锑矿等。

矿床(点)分布在盘县-贵阳岩石圈断裂带的南东侧,即断裂下盘。该断裂带不仅延长和延深规模大,且历史悠久。拉斑玄武岩岩浆分异造成碱质和富含矿质的挥发分聚集在岩浆房顶部。在火山活动过程中,岩浆房顶部岩浆受该断裂带控制先行喷溢,因而玄武岩的碱度相对该断裂带北西侧的玄武岩要高,均为钙碱性。携带矿质的火山气液活动强烈,进入水体沉淀即形成矿床或矿源层。近年来多有学者研究认为,安龙县戈塘金矿、晴隆县大厂锑矿,以及灰家堡背斜地区的贞丰县水银厂金矿等矿床的形成主要是火山喷流沉积的结果,最后定型可能还有幔源热液活动的参与。

2. 玄武岩铜矿

玄武岩铜矿主要是由携带矿质的火山气液进入水体,经火山沉积作用形成矿源层,最后经热液活动改造富集成矿。火山热液沿构造裂隙充填沉淀,也形成铜矿化的脉体,但一般品位低、规模小。

(1)分布于威宁地区、矿石矿物以自然铜为主的矿床(点),赋矿岩石为峨眉山玄武岩上部所夹的玄武质沉火山角砾-凝灰岩,火山碎屑几乎均为塑性—半塑性玄武岩,填隙物为火山尘,并时含黏土物质以及相当丰富的羊齿类、蕨类等植物碎屑,表明赋矿岩石很可能是在陆相湖盆形成的沉火山碎屑岩。成矿作用与盆地流体的对流循环及从玄武岩中萃取成矿物质有关,有机质对成矿流体的还原和对成矿物质的吸附作用可能是成矿的重要机制。沉火山角砾-凝灰岩不仅是有机质流体的良好储层,也为成矿流体提供了就位空间,是铜矿化层的主要控制因素。

(2)峨眉山玄武岩分布区的东部边缘地带多已进入滨岸海域,成矿物质于沉火山碎屑岩乃至以黏土岩居多的正常沉积岩中沉淀富集并形成矿源层,最后经热液叠加改造成矿。关岭县丙坝峨眉山玄武岩底部所夹的铁质黏土岩,以及普定县补堆场、凉水井峨眉山玄武岩顶部的绿泥石黏土岩等岩层中的铜矿化,可能也是此类火山沉积改造层控型矿床。

3. 硫铁矿

硫铁矿主要分布在黔西北和黔北邻近峨眉山玄武岩出露边缘地带的矿床(点),产出层位为峨眉山玄武岩底部及玄武岩尖灭后的龙潭组底部,时空分布似与峨眉山玄武岩存在成因联系。黄铁矿的硫同位素组成显示硫来自海水硫酸盐,而铁可能来源于玄武质岩石海解黏土化析出的铁,还可能含有喷流作用提供的铁。

(三)陆内裂谷环境偏碱性玄武岩与成矿关系

陆内裂谷环境中的偏碱性玄武岩与潜火山相辉绿岩形成环境类似,其与成矿的关系也相近。沿册亨-罗甸岩石圈断裂带分布、侵位于下—中二叠统四大寨组灰岩中的潜火山相层状辉绿岩与灰岩的接触带中(罗甸地区),发现有类似"和田玉"的软玉产出,命名为"罗甸玉"。矿物成分主要是透闪石,占95%以上,多呈纤维状及各种变形体交织结构,具备了优质软玉的基本特征。

第三节 侵入岩岩石构造组合

一、侵入岩时空分布

贵州地区的侵入岩有7个自然组合(图2-8),其时空分布特征分述于下。

1. 梵净山地区超基性—基性岩

该超基性—基性岩为呈层状、似层状多期次产于新元古界梵净山群变质砂岩、板岩、千枚岩等副变质岩系中,厚度较大、结晶分异完整的岩体,从中心至边缘,岩性依次为辉石橄榄岩、橄榄辉石岩、辉长岩、辉长辉绿岩、辉绿岩。岩体与地层同步褶皱,并且被梵净山群—青白口系板溪群角度不整合覆盖,还被新元古代梵净山时期构造岩浆旋回的白云母花岗岩穿插。贵州省地质调查院地质志修编项目组在角度不整合面之下的辉绿岩中采样获得的年龄值为856Ma。

2. 从江地区超基性—基性岩

该超基性—基性岩组合属桂北超基性—基性岩分布地带的北延部分,桂北发育完整的岩体,从中心向两侧可依次出现橄榄岩或辉石橄榄岩-橄榄辉石岩-辉石岩-辉长岩-辉长辉绿岩-辉绿岩的岩石序列。从江地区出露的岩体规模很小,多为单独的超基性或基性侵入岩,多为岩床,少有岩脉。侵入围岩层位可由新元古界四堡群跨到下江群,围岩岩性有各种片岩、千枚岩等。依岩石地球化学特征判断,从江地区的超基性—基性侵入岩,很可能是与下江群中基性火山岩同期同源的玄武质岩浆的产物,形成于新元古代下江时期的早期。

3. 梵净山地区白云母花岗岩及酸性脉岩

白云母花岗岩呈岩株、岩脉、岩枝产出,物探资料显示地下深处可能存在隐伏岩基。岩体顶部时而分布有团块状和囊状伟晶岩体。

白云母花岗岩及酸性脉岩侵位于梵净山群的褶皱中,之上为角度不整合面,而且不整合面之上的板溪群底部砾岩中有大量白云母花岗岩砾石。不整合面之上板溪群红子溪组发育火山碎屑岩，其锆石 U－Pb 年龄为 814±6.3Ma(高林志等，2010)，该年龄限定了梵净山褶皱及白云母花岗岩的时代上限。贵州省地质调查院地质志修编项目组对白云母花岗岩所含锆石进行了年代学测试，所获加权平均年龄为 835.5±1.5Ma，可以代表岩浆侵位时间。

4. 从江地区摩天岭花岗岩及酸性脉岩

从江地区出露的摩天岭花岗岩仅是岩体的北端，大部分出露在广西，呈大型岩基侵入于新元古界四堡群，围岩主要是片岩、千枚岩、变质砂岩。近年来的调查研究结果表明下江群沉积超覆于摩天岭花岗岩之上，产于下江群的基性火山岩锆石 U－Pb 年龄为 814±13Ma，并限定岩体侵位时间不可能晚于该年龄。贵州省地质调查院地质志修编项目组所得到的锆石 U－Pb 年龄为 826.8±5.9Ma，收集到的大量岩体测年数据得出的峰期年龄为 826～819Ma，因而将摩天岭花岗岩及酸性脉岩的形成时代归于新元古代四堡时期构造岩浆旋回。

5. 从江刚边及归林地区花岗斑岩

该地区花岗斑岩分布于摩天岭花岗岩体北端外缘地带，呈小型岩株侵位于新元古界下江群中。贵州省地质调查院地质志修编项目组做了一系列锆石 U－Pb 测年工作，测得其峰期年龄为(798.0±4.1)～(751.0±4.0)Ma，证明其形成于新元古代下江时期构造岩浆旋回的早期。

6. 麻江、施秉、镇远等地钾镁煌斑岩

岩体成群出露于(云南)开远-(贵州)平塘-玉屏岩石圈断裂带北西侧的麻江隆昌和施秉—镇远一带，以钾镁煌斑岩为主，伴有斑状云母橄榄岩、橄榄云煌岩等超镁铁质煌斑岩。岩体呈岩墙、岩脉、岩床产于小型断裂破碎带中，侵入岩围岩均为寒武纪碳酸盐岩，其中镇远马坪等地的钾镁煌斑岩中含有金刚石。在钾镁煌斑岩中所获得峰期年龄为 500～400Ma，将其形成时代归于志留纪末。

7. 黔东南雷山等地和黔西南地区钙碱性煌斑岩

黔东南雷山等地的钙碱性煌斑岩零星分布在雷山县高岩、牛栏，台江县南牛，三穗县岑松，从江县鸡脸等地，岩性为云煌岩和斜云煌岩，呈岩脉侵入于新元古界下江群中。

黔西南地区的钙碱性煌斑岩成群分布于镇宁、贞丰、望谟三县交界地区，岩石均属云煌岩类，呈岩脉、岩枝、岩墙，个别呈岩筒侵位于中二叠世—中三叠世碳酸盐岩和碎屑岩中。

已知贵州和湖南此类钙碱性煌斑岩的测年数据均为中生代，最新的成果有新生代。从构造环境判断，侵位时期应在晚古生代—中生代构造岩浆旋回末期或之后的大陆板内伸展阶段，时代应为中生代晚白垩世至新生代古近纪，尤其以古近纪的可能性较大，故暂且将其形成时代归于古近纪。

二、岩石构造组合划分及其特征

贵州地区侵入岩岩石构造组合划分为 4 个类型，分述于下。

1. 弧后盆地岩石构造组合

梵净山地区超基性—基性侵入岩的岩石地球化学特征与细碧岩-角斑岩-石英角斑岩组合的枕状细碧岩颇为近似，分布空间也很相近，因而可能是与细碧岩同期同源的岩床状潜火山岩，同样属弧后盆地岩石构造组合。

2. 后碰撞岩石构造组合

梵净山地区的白云母花岗岩的岩石学和岩石地球化学特征显示其属以白云母为特征矿物的强过铝质花岗岩类,并且成岩过程有幔源物质的参与。壳幔相互作用表明其岩浆的形成很可能是由于碰撞后山根拆沉造成地幔物质上涌,带来的热量使地壳在高温下发生局部熔融,因而划为后碰撞岩石构造组合。

3. 大陆板块内部岩石构造组合

(1)麻江、施秉—镇远一带的钾镁煌斑岩。志留纪末的广西(加里东)运动使贵州结束了洋陆转换,形成板内运动造山环境。钾镁煌斑岩即在陆内伸展作用下侵位。

(2)黔东南雷山等地和黔西南地区的钙碱性煌斑岩。岩浆侵位于燕山运动造山挤压-隆升之后的大陆板块内部伸展阶段。早白垩世末的燕山运动在贵州表现为陆内造山运动,形成的褶皱属薄皮构造。

(3)从江地区的摩天岭花岗岩。摩天岭花岗岩的化学成分在构造环境判别图上的投点多落入板内花岗岩区。新元古代四堡时期末,扬子陆块与华夏陆块的碰撞拼接和隆升形成了华南陆块,形成大陆板块环境。在此背景下,软流圈上涌带来的热量使地壳泥质岩石发生部分熔融,形成摩天岭过铝质花岗岩及酸性脉岩。

4. 裂谷盆地岩石构造组合

(1)从江刚边及归林地区的花岗斑岩。从江刚边及归林地区花岗斑岩测试的年龄值晚于摩天岭花岗岩。可能是同一地幔热柱作用的结果,先形成了深成摩天岭花岗岩,之后形成浅成花岗斑岩。

新元古代下江时期的地幔热柱作用使华南陆块又裂解为扬子和华夏两个陆块,二者之间则为华南裂谷盆地。在此构造环境中,地幔热柱的热能作用到浅部,使泥质岩、碎屑岩发生准原地局部熔融,形成过铝质花岗斑岩。

(2)从江地区的超基性—基性岩。从江地区的超基性—基性岩的岩石地球化学特征与产于下江群的基性火山岩非常近似,很可能是同期同源的玄武质岩浆的产物,亦属裂谷盆地岩石构造组合。

三、构造岩浆旋回与构造岩浆岩带

(一)构造岩浆旋回

1. 新元古代梵净山/四堡时期(武陵期)构造岩浆旋回

(1)梵净山地区超基性—基性岩的地质特征和岩石地球化学特征均显示与梵净山群细碧角斑岩为同期同源的产物,与梵净山群火山-沉积地层同步褶皱,并被板溪群角度不整合覆盖,因而将其置于新元古代梵净山时期构造岩浆旋回。

(2)新元古代梵净山/四堡时期的晚期,扬子与华夏两个陆块碰撞拼接构成华南陆块,后碰撞环境的地幔热柱作用导致地壳局部熔融以及壳幔相互作用,形成了梵净山强过铝质白云母花岗岩及酸性脉岩,并被板溪群角度不整合覆盖,因而将其置于新元古代梵净山时期构造岩浆旋回。

(3)新元古代梵净山/四堡时期末,造山运动最后隆升形成大陆板块构造背景,地幔热柱作用导致在陆内环境中形成了从江地区摩天岭花岗岩及酸性脉岩。依据岩石地球化学成分判断,其构造环境也属板内环境,因而将其置于新元古代梵净山/四堡时期构造旋回末为宜。

2. 新元古代下江时期—早古生代(雪峰期—加里东期)构造岩浆旋回

(1)从江刚边及归林地区的花岗斑岩是新元古代梵净山/四堡时期摩天岭花岗岩形成之后,延续的地幔热柱作用使地壳浅部沉积岩石准原地局部熔融的产物,其时代已跨到新元古代下江时期。

(2)从江地区超基性—基性岩的岩石地球化学特征显示,其与产于下江群的基性火山岩同属裂谷盆地环境,并属同期同源玄武质岩浆活动的产物,因而归于新元古代下江时期—早古生代构造岩浆旋回的早期。

(3)麻江和施秉—镇远一带的钾镁煌斑岩,依测年数据和地质背景判断,其形成时期可定在新元古代下江时期—早古生代构造岩浆旋回的志留纪末。

3. 新生代(喜马拉雅期)构造岩浆旋回

黔东南雷山等地及黔西南地区的钙碱性煌斑岩,地质特征和测年数据均表明形成时代较新,很可能是晚古生代—中生代旋回末期或之后在稳定陆块环境伸展作用下的产物,侵位时代很可能跨入了新生代。

(二)构造岩浆岩带

依贵州各级大地构造单元的划分,Ⅰ、Ⅱ级构造岩浆岩带各1个,Ⅲ级构造单元5个,其中3个分布有侵入岩。各构造岩浆旋回从早到晚,随着构造环境的变化,形成的侵入岩也呈现颇有规律的演化过程。

1. 新元古代梵净山/四堡时期构造岩浆旋回的侵入岩

(1)出露最老的新元古代地层和岩浆岩显示,当时的构造环境已由离散向汇聚转化,形成了不成熟的岛弧。梵净山地区以北为扬子陆块,梵净山地区处于弧后盆地。正常—富集型地幔在岛弧环境中发生局部熔融形成的玄武质岩浆,向上侵位形成了包括带有岛弧特征的细碧岩-角斑岩-石英角斑岩以及超基性—基性侵入岩。

(2)新元古代梵净山/四堡时期构造岩浆旋回晚期,扬子陆块与华夏陆块碰撞拼接构成华南陆块,后碰撞环境的地幔热柱作用导致地壳发生局部熔融,形成了梵净山地区白云母花岗岩及酸性脉岩。

(3)新元古代梵净山/四堡时期构造岩浆旋回末期大陆板内环境,地幔热柱作用导致的软流圈上涌,带来的巨大热量致使地壳发生局部熔融,形成了从江地区深成摩天岭花岗岩及酸性脉岩。

2. 新元古代下江时期—早古生代构造岩浆旋回的侵入岩

(1)延续下江时期的地幔热柱作用,使摩天岭花岗岩形成之后的热能作用到地壳较浅部位,形成分布于摩天岭花岗岩体外缘的从江刚边及归林地区的过铝质花岗斑岩。

(2)下江时期裂谷盆地背景的伸展环境发生富集型地幔局部熔融,生成拉斑玄武质岩浆,其喷溢和侵位形成了产于下江群中的基性火山岩,以及与之同期同源的超基性—基性侵入岩。

(3)志留纪末的广西(加里东)运动,完成了贵州省内的洋陆转换而使其处于大陆板内环境。麻江、施秉、镇远等地的钾镁煌斑岩于伸展阶段的侵位,结束了新元古代下江时期—早古生代构造岩浆旋回的岩浆活动。

3. 新生代构造岩浆旋回的侵入岩

中—新生代太平洋板块向西的俯冲消减,使俯冲板块的上地幔或下地壳发生局部熔融,形成高密度幔源 C-H-O 流体。该流体可能主要受贵州东、西两条近南北向岩石圈断裂带控制,上升运移进入地壳,并分异形成煌斑岩浆和富含硅碱质的 C-H-O 流体。前者在近南北向岩石圈断裂带与其他方向断裂带交会部位的次级构造裂隙侵位,形成云煌岩、斜云煌斑岩等钙碱性煌斑岩;后者可能参与了区域成矿作用。

四、侵入岩岩石构造组合与成矿关系

1. 新元古代梵净山时期弧后盆地超基性—基性岩与成矿关系

梵净山地区超基性—基性岩中的超基性岩,Mg/Fe 值为 2~6.5,具一定的熔离型硫化铜镍矿成矿条件,但由于基性度较低(1.06~1.11),成矿条件不够理想。以镍为主的矿化虽然普遍,但品位低,基性度相对较高的辉石橄榄岩岩体规模不大,限制了成矿远景。

2. 新元古代梵净山时期后碰撞白云母花岗岩及酸性脉岩与成矿关系

梵净山地区白云母花岗岩及酸性脉岩所含微量元素中不仅 W、Sn 元素相当高,而且 F、Rb、Li 等元素含量较酸性脉岩平均值高数倍,表明酸性岩浆及残余气液活动可形成气成-高温热液型钨锡和伟晶岩型铌钽等稀有元素成矿系列。现已发现多处钨锡矿床(点),查明中型和小型钨锡矿床各 1 处,花岗伟晶岩中也见有铌钽(时含锂、铷、铯)矿点。

3. 新元古代四堡时期末大陆板块内部摩天岭花岗岩及酸性脉岩与成矿关系

从江地区摩天岭花岗岩的岩石化学特征显示具钨系列花岗岩的基本属性,不过 Na+K 的原子数较梵净山白云母花岗岩低,钨锡成矿条件相对较差。目前只在岩体外缘发现污牙等钨矿点,找矿潜力不大。

4. 志留纪末大陆板块内部钾镁煌斑岩与成矿关系

志留纪末大陆板块内部伸展阶段侵位的钾镁煌斑岩中,镇远县马坪等地的镁铝榴石云母钾镁煌斑岩中含有金刚石,但由于成矿条件不够理想,矿体规模小且分散,品位低,金刚石质量差,难以开发利用。

5. 新生代大陆板块内部钙碱性煌斑岩与成矿关系

黔西南和黔东南地区分布的陆内伸展阶段侵位的钙碱性煌斑岩与金矿床(点)的空间分布可能存在成因联系。与钙碱性煌斑岩浆同为高密度 C-H-O 流体分异生成的富含硅碱质 C-H-O 流体很可能是金等矿床最终热液成矿定型的含矿流体。与其同期同源的钙碱性煌斑岩也有含金显示,如雷山县高岩云煌岩体即含载金的硫化矿物。黔西南地区碳酸岩化的岩体外接触带中,金含量可高于煌斑岩本身,表明岩浆挥发组分携带有丰度较高的金等矿质。

第四节 变质岩岩石构造组合

贵州的变质岩主要分布于黔东-黔中地区(图 2-9),变质程度较低,属低绿片岩相,主要为沉积变质岩,少量变质岩浆岩。变质地层主要为新元古代碎屑岩、火山碎屑岩、火山岩、碳酸盐岩,少量为侵位于上述地层的岩浆岩。

出露于黔东地区的早古生代、黔西南右江地区的三叠系岩石亦显示出轻微的变质现象。新元古代变质岩不仅遭受了复杂的构造变形，而且也经历了区域变质作用、热接触变质作用和动力变质作用，其中以区域变质作用为主。新元古代—早古生代的区域变质岩属绿片岩相（新元古代中晚期）—低绿片岩相（新元古代晚期）—极低绿片岩相（黔东盆地相区早古生代）；热接触变质作用则沿着侵入岩体与围岩接触带发生，形成接触变质岩；动力变质作用主要发生在断裂带和剪切带中，形成动力变质岩。此外，受岩浆及热液活动影响，发生接触及气-液变质作用，形成相应的变质岩或蚀变岩。

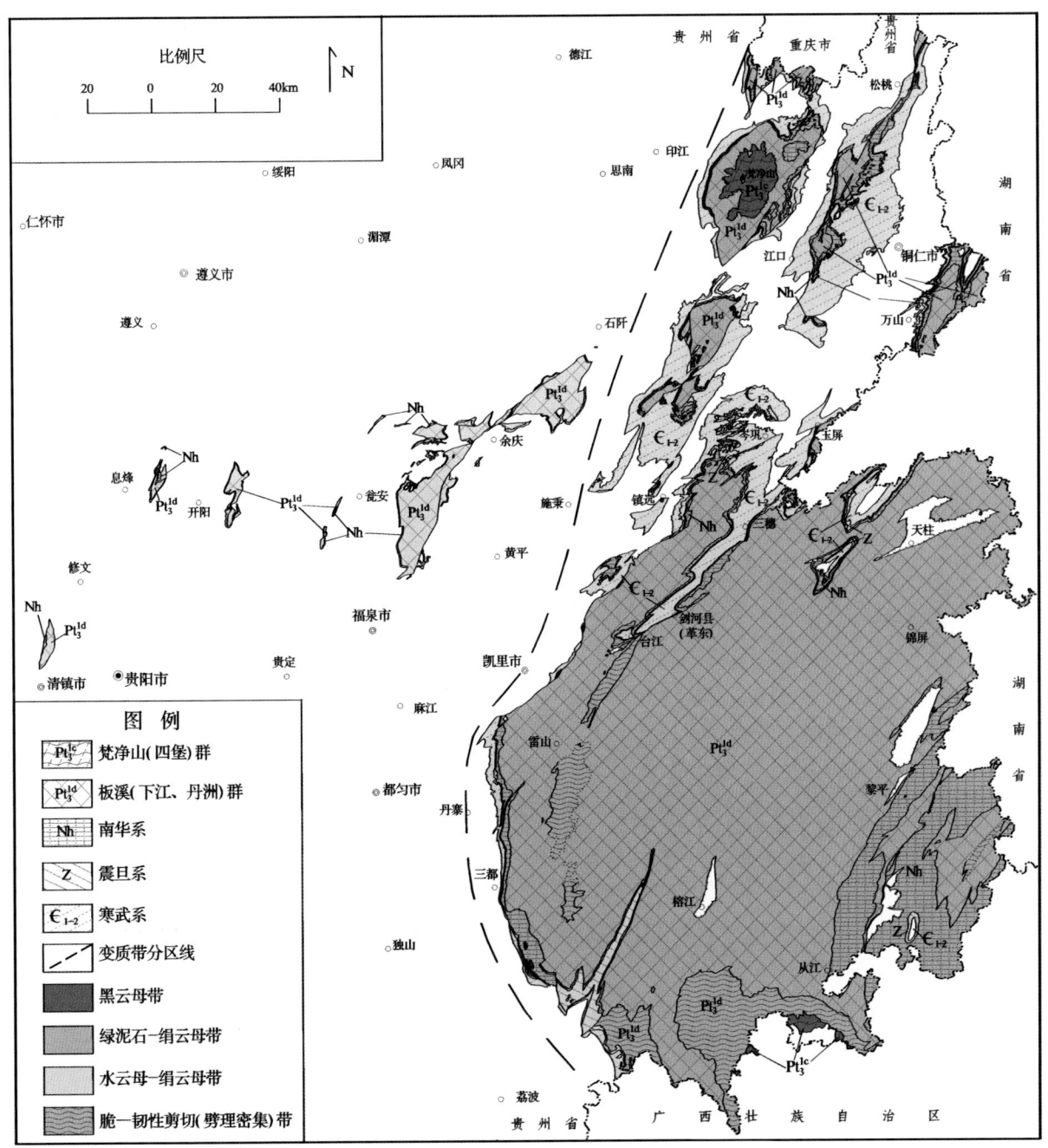

图 2-9　贵州省变质岩及变质带分布图

一、变质岩时空分布及变质单元划分

贵州的变质岩主要以区域变质岩为主,其次尚分布产出有接触变质岩、动力变质岩。区域变质岩主要分布于黔中-黔东南地区,受武陵及加里东构造演化旋回控制。局限分布于从江及梵净山地区的新元古界梵净山群、四堡群达浅—中深变质相,属绿片岩相变质岩;广泛分布于黔东地区的下江(板溪、丹洲)群、南华系浅变质岩属低绿片岩相变质岩。雪峰运动后处于江南盆地沉积地区的震旦系、寒武系岩石亦发生极低级区域埋深变质现象,出现极低—轻微级水云母-绢云母相变质岩。分布于黔西南右江盆地区的三叠系地层亦发生了极低级埋深变质现象,为印支—燕山构造旋回期的极低—轻微级水云母-绢云母相变质岩。

接触变质岩主要分布于从江及梵净山地区的岩浆岩体边缘部位,在黔南罗甸-望谟等地区亦见及。部分岩浆岩尚遭受区域变质作用或气-液变质作用,在岩浆岩体边部围岩遭受气-液变质作用,形成相应的变质岩浆岩与蚀变岩。

动力变质岩主要产出在断裂带和脆—韧性过渡剪切带(劈理密集带)部位。

二、变质岩岩石构造组合划分及其特征

根据变质作用不同,将贵州的变质岩分为区域变质岩、接触变质岩、气液变质岩和动力变质岩四大类(表2-4)。

表2-4 贵州变质作用及变质岩分类表

岩石类型	变质作用	主要岩石	产出部位	原岩系列
区域变质岩	区域变质作用	极低级变质岩	黔东下古生界、震旦系,黔中青白口系、南华系	砂、泥质岩
		板岩、千枚岩	黔东梵净山群、四堡群、青白口系、南华系、部分下寒武统	泥质岩
		千枚岩、片岩	黔东梵净山群、四堡群、青白口系甲路组—乌叶组	泥质岩
		变质粉—细砂岩、变质含细砾砂岩、变质泥砂质砾岩、变质砾岩	黔东梵净山群、四堡群、青白口系、南华系	长英质岩
		钙质千枚岩、方解石大理岩	黔东青白口系甲路组	钙质岩
		变橄榄岩、变辉石橄榄岩、变橄榄辉石岩、变辉长岩	黔东梵净山群、四堡群	镁铁质岩
		变基性(辉绿)岩、变基性火山岩	黔东青白口系甲路组—乌叶组	

续表 2-4

岩石类型	变质作用	主要岩石	产出部位	原岩系列
接触变质岩	热接触变质作用	石榴子石化岩石	从江摩天岭花岗岩外接触带	粉砂泥质岩
		角岩化岩石及角岩	从江摩天岭花岗岩外接触带	粉砂泥质岩
气-液变质岩	气-液变质作用	青磐岩、黄铁绢英岩、透闪石岩(罗甸玉)	黔东(南)岩体侵入接触带	基性—超基性岩、长英质岩、泥质岩、灰岩
动力变质岩	动力变质作用	构造角砾岩、碎裂岩、似糜棱岩、构造千枚岩	断裂带,雷山、黎平洪州、从江脆—韧性剪切带(劈理密集带)	断层带中的各类岩石

（一）区域变质岩

依据《变质岩岩石分类和命名方案》(GB/T 17412.3—1998)，以岩石的矿物成分、含量及结构、构造等基本特征为基础，再依变质程度的不同，可将贵州变质岩岩石划分为下列类型。

1. 极低级变质岩类

因资料较为零星，根据目前已有资料，大致产出于印江—施秉—凯里—丹寨—三都一线以西(黔中地区)的青白口系清水江组、南华系及以东的震旦纪—早古生代地层分布区。岩石宏观特征上，局部具发育的劈理(以清水江组、杷榔组黏土岩为典型)，易风化呈片状。岩石具显微鳞片状变晶结构、显微晶状结构、层状构造，主要新生变质矿物有绢云母、绿泥石等。变质岩石类型有板岩类及具轻微进变质现象的砂岩、碳酸盐岩等，黏土矿物一般变质为微鳞片状晶体，显光性，具良好的定向性，显示微弱的页理特征。板岩的特征矿物组合为绿泥石、绢云母，副矿物见方解石、白云石、硅质、黄铁矿、含钛矿物、电气石、碳质等。属极低绿片岩相水云母-绢云母带。

2. 浅变质岩类

1) 变质陆源碎屑岩类

该变质岩类为以陆源碎屑为主的变质沉积岩类，分布较广泛。依据陆源碎屑粒度大小可分为下列 4 种类型。

(1) 板岩类。

板岩类的原岩为泥质岩类，主要分布于青白口系下江群乌叶组、番召组、清水江组、平略组、隆里组二段，及南华系长安组、富禄组中。其代表性特点是原岩中的主要矿物成分泥质(黏土)经区域变质作用，发生变质重结晶形成新生显微鳞片状绢云母变晶及少量绿泥石变晶、微量黑云母变晶。岩石具泥质显微鳞片变晶结构，板状构造，变质重结晶程度较低，部分泥质变质重结晶为绢云母及绿泥石等。变晶矿物粒径一般小于或等于 0.01mm。含钛铁矿、磁铁矿及黄铁矿等副矿物。

(2) 变余砂岩、砾岩类。

变余砂岩、砾岩类的原岩主要为长英质岩类，产出于青白口系梵净山群、四堡群、丹洲(下江、板溪)群及南华系中。岩石由陆缘碎屑砾(砂)石及填隙物(砂、粉砂、泥质)两部分组成，主要表现为绢云母及微量绿泥石替代泥质填隙物,重结晶矿物的定向排列现象较普遍,变质矿物主要为绢云母、绿泥石,其次为黑云母和白云母等,另含有黄铁矿、电气石、榍石等副矿物。

(3)变质火山岩类。

变质火山凝灰岩系列:主要产出于青白口系下江群清水江组、乌叶组、番召组、平略组、红子溪组及张家坝组,偶见产于四堡群、梵净山群中。岩石类型有变质凝灰岩、变质沉凝灰岩,岩石具变余凝灰结构或变余沉凝灰岩结构。凝灰物质主要以火山灰及玻屑、火山灰为主,常见杏仁体,含少量晶屑,偶见浆屑,火山灰及玻屑普遍脱玻分解。正常沉积混入物为泥质、陆源碎屑(粉砂),泥质基本被绢云母及微量绿泥石、黑云母替代。

变基性火山岩:产于四堡群、梵净山群和下江群归眼组、芙蓉坝组中,受区域变质形成变基性火山岩。岩石呈层状、似层状产出。岩石呈浅绿—绿色,具残斑结构、球颗粒结构、交织结构,块状构造、千枚状构造及片状构造、杏仁状构造。岩石蚀变强,原岩成分保存甚少,主要蚀变矿物为绿泥石,次为绢(白)云母、石英、方解石,副矿物有磁铁矿、赤铁矿、钛铁矿、白铁矿、白钛矿、褐铁矿、锆钛矿、金红石、磷灰石等。

变质硅质岩类:主要见于梵净山群回香坪组中,偶见于下江群、乌叶组、清水江组。回香坪组中产出的变质硅质岩与细碧-石英角斑岩相伴,呈层状-透镜状或团块状产于细碧岩中,厚数厘米至2m,常有细纹—条带状水平层理。岩石具显微花岗变晶结构,由显微粒状石英及少量帘石组成,偶见绿泥石和榍石,SiO_2含量78.36%~86.32%;乌叶组、清水江组产出的变质硅质岩岩性单一,为变质绿泥硅质岩,矿物组合为硅质(50%±)、绿泥石(40%±)、绢云母(5%±)、石英(3%±)、含钛矿物(2%±)等,该岩石原岩并非纯硅质岩。

(4)变镁铁质—超镁铁质岩。

该类型岩石主要产出于四堡群及梵净山群中,下江群中亦有少量产出。包括超基性、基性侵入岩,经区域变质后形成变超基性岩、变基性岩。岩石类型主要有变橄榄岩、变辉石橄榄岩或变橄榄辉石岩、变辉长岩、变基性(辉绿)岩及变基性火山岩等。变质超基性岩的变晶矿物主要为蛇纹石、滑石、次闪石(阳起石、透闪石)和绿泥石等,有时具纤维鳞片变晶结构和鳞片变晶结构,定向构造。变质基性岩(辉绿岩、辉长-辉绿岩)的变晶矿物有钠长石、帘石(黝绿帘石及钠黝帘石)、次闪石(纤闪石、阳起石)、绿泥石、绢云母、石英等。

该类超基性、基性侵入岩在发生区域变质前(后)发生了气-液(蚀变)作用,岩石的结构、构造及矿物成分均发生了较大的改变,原岩恢复困难。

2)浅变质的酸性侵入岩

该变质岩类主要为侵入于梵净山群及四堡群、下江群中的变质酸性侵入岩。

(1)梵净山地区的变质白云母花岗岩。该类岩石产出于梵净山群,岩石斑晶具花岗变晶结构,变斑晶主要为钾长石,基质为花岗结构,由他形石英、钾长石、钠长石组成。岩石自变质作用强烈,主要有钾长石化、钠长石化、云英岩化、绢云母化,以钾长石化和云英岩化较为普遍和强烈。自变质作用在空间上具明显的分带性,云英岩化、绢云母化分布在岩体边缘,钾长石化、钠长石化出现在岩体内部,在空间上的顺序为钾长石化→钠长石化→云英岩化→绢云母化。

(2)从江地区酸性侵入岩。从江地区侵入于四堡群、下江群中的二长花岗岩、正长花岗岩,从岩体内部向外可分为变质粗粒变斑状黑云母花岗岩、变质中粒变斑状黑云母花岗岩和变质细粒变斑状黑云母花岗岩3个相带。基质具花岗变晶结构,片状、片麻状构造,见绢云母化、绿泥石化及白云母化。

3)大理岩类

大理岩类主要包括大理岩、大理岩化灰岩及钙质板(千枚)岩。大理岩重结晶彻底,具糖粒状或瓷状断口,大理岩化灰岩只发生部分重结晶。岩石具有花岗变晶结构,微—细晶白云石或方解石呈他形粒状,微显拉长定向,部分石英与白云石、方解石边缘呈熔蚀镶嵌状。

3. 浅－中深变质岩类

1)千枚岩类

千枚岩类主要分布于青白口系四堡群、梵净山群及归眼组、芙蓉坝组、红子溪组、甲路组、乌叶组。岩石类型有方解石绿泥石千枚岩、白云母绿泥石千枚岩、绿泥石长石绢云母千枚岩、绿泥石绢云母千枚岩、绿泥石方解石绢云母千枚岩、方解石绢云母千枚岩、方解石绢云母石英千枚岩、石英方解石绢云母千枚岩、石英绢云母千枚岩、石英绢云母方解石千枚岩、绢云母石英千枚岩、石英方解石千枚岩、绢云母千枚岩。除原有黏土矿物变为绢云母和绿泥石外,常见黑云母雏晶,矿物排列定向性良好,劈理发育,易沿劈理定向呈片状剥离。其中所含碎屑时见拉长变形,石英具有碎为亚颗粒而显碎裂消光现象。千枚状板岩原有沉积构造保存尚好,层理易于识别。

岩石变形及重结晶程度稍高于板岩。变晶矿物结晶粒径小于0.10mm。呈显微鳞片结构、花岗变晶结构,千枚状构造,千枚理普遍具揉皱现象,常见丝绢光泽,发育细小皱纹构造,原岩中的砂、粉砂等碎屑残斑仍呈现碎屑外形,泥质全部重结晶,形成绢云母(白云母)、绿泥石,少量黑云母微晶片状矿物,其变晶矿物粒径比板岩稍大,一般为0.01~0.1mm。另含钛铁矿、磁铁矿及电气石等副矿物。

本岩类在不同层位及构造部位,特点有所不同,岩石普遍发育两组劈理(千枚理),并可见晚期新生矿物。

2)片岩类

片岩类为本省区域变质程度最高的岩石类型,主要产出于从江地区的四堡群尧等组及下江群归眼组上部,岩石具片状变晶结构,片状构造。岩石类型有绢云母石英片岩、石英绢云母片岩、石英绿泥石片岩、石英二云母片岩等,具花岗变晶结构、鳞片花岗变晶结构,片状构造;主要由石英、绢云母(白云母)和绿泥石、方解石类矿物组成,含少量长石和黑云母等,长英质矿物具定向排列。变质重结晶矿物粒径明显增大,一般为0.1~0.25mm。另含辉锑矿、钛铁矿、白钛矿及磷灰石等副矿物。

本类岩石普遍发育两组面理,即早期由新生绢云母(白云母)、少数黑云母及绿泥石定向形成的片理,受晚期劈理作用常呈"S"形褶皱,同时伴有石英的拉长定向;晚期由黑云母、绢云母(白云母)、绿泥石构成明显的劈理域(宽0.1~1mm),同时伴有石英压扁拉长、波状消光、亚颗粒化,与早期片理构成S-C组构。

由于受花岗岩体侵位的影响,分布在摩天岭花岗岩体外东侧的南加—翠里、高华—平飘一带的片岩,后期叠加有接触变质作用,发育热接触变质成因的石榴子石、电气石矿物。

(二)接触变质岩

贵州地区接触变质属热接触变质作用,主要是指伴随岩浆侵入围岩受岩浆流体热量及挥发分的影响,而发生变质结晶和重结晶,并伴有物质组分的交代,形成热接触变质岩的作用。受岩浆作用时空分布的影响与控制,形成的岩石主要产出于从江及梵净山地区。围绕摩天岭花岗岩体外侧接触带产出的接触变质岩,呈带状分布,岩带宽窄不等,少数见于岩体内接触带。在梵净山地区白云母花岗岩露头附近及其隐伏岩体部位亦有一些微弱的接触热变质作用,相应的变质岩石有斑点板岩及角岩,隐伏岩体的接触变质带宽可达数百米,可能是侵入体顶部热力相对汇聚而热变质作用较强的原因。

按变质作用形成的方式和变质程度的不同,可将接触变质岩分为石榴子石化岩石、角岩化岩石及角岩、斑点板岩等。

1. 石榴子石化岩石

此类岩石主要分布于从江摩天岭花岗岩侵入体的外接触带,叠加在区域变质之上,常继承先前区域变质的面理,出现石榴子石片岩、石榴子石千枚岩。其原岩为泥质岩类,经区域变质作用形成片岩及千枚岩,岩石具花岗鳞片变晶结构,片状及千枚状构造。出现的新生变质矿物有绢云母-白云母、绿泥石、黑云母及石英等。之后受岩浆热作用,在岩石中出现新生石榴子石矿物,多数石榴子石晶形为四角三八面体,红色、玻璃光泽、透明。少数受后期动力变质作用的影响,晶体发生变形。

2. 角岩及角岩化岩石

角岩属典型的热接触变质岩石,主要分布于从江摩天岭花岗岩、梵净山白云母花岗岩侵入岩体外侧,岩体与围岩的接触部位。岩石类型有石英黑云母角岩、黑云母石英闪石角岩、黑云母闪石石英角岩、角闪石石英角岩、石英闪石角岩及石英角闪石绿泥石角岩。矿物成分主要有帘石、石英、次闪石(纤闪石、透闪石、阳起石)、黑云母、石榴子石,少量绿泥石、榍石、磷灰石、电气石、白云石、方解石等。

角岩化岩石主要分布于角岩的外侧,岩石的变质程度较前者低,是介于正常岩石与角岩之间的过渡类型。岩石有角岩化泥质细砂岩、角岩化含岩屑泥质粉砂岩和角岩化粉砂质泥岩。呈灰色、浅灰绿色,块状构造,镜下具泥质砂屑结构、泥质砾屑结构、鳞片花岗变晶结构、角岩结构,局部具微层理构造,矿物成分主要有石英、绢云母-白云母、黑云母等,少量电气石、绿泥石及铁矿物等。

3. 斑点板岩

斑点板岩出露于梵净山地区,白云母花岗岩露头附近及其隐伏岩体上部,产出的板岩中具有一些矿物聚合成的斑点,而显斑点构造,斑点含量5%～15%,呈圆形、椭圆形、扁豆形、不规则形等,由绿泥石、帘石、石英、菱铁矿或石英-绿泥石、石英-榍石、石英-绿泥石-榍石、石英-绢云母、石英-绿泥石-绢云母等组成,偶见红柱石。岩石类型有斑点状绢云母板岩、斑点状含粉砂质绿泥石绢云母板岩、斑点状粉砂质绿泥石绢云母板岩、斑点状绿泥石绢云母板岩、具菱铁矿斑点含粉砂质绿泥石石英绢云母板岩、斑点状千枚状绢云母板岩、斑点状千枚状绿泥石绢云母板岩等。

斑点板岩中的"斑点",可能是在区域变质基础上叠加热变质作用形成的,在淘金河等地见斑点状千枚状绢云母板岩与白云母花岗岩直接接触。

(三)气-液变质作用及变质岩

气-液变质是指由气水热液作用于已经形成的岩石,化学成分、矿物成分及结构构造发生变化的变质作用,所形成的变质岩又称气-液蚀变岩。一般见于岩脉(体)及断裂蚀变带,是一种重要的找矿标志。

以蚀变矿物或蚀变矿物组合为基础,岩石类型有透闪石大理岩、透闪石岩(软玉)、青磐岩化类、黄铁绢英岩化类、云英岩、蛇纹岩等类型。

1. 透闪石岩(罗甸软玉)与透闪石化大理岩

此类变质岩主要产出于罗甸-望谟地区,侵位于四大寨组中上部夹硅质岩的灰岩中的辉绿岩体上接触蚀变带,辉绿岩侵入体与碳酸盐岩围岩形成几米至几十米的大理岩化带,即接触变质带。由于后期二氧化硅气液流体活动,在接触变质带外带蚀变交代形成透闪石化大理岩与透闪石岩(罗甸软玉)。前者呈层状产出,后者则呈似层状、条带状、斑(团)块状产出。岩石具纤维状变晶结构,包括纤维状-柱状结构、斑状变晶交织结构、纤维状-毡状变晶交织结构、纤维状-片状变晶交织结构、纤维状变晶交织结构等显微结构特征。具典型变晶结构,块状、片状构造。矿物成分以透闪石为主,含量在95%以上者为透闪石岩(软玉),其中尚含少量的方解石、透辉石、滑石、铁锰氧化物,透闪石含量小于95%者为透闪石化(含透闪石)大理岩。

2. 青磐岩化类

青磐岩化类主要产出于断裂破碎蚀变带，空间产出部位与断层密切相关，属中低温热液蚀变岩。岩石具鳞片变晶结构、柱(粒)状变晶结构，团块状构造、浸染状构造、浸点状构造。由绿泥石、黄铁矿、石英、方铅矿、黄铜矿变晶等蚀变矿物构成。

3. 黄铁绢英岩化类

黄铁绢英岩化类局限分布于岩浆岩体与围岩外接触带，该类岩石有黄铜矿化-方铅矿化黄铁矿及黄铜矿化黄铁绢英岩，属中低温热液蚀变岩。

(1)黄铜矿化-方铅矿化黄铁矿岩：具柱粒状变晶结构、鳞片变晶结构，块状构造、浸染状构造、浸点状构造。由黄铁矿、白云石、绿泥石、石英、黑云母-白云母、方铅矿、黄铜矿变晶等蚀变矿物构成。

(2)黄铜矿化黄铁绢英岩：具(显微)柱粒状变晶结构、(显微)鳞片变晶结构，块状构造、浸染状构造、浸点状构造。由石英、绢云母、黄铁矿、黄铜矿变晶等蚀变矿物构成。

4. 云英岩

云英岩主要产出于花岗岩体边缘或沿含矿石英岩脉带产出，并伴有钨锡矿物产出。中粗粒、鳞片花岗变晶结构。由石英、云母、电气石等蚀变矿物构成。

在梵净山下平所一带尚见蛇纹岩化岩石，受构造及蚀变影响，岩石呈滑石片岩产出，因蚀变强烈，原岩恢复困难。

(四)动力变质岩

贵州地区动力变质岩较发育，类型丰富，主要见于断层接触带及脆—韧过渡性剪切带(劈理密集带)，根据岩石变质变形及重结晶程度的不同可分为碎裂岩、似糜棱岩、构造片岩3种类型。断层角砾岩以脆性变形为主，岩石定向组构和重结晶作用不明显，具碎裂结构或玻璃质碎屑结构，按碎基含量和性质划分为角砾岩、碎裂岩、碎斑岩。似糜棱岩以塑性变形为主，岩石具明显的糜棱结构、眼球状构造、糜棱面理，按基质含量和重结晶程度分为似糜棱岩和千糜千枚岩。构造片岩具花岗鳞片变晶结构、片理构造、拔丝构造。

1. 碎裂岩类

(1)碎裂岩：主要分布于脆性断裂带中，是岩石或矿物受到碎裂作用、变形作用后产生的岩石，其碎裂程度明显高于构造角砾岩。根据碎裂程度划分为碎裂化岩、初碎裂岩和碎裂岩3种。原岩受力碎裂，碎裂块为大小不等的棱角状，相互间无明显位移。角砾成分单一，裂纹为不规则网状，纹缝中可充填石英脉、方解石脉或铁泥质。碳酸盐岩碎裂缝多充填方解石脉，变质岩区碎裂缝中常有石英细脉。岩石蚀变一般有硅化、黄铁矿化、绿泥石化、绢云母化等。

(2)断层角砾岩：主要出现在断层中心地带，断层两盘相对运动使破碎带内的岩石碎为角砾状，其成分一般为两盘岩性的混杂，角砾呈棱角状—次棱角状—次圆状，角砾内部有裂纹，角砾间填隙物多为碎粒或碎粉，有时为方解石或硅质胶结。

(3)碎斑岩：在大断层(特别是大的逆冲断层)的中心地带，两盘相对运动引起的破碎和碾磨较强，可见碎斑岩或角砾-碎斑岩。角砾少，碎斑、碎粒甚至碎粉较多。

2. 似糜棱岩类

糜棱岩化岩石分布于从江、雷山、黎平等地的脆—韧过渡性剪切带(劈理密集带)中，是原岩在较高温度和剪切应力作用下,主要经韧性变形作用和重结晶作用形成,其与碎裂岩类的显著区别为具有明显的定向构造,细碎物质显示特征的流动构造,具糜棱结构、碎斑结构等。一般由细碎物质(基质)和眼球状、透镜状斑晶组成。矿物具有各种应变现象和变形结构。岩石常出现绢云母、绿泥石等新生变晶矿物,而且原岩结构部分保留。糜棱岩化细碎物质沿碎斑透镜体之间分布。基质有糜棱岩化(绿泥)绢云母千枚岩、糜棱岩化千枚状含粉砂质绢云母板岩、糜棱岩化(微含碳质)粉砂质绢云母板岩、糜棱岩化长英质岩、糜棱岩化碎裂花岗斑岩、糜棱岩化黏土岩等。

糜棱岩化岩石的显微构造类型可见应变影、变形石英脉、变形千枚理、叠加于碎裂化结构之上的糜棱岩化结构等。

3. 构造片岩

构造片岩主要分布于从江地区四堡群尧等组和下江群归眼组上部。原岩为泥质岩,在剪切应力作用下岩石和矿物发生变形、重结晶或变晶所形成,变晶矿物具明显的定向排列,具亚颗粒化、波状消光特性。岩石具粒状-纤状变晶结构、粒状-鳞片变晶结构,片理构造。粒状矿物主要为石英,受构造应力作用,普遍发生重结晶,呈短柱状、透镜状、拔丝状。绢云母(白云母)及黑云母强定向构成片理。

三、变质相(相系)及变质时代

(一)变质相(带)

贵州产出的区域变质岩变质级别属低绿片岩相。根据区域变质岩出现的新生变质矿物组合,以每一种新生变质矿物的第一次出现为标志来划分变质带的原则,变质相带可分为二云母-绿泥石、绢云母带和绿泥石-绢云母带及水云母-绢云母带,变质带的划分原则上以不整合构造界面为限,不以地层界线为界,即变质带具有穿时性、穿层性及规律分带性,变质与未变质的界线大致为加里东期不整合界面。整体反映随江南造山带向南西方向的迁移,变质变形程度向北西渐次减弱,变质带则向北西地层层位渐次降低。即加里东期构造旋回内的湖南靖县至贵州黎平一带的志留系变质变形明显,向北西渐次减弱,至印江—施秉—凯里—丹寨—三都一线以东的震旦系—下寒武统变质变形程度微弱,以西则基本未出现变质变形。青白口系清水江组、南华系在该线以西变质变形微弱,以东较为明显。

二云母-绿泥石-绢云母带与绿泥石-绢云母带的分带界线大致在四堡群(梵净山群)与丹洲(下江、板溪)群之间(武陵不整合界面),其变质时代属武陵构造旋回期,并叠加了后期区域变质作用。绿泥石-绢云母带的分带界线在印江—施秉—凯里—丹寨—三都一线以东,大致在南华系与震旦系之间;水云母-绢云母带的分带界线在印江—施秉—凯里—丹寨—三都一线以东,大致在志留系与泥盆系之间,在该线以西的青白口系清水江组、南华系亦变质变形微弱,属水云母-绢云母带。绿泥石-绢云母带与水云母-绢云母带的变质时代为加里东构造旋回期,在区域变质基础上,叠加了埋深变质作用。

(1)二云母-绿泥石-绢云母带:呈面状分布于四堡群、梵净山群中。主要岩石有变质砂岩、绢云母石英千枚岩、黑云母石英千枚岩、石英绢云母片岩、石英二云母绿泥石片岩、粉砂质板岩和石英钙质千枚岩。特征变质矿物有石英、绢云母、绿泥石和少量黑云母、白云母等。

(2)绿泥石-绢云母带:呈面型大致分布于印江—施秉—凯里—丹寨—三都一线以东的青白口系及南华系分布区。主要岩石有粉砂质绢云母板岩、粉砂质绿泥石绢云母板岩、碳质粉砂质绢云母板岩和变质粉砂岩。特征变质矿物有绿泥石、绢云母等。

(3)水云母-绢云母带:该带为贵州分布极低级变质作用与成岩作用之间的过渡带,岩石宏观特征上,局部具发育的劈理,易风化呈片状。呈面型大致分布于印江—施秉—凯里—丹寨—三都一线以东处于深水盆地相沉积的震旦系及下古生界,以西的青白口系、南华系部分地层具微弱变形变质。主要岩石类型有具轻微变质现象的黏土岩、碳酸盐岩、砂岩、砾岩等,局部产出有绢云母板岩、绿泥石绢云母板岩。特征变质矿物有局部出现的绿泥石、绢云母及重结晶的石英、方解石等,黏土矿物一般为微鳞片状晶体,显光性,具良好的定向性,显示微弱的页理。

(二)变质时代

1. 武陵变质期

四堡群、梵净山群发生强烈褶皱,被丹洲(下江、板溪)群呈显著的角度不整合覆盖。其变质程度没有明显差异,但丹洲(下江、板溪)群底部砾岩中的砾石成分都是变质岩,大多为近源物质(来自梵净山群、四堡群),包括正负变质岩,表明在丹洲(下江、板溪)群沉积之前四堡群、梵净山群已遭受区域变质作用。

从区域变质岩的岩石面貌、变质矿物组合及微观组构等特征来看,梵净山群与上覆丹洲(下江、板溪)群没有明显区别,沉积变质岩中未发现显著的叠加进变质或退变质现象。据武陵期强烈造山褶皱的广泛分布(湖南冷家溪群,黔桂边界四堡群等)的特征分析,武陵构造期区域变质作用属区域低温动力变质作用,与武陵期最强烈的褶皱变形同步。

2. 加里东构造变质期

丹洲(下江、板溪)群、南华系普遍发生浅表构造层次的低绿片岩相变形变质,震旦系、下寒武统时或出现新生变质矿物——绿泥石与绢云母,局部尚发育劈理,硬质岩类则普遍具有轻微进变质现象,自下而上变质程度总体减弱。结合湘西及桂北区域资料,上、下古生界呈角度不整合接触,区域变质作用波及志留系而未影响上古生界,反映该期区域变质作用主要发生在泥盆纪之前,主要为加里东期。区域变质作用可分解为区域低温动力变质(造山区域变质)作用及区域埋深变质作用,变质程度随地层新老时序变化,受造山区域变质作用、埋深变质作用共同影响,定向组构是动力变形变质作用影响的结果。

该构造期的变质作用由南东的黔东南向北西的黔西北有渐次减弱,变质层位渐次降低的趋势,黔东南丹洲(下江、板溪)群变质较明显,至黔中仅表现出轻微变质;南华系出现变质至轻微变质或未变质,早古生代则出现轻微变质至未变质,变质作用的界面表现出穿越地层界面的穿层性。

在垂向上变质作用亦反映出自下而上变质程度总体减弱的趋势。青白口系归眼组和乌叶组多见千枚岩和千枚状板岩,见黑云母雏晶,青白口系番召组—南华系黎家坡组则主要为绿泥石、绢云母,震旦系至黔东盆地相区的下寒武系黏土岩局部出现微量绿泥石、绢云母,下寒武统—志留系黏土矿物均具微晶质显微鳞片状定向构造。

在纵横向上变质作用呈现有规律的变化,与加里东造山运动的中心呈现有规律的变化相对应,造山带的中心区是构造应力及岩浆活动的集中区域,而与之相对应的变质与变形作用亦表现为最强,并由中心区域向两侧渐次有序减弱,区域性热流体的变化与应力升高是其发生变质作用的主导因素。变质作用由南东(加里东造山运动的中心到广西三江-龙胜—湖南通道-邵阳一线)向北西至黔中一带渐次减弱,遭受变质的地层层位亦渐次降低。该变化规律与造山旋回过程中的构造、岩浆活动及盆地演化等密切相关,在造山带中心出现区域动热变质作用,在外围出现区域埋深变质作用。

区域调查资料反映,在广西运动发生之前,黔东南地区上震旦统至志留系地层厚 4 000~5 000m,丹洲(下江、板溪)群及南华系沉积总厚度最大在 10 000m 以上。该区域地层处于较深构造位次(浅表—表构造层次),具有发生低温低压埋深浅变质作用所需温度及压力环境。

3. 印支—燕山构造变质期

该时期贵州处于北西向的特提斯构造域与北东向的滨太平洋构造域两大构造域的交会区域,故变质作用除在黔西南右江地区表现出埋深变质作用外,在其余区域主要表现为动力变质作用,在黔东地区青白口系、南华系中的透入性劈理发育,劈理走向北北东,与燕山期褶皱轴向一致,震旦系及寒武系劈理发育的黏土岩中尚见不对称的黄铁矿应变影,显然受到了燕山构造期动力变质作用的影响。

四、变质作用、构造环境及其演化

武陵构造期,随华夏与扬子陆块的汇聚,发生强烈的造山运动,形成统一的陆块,使青白口系板溪(下江、丹洲)群与下伏梵净山群、四堡群呈角度不整合接触。梵净山群、四堡群发生强烈褶皱,并伴有同造山期基性—超基性岩、中酸性花岗岩侵入(出露于梵净山与从江地区),贵州地壳整体处于洋陆转换阶段,导致梵净山群、四堡群发生区域低温动力变质作用-同造山期花岗岩侵入相伴生的热接触变质作用-造山后期脆性断裂相伴生的动力碎裂变质作用(表2-5)。

表2-5 变质作用与区域地质演化关系

地质时代	建造演化	重大构造事件	变质作用
第四纪	内陆山间盆地磨拉石组合	喜马拉雅运动	与脆性断裂相伴的动力碎裂变质
新近纪			
古近纪			
白垩纪	内陆坳陷盆地河湖砂泥岩组合	燕山运动	与脆性断裂相伴的动力碎裂变质
侏罗纪			区域埋深变质
三叠纪		印支运动	
二叠纪	浅海台及滨岸碳酸盐岩及碎屑岩组合		
石炭纪			
泥盆纪		加里东运动	与脆性断裂相伴的动力碎裂变质
志留纪	滨岸—陆棚碳酸盐岩及碎屑岩组合		与褶皱相伴的区域低温动力变质
			与侵入岩相伴的接触变质组合
奥陶纪	被动大陆边缘盆地碳酸盐岩、硅质岩、碎屑岩组合		巨厚沉积加载导致南华系及更老地层发生区域叠加埋深变质
寒武纪			
震旦纪			
南华纪	滨浅海冰碛砾岩组合	雪峰运动	
青白口纪晚期	裂谷盆地陆源碎屑及火山碎屑岩组合	武陵运动	与脆性断裂相伴的动力碎裂变质
			与侵入岩相伴的接触变质
青白口纪早期	裂谷盆地陆源碎屑及火山碎屑岩组合		与褶皱相伴的区域低温动力变质

加里东构造期，随武陵期形成的古大陆离散裂解-汇聚，造山带中心向南东迁移出贵州省，贵州主体处于该时期造山带的外带。由南东向北西，贵州处于盆地边缘-斜坡-台地环境，并伴有同造山前期基性—超基性岩、中酸性花岗岩侵入（从江地区），区域低温动力变质作用亦由南东向北西渐次减弱。贵州地壳整体完成由洋陆转换到稳定陆块的发展阶段。新元古代中晚期至早古生代地层发生了区域动力-热液变质作用，并在此基础上因上覆巨厚的沉积加载而叠加埋深变质作用。志留纪末的加里东运动使全区褶皱成陆，东部地区因处于较强构造应力区，产生区域褶皱及断裂导致区域动力变质作用的叠加，使东部地区变质岩系产生一系列劈理，该时期的脆性断裂作用则产生碎裂动力变质。处于浅表—中深层次的雷公山、洪州地区发育脆—韧过渡性剪切带，劈理密集发育。

该时期的造山运动亦伴有同造山前期花岗岩侵入（从江地区），导致青白口纪早中期岩石发生区域低温动力变质作用、接触变质作用，使位于花岗岩侵入体边部的青白口纪早中期的四堡群、甲路组、乌叶组地层产生强烈的面理化，形成千枚状板岩、板岩，局部出现千枚岩及片岩。

印支—燕山构造期，贵州处于滨太平洋与印度板块构造域的联合作用区，陆内离散背景下的基性—超基性岩广泛发育于黔西北地区。早白垩世末的燕山运动发育强烈而广泛的褶皱和断裂，使若干先期断裂复活。在强大的区域挤压应力作用下，黔东地区处于浅表—中深构造层次的变质岩系（青白口系及南华系）遭受区域低温动力变质作用叠加影响，产生与燕山期区域褶皱轴向一致的透入性劈理及定向组构，局部影响可上达泥盆系。沿脆性断裂带的动力碎裂变质作用遍及全省。顺次为：区域褶皱伴随区域低温动力变质→脆性断裂伴随动力碎裂变质。

处于黔西南深水盆地区的右江地区在该构造旋回期构造应力作用下，因岩石能干性影响，使三叠系及以下碎屑岩地层产生极低级轻微埋深变质，局部出现劈理。该区可能还受哀牢山造山带的影响而产生极低级变质作用。

古近纪与新近纪之间的喜马拉雅构造运动也是波及全区的一次构造变动，主要表现为先期的若干断裂复活，沿断裂带发生动力碎裂变质作用。并使黔东地区古老变质岩系抬升出露，贵州整体亦随青藏高原的快速隆升而成为云贵高原的一部分，奠定了现今的地质格局与地势面貌。

五、变质岩岩石构造组合与成矿

贵州变质岩属低绿片岩相变质岩，变质程度较低，故与变质作用相关的矿产产出较少，变质岩岩石构造组合与成矿关系不明显。整体表现为区域变质使部分成矿元素迁移富集，在动力-热液变质作用叠加下，沿构造断裂带产出相应的矿产，以铜、铅、锌、锑、金、磁铁矿及罗甸软玉等为代表。

（一）热液蚀变岩石组合与成矿

1. 构造热液蚀变岩石组合与成矿关系

本类岩石组合主要为动力变质作用形成的构造蚀变岩，蚀变类型主要为硅化、绿泥石化、黄铁矿化等。产出的矿产主要有铜、铅、锌、锑、金等多金属，容矿岩石组合主要为梵净山群、四堡群及下江群变质岩，以变质粗碎屑砂岩为主，泥质变质形成的板岩在一定程度上起围限隔挡作用。产出的地域主要为从江地区的刚边—宰便、榕江—雷山一带及梵净山地区，受断裂蚀变带分布控制，目前发现的均为中小型矿产地。

2. 侵入体接触-气液蚀变岩石组合与成矿关系

该类型矿产目前主要发现于罗甸地区，侵入体为辉绿岩，与其接触的二叠系四大寨组灰岩、燧石灰岩在气液蚀变形成大理岩的基础上,经后期热液再次蚀变,形成透闪石大理岩及透闪石岩(罗甸软玉),目前发现的矿产地有关故、峨村及罗暮等。

(二)区域变质岩石构造组合与成矿

本类型矿产主要产出在下江群甲路组钙质岩系下的石英千枚岩内,因沉积环境控制,该时期沉积时赋存产出有菱铁矿及赤铁矿等,经区域变质作用后形成磁铁矿化,局部产出有矿体。受原岩含矿性影响,产出的多为小型矿床及矿点。代表性矿产地有从江地区的陇雷、九星及梵净山地区。

第三章 区域构造演化

第一节 大地构造相与大地构造分区

贵州大地构造相是反映贵州扬子陆块区相系形成演变过程中的一套岩石构造组合,是反映贵州大陆岩石圈板块经历离散、聚合、碰撞、造山等动力学和地质构造作用过程而形成的综合产物。

贵州大地构造相的划分以优势大地构造相为主线,以对沉积建造构造、火山岩性岩相构造、侵入岩浆构造、变质建造构造和变形构造等分析研究为基础,以一种岩石或几种岩石的自然组合为特征而划分建造或建造组合的系统研究工程。

一、大地构造相类型划分

贵州陆块区是一个镶嵌、叠覆保存了自中元古代以来地质历史时期形成的地质记录的块体,其形成演化涉及多个动力学体制,具有独特的地球动力学背景,因而具有丰富多彩的大地构造相及相的组合和叠覆。

贵州的地质历史演化过程大致可分为武陵期、加里东期、海西期—燕山期和新构造—喜马拉雅期4个阶段,各阶段均有不同的演化序列。武陵构造时期(中元古代)和加里东构造时期(新元古代—早古生代)表现为由一个活动的洋壳逐渐演化为稳定的陆块的洋陆转换阶段。燕山构造时期(晚古生代—早白垩世)和喜马拉雅构造时期(晚白垩世—第四纪)表现为板内活动阶段。两个大的阶段动力学背景有明显的差异,动力学背景的差异导致了物质结构、造山演化进程和地质特征的差异。在洋陆转换的造山演化进程中,主要考虑陆内造山阶段形成的岩石-构造组合,建立离散背景下的大地构造相系、汇聚背景下的大地构造相系、碰撞背景下的大地构造相系和陆内造山背景下的大地构造相系,使之能更清晰地反映出本区的大地构造格局和构造演化历程。而在板内造山演化进程中,以板内造山活动的特点建立裂陷背景下的大地构造相系、挤压背景下的大地构造相系和隆升背景下的大地构造相系,使之能更清晰地反映出本区板内造山的构造演化历程。

贵州是地壳相对稳定的地区,是由前寒武纪变质基底和沉积盖层所构成的大陆块体。按照"全国矿产资源潜力评价"项目划分方案,一级(相系)属扬子陆块区,相当于传统中国大地构造单元划分中的Ⅰ级构造单元;二级(大相)属上扬子陆块区,与传统中国大地构造单元划分中的Ⅱ级构造单元相对应;三级(相)是根据贵州自中元古代以来地质历史时期形成的地质记录,按照优势大地构造相的划分原则进行划分,涵盖了变质基底与盖层两部分。其详细划分见表3-1。

表 3-1 贵州省大地构造划分表

相系（Ⅰ级）	大相（Ⅱ级）	相（Ⅲ级）			亚相（Ⅳ级）		岩石组合	
		名称	时代	代号	名称	代号	时代	名称
扬子陆块区（Ⅵ）	上扬子陆块亚区（Ⅵ-2）	川中前陆盆地相	Mz	Ⅵ-2-3	赤水压陷盆地亚相	yxpd	T_3-K_2	河、湖砂（砾）岩-粉砂岩、泥岩组合
		上扬子陆块南部碳酸盐岩台地相	Pz	Ⅵ-2-4	开阳金钟至南龙潭陆缘裂谷亚相	lylg	P_3^1X	半深海陆缘碎屑砂岩变砂岩-板岩组合
					遵义松林至清镇铁厂冰川碎屑岩亚相	bcsx	Nh	冰海砂砾-砂岩-粉砂岩、泥岩组合
					遵义碳酸盐岩台地亚相	tstd	Z-O	滨浅海陆源碎屑-碳酸盐岩组合
					凤冈陆棚碎屑岩亚相	lpsx	S	滨海陆棚陆源碎屑夹碳酸盐岩组合
					威宁至独山陆源碎屑-碳酸盐岩台地亚相	lytd	D-C	滨浅海陆源碎屑-碳酸盐岩组合
					普安罐子窑至水城上城台缘斜坡-台盆亚相	xptp	D_2-P_1	浅海碳酸盐岩-台盆硅、泥质岩组合
					毕节燕子口至印江碳酸盐岩台地亚相	tstd	P_2-T_2	浅海碳酸盐岩组合
					织金至金沙海陆交互亚相	hljh	P_3l,P_3x	沼泽-滨岸含煤碎屑岩组合
					盘县至威宁板内岩浆亚相	bnxh	$P_{2-3}\beta\mu$	峨眉大陆溢流玄武岩-层状辉绿岩组合
					安顺龙宫至贵阳青岩台缘斜坡亚相	tyxp	T_{1-2}	浅海台缘-斜坡碳酸盐岩组合
					板庚台地边缘斜坡亚相	tyxp	T_{1-2}	浅海台缘-斜坡碳酸盐岩组合
					平塘至安顺旧州陆缘裂谷亚相	lylg	T_3-J	陆缘斜坡碳酸盐岩-盆地碎屑岩、泥岩组合
					桐梓夜郎至大方新场压陷盆地亚相	yxpd	K_2m	河湖砂岩、粉砂岩、泥岩组合
	上扬子东南缘被动边缘盆地相		Pz_1	Ⅵ-2-5	茅台山间盆地亚相	sjpd	Pt_3^1F	冲积、河流砂砾岩、粉砂岩组合
					梵净山古岛弧亚相	gdh	γmPt_3^1F	壳源白云母花岗岩-花岗闪伟晶岩组合
					梵净山后碰撞陆内岩浆亚相	hpy	Pt_3^1X	变砂岩、砾岩、含煤砂岩组合
					芙蓉坝磨拉石盆地亚相	mlpd	Pt_3^1X	半深海陆源碎屑浊积岩-花岗岩（砂板岩）组合
					梵净山-雷山两界河陆缘裂谷陆棚碎屑岩亚相	lgsx	Nh	冰海砂砾岩-粉砂岩-含锰碳酸盐岩组合
					松桃两界河-从江黎家坡陆棚斜坡亚相	lpxp	$Z-O_3$	浅海台缘斜坡碳酸盐岩-泥岩组合
					江口至王司碳酸盐岩台地亚相	tstd	$Z-O_2$	浅海陆源碎屑岩-碳酸盐岩组合
					铜仁夜郎斜坡亚相	byxp	S	台地边缘斜坡碳酸盐岩-泥岩组合
					黄平重安江-三都烂土前陆盆地亚相	qlpd	S	滨浅海砂岩、粉砂岩、泥岩组合
					镇远-施秉-麻江板内岩浆亚相	bnjh	$\kappa\chi S$	陆内幔源钾镁煌斑-超镁铁火山岩组合
					独山-荔波碳酸盐岩台地亚相	tstd	D_1-C	滨浅海陆源碎屑-碳酸盐岩组合

续表 3-1

相系（I级）	大相（Ⅱ级）	相（Ⅲ级）		亚相（Ⅳ级）		时代	代号	岩石组合名称
		名称	代号	名称	时代			
		上扬子东南陆缘被动边缘盆地相	VI-2-5	凯里炉山-荔波甲良碳酸盐岩台地亚相	P_{z_1}	P_{2-3}	tstd	浅海碳酸盐岩组合
				荔波-盆地方村-朝阳陆缘裂谷盆地亚相		T_{1-2}	lylg	斜坡-盆地碳酸盐岩，泥岩组合
				黄平旧州山间盆地亚相		K_2m	sjpd	冲积，河流砂砾岩-粉砂岩，泥岩组合
				从江尧等古岛弧亚相		Pt_3^1S	gdh	半深海陆源浊积岩，超基性-基性岩组合
				从江摩天岭后碰撞岩浆岩亚相		γPt_3^1S	hpy	壳源二长花岗岩-正长花岗岩-碱长花岗岩组合
				从江甲路陆缘裂谷石盆地亚相		Pt_3^1j	mlpd	变砂磨砾岩，含砾砂岩组合
		雪峰山陆缘裂谷盆地相	VI-2-6	从江锦屏陆缘裂谷碎屑岩亚相	Qb-Nh	Pt_3^1X	lylg	半深海砂板岩-千枚岩-凝灰岩组合
				黎平肇兴陆缘裂谷盆地碎屑岩亚相		$\beta\mu Pt_3^1X$	lgy	壳源过铝质花岗岩-幔源拉斑玄武质系列岩组合
扬子陆块区（VI）	上扬子陆块区（VI-2）					Nh	lgpd	冰海陆相砂砾岩，粉砂岩-泥质组合
				天柱坪地-黎平变质碳酸盐台地亚相		$Z-\epsilon$	tp	浅海碳酸盐岩组合
				天柱-黎平贯洞陆缘裂谷盆地亚相		$C-P$	yxpd	河湖砂岩，粉砂岩-泥岩组合
				榕江车江山间盆地亚相		J_{1-2}	sjpd	冲积，河流砂砾岩-粉砂岩，泥岩组合
				雷山板内岩浆岩亚相		K_2m	bngh	幔源钙碱性煌斑岩组合
	南盘江-右江前陆裂谷盆地，T前陆盆地相（D）			册亨-罗甸陆缘裂谷亚相		χE	lylg	半深海斜坡碎屑浊积岩组合
				兴义泥盆-贵丰相台缘斜坡-斜额亚相		$T_1-T_3^1$	tyxp	台缘斜坡碳酸盐-台地硅，泥岩组合
				兴义-紫云碳酸盐岩台地亚相	T	T_2lt+p	tstd	浅海台地碳酸盐岩组合
				乐旺陀碎屑岩孤立台地亚相		$P_2-T_3^1$	xptp	台缘斜坡碳酸盐-台地亚相
				冗渡-桑郎台地斜坡-盆地亚相		D_2-P	xppd	台缘斜坡碳酸盐-台地硅，泥岩组合
				罗甸-罗悃陆内裂谷丰相亚相		D_2-P	lgyj	裂谷幔源层状辉绿岩组合
				普安-大厂板内岩浆岩亚相		$\beta\mu P_2$	bnxw	大陆溢流玄武岩组合
			VI-2-8	贞丰-鲁贡板内岩浆岩亚相		$P_{2-3}em$	bnyh	陆内铁镁质云煌岩组合
				沙子-龙场海陆交互亚相		P_3l,T_3h	hljh	滨岸-沼泽含煤碎屑岩组合
				龙场压陷盆地亚相		T_3J_1e	yxpd	河湖砂，泥岩组合
				白碗窑-茂井山间压陷盆地亚相		$K_2m, E_{2-3}sh$	sjpd	冲积，河流砂砾岩-粉砂岩，泥岩组合

注：yxpd. 压陷盆地亚相；hljh. 海陆交互亚相；lylg. 陆源裂谷盆地亚相；bnxh. 板内陆盆地亚相；bcsx. 陆棚碎屑岩亚相；tstd. 碳酸盐岩台地亚相；mlpd. 磨拉石盆地亚相；lpss. 陆棚碎屑岩亚相；lytd. 碳酸盐岩台地亚相；xptp. 台缘斜坡亚相；byxp. 被动边缘斜坡亚相；qlpd. 前陆盆地亚相；bnjh. 板内钙镁煌斑岩亚相；lgy. 陆源裂谷岩浆岩亚相；sjpd. 山间盆地亚相；hpy. 后碰撞岩浆岩亚相；gdh. 古岛弧亚相；lgsx. 陆缘斜坡亚相；lpxp. 陆棚斜坡岩亚相；bngh. 板内煌斑岩盆地亚相；tp. 台缘盆地亚相；lgpd. 陆源裂谷岩浆岩亚相；xptp. 碳酸盐岩斜坡亚相；xpqd. 陆缘孤立台地亚相；xppd. 台缘斜坡岩浆岩-盆地亚相；lgyj. 陆内裂谷岩浆岩亚相；bnyh. 板内玄武岩亚相；sjpd. 台缘斜坡亚相。

二、大地构造分区

贵州地块从早到晚经历了从活动型地壳向稳定型地壳演化,从洋陆转换阶段向板内活动阶段的地壳演化历程:新元古代早期的武陵运动使贵州从活动陆缘转化为大陆;新元古代晚期贵州大陆地壳再次沦为陆缘活动环境;早古生代末的广西运动完成了贵州向地台型地壳演化的全部过程。不同的大地构造学派或学者根据各自的观点,对贵州的地质构造进行了深入研究,提出了构造单元分类和划分方案,为揭示贵州构造面貌及演化做出了重要贡献。本书以"全国矿产资源潜力评价"项目推荐的全国大地构造划分方案为主线,以大陆动力学为依据,结合板块构造观点,对贵州大地构造单元进行了综合性划分。

(一)构造单元划分原则

根据贵州构造格局和演化特点及全国矿产资源潜力评价项目办公室下发的《地质构造研究工作技术要求》所推荐的划分方案,中国大陆全区可以分为陆块区、造山系和叠加造山-裂谷系3类,依据相对独立的大相划分为Ⅱ级构造单元。大相又依次细分出Ⅲ、Ⅳ级构造分区单元。贵州在此基础上可进一步划分到Ⅳ级构造单元。贵州属陆块区,Ⅱ级构造单元均处于上扬子陆块,新元古代—志留纪是活动陆缘发展期,是扬子板块反复离散、聚合发展演化阶段,形成古板块和现代板块,称为"陆块"或"板块"。早古生代末期华夏板块与扬子板块形成统一板(陆)块后,其演化均反映为板内活动阶段。

大地构造单元划分的主要依据是构造带中区域地质发展过程中的总体特征和面貌,依次划分出更次级构造单元。根据关键地质事件的性质、特点、序列、时代和空间分布特征,特别是各构造区(带)的时间-空间-事件的差异进行构造单元划分。在已经划定的大地构造单元的基础上,注意确定该单元形成以前的基础环境(包括基底、基座)的研究及其对该单元形成演化的贡献和影响;同时还注重其上叠成分(上叠盆地、岩浆活动)的研究及其对该单元形成演化的贡献和影响。以陆壳物质的组成、物质来源和形成环境进行构造单元划分;深入研究大型变形构造/区域断裂构造的展布及其特征,重点确定它们在构造区划分的作用;依据区域地球物理场特征对构造单元及其边界进行对比研究。

不同时代构造单元叠置的处理。贵州地质构造格架主要是武陵期—加里东期、海西期—燕山期以来板块活动的综合结果。一定地域内,不同时期板块构造运动所形成的构造单元之间往往相互干涉或先后叠置。有时后期构造单元叠合在前期构造单元之上,形成构造单元包含关系,构成次级构造单元;将不同时代构造单元混合起来进行构造单元划分,显然会造成不必要的混乱。因此,本书根据贵州地质构造演化特点,将大地构造单元大致划分为基底构造单元和上叠构造单元两部分,前者以前寒武纪基底为基础进行构造单元划分,后者以古生代—新生代地质构造为基础进行构造单元划分,二者的高级别构造单元划分具有较好的一致性或连续性,但低级别构造单元则显示了明显的不相关性。构造单元级别划分主要以优势构造单元为主。

(二)大地构造单元划分

贵州大地构造划分充分考虑了区域成矿地质条件的统一性和成矿背景的差异性,并以全国大地构造分区为基础进行划分。按照全国大地构造划分方案,贵州大地构造单元均在Ⅱ级构造单元内,所划分Ⅰ、Ⅱ、Ⅲ级构造单元与全国编号一致,Ⅳ、Ⅴ级为省内编号。

通过近年调查研究和区域构造资料证明,该划分方案是基本可行的;根据滇黔桂毗邻区近年来取得的地球物理、地球化学和遥感解译成果,结合贵州区域地质特征综合分析,以"全国矿产资源潜力评价"项目"统筹全局、兼顾各方、统一思路、统一方法"为原则,按其推荐的全国大地构造划分方案,贵州属于扬子陆块Ⅰ级构造单元内的上扬子陆块Ⅱ级构造单元,并进一步划分为扬子陆块南部被动边缘褶冲带、雪峰山基底逆推带、南盘江-右江前陆盆地(三叠纪)和川中前陆盆地(中生代)共4个Ⅲ级构造单元(图3-1,表3-2)。

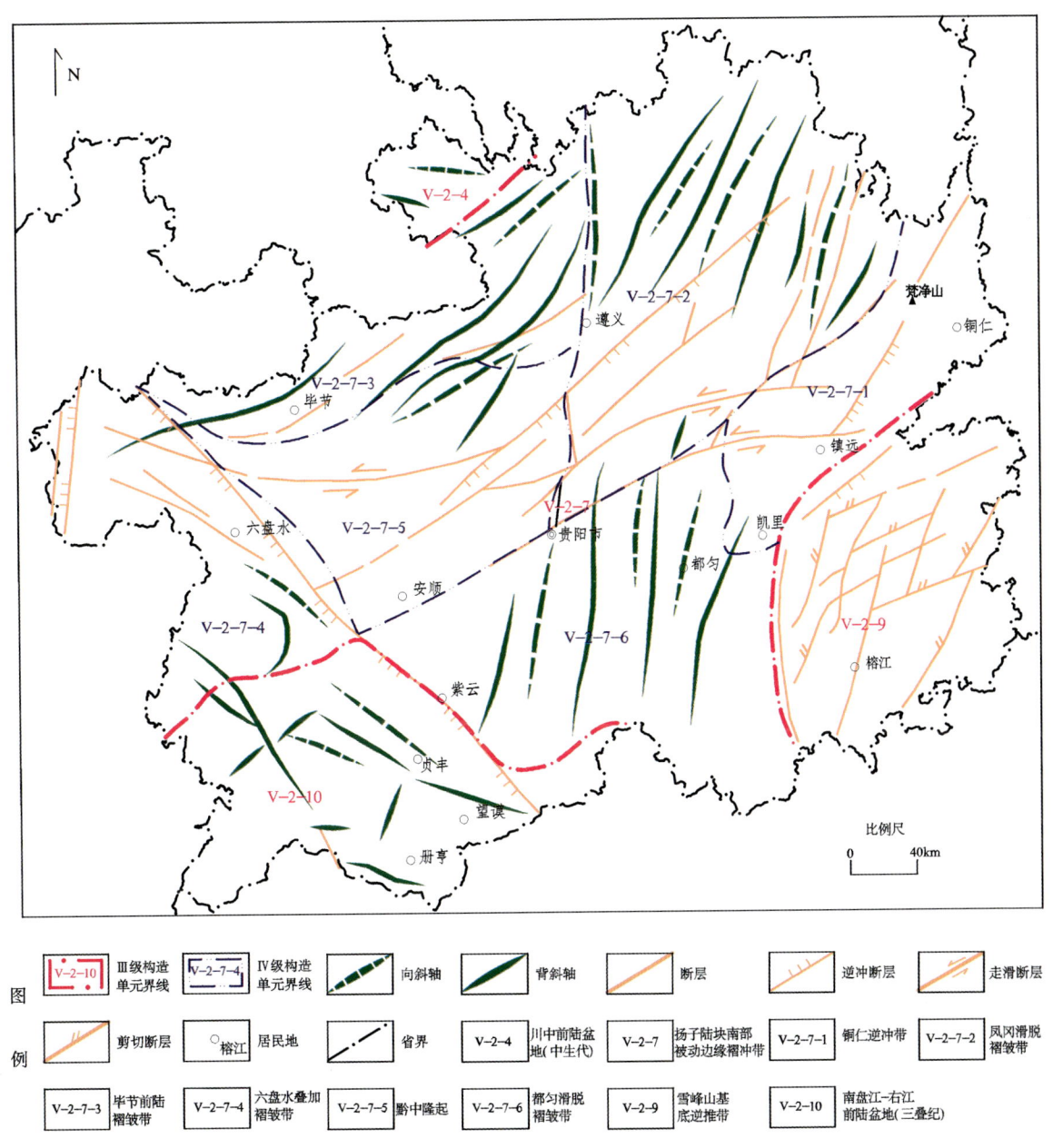

图3-1 贵州省大地构造分区图

1. 扬子陆块南部被动边缘褶冲带(Ⅴ-2-7)

该构造单元分布范围为黔北、黔东北、黔中、黔南和黔西,占据贵州大部分地区,为典型的前陆褶皱-冲断带。以侏罗山式褶皱发育最好、分布广泛。卷入这个褶皱带的地层为新元古界—中生界,贵州北半部地区以早古生代地层为主体;南部则主要是上古生界和三叠系。其褶皱型式以隔槽式最发育,在平面上和剖面上均呈雁形排列,其次为类隔槽式、隔档式,疏密波状和箱状褶皱。大型断裂多与大型褶皱构造相伴发育并平行展布,共同构成典型的褶皱-推覆构造。总体来看,自东(南东)向西(北西),褶皱和断裂的强度均减弱,卷入的地层亦逐渐变新,褶皱型式由隔槽式→类隔槽式→疏密波式→箱状褶皱转变;逆冲断层亦减少或规模变小,并被高角度正断层替代,在邻近四川盆地边缘的毕节、大方一带,尚有台阶状断层出现。

表 3－2　贵州大地构造分区初步划分简表

Ⅰ级	Ⅱ级	Ⅲ级	Ⅳ级
扬子陆块区（Ⅴ）	上扬子陆块（Ⅴ-2）	川中前陆盆地（中生代）（Ⅴ-2-4）	川中前陆盆地南缘
		扬子陆块南部被动边缘褶冲带（Ⅴ-2-7）	铜仁逆冲带（Ⅴ-2-7-1）
			凤冈滑脱褶皱带（Ⅴ-2-7-2）
			毕节前陆褶皱带（Ⅴ-2-7-3）
			六盘水叠加褶皱带（Ⅴ-2-7-4）
			黔中隆起（Ⅴ-2-7-5）
			都匀滑脱褶皱带（Ⅴ-2-7-6）
		雪峰山基底逆推带（Ⅴ-2-9）	雪峰山基底逆推带西缘
		南盘江-右江前陆盆地（Ⅴ-2-10）	南盘江-右江前陆盆地西北缘

2. 雪峰山基底逆推带（Ⅴ-2-9）

该构造单元分布于黔东南地区的黎平、榕江、从江、剑河、锦屏和雷山等地,向南和向东延入广西和湖南。卷入构造带最老的地层为新元古界四堡群,主要地层为青白口系及南华系浅变质陆源碎屑岩系,其次为零星分布的古生代及中生代地层。四堡群、青白口系—下古生界、上古生界及中新生界褶皱样式不一:四堡群褶皱紧密;青白口系、南华系及早古生代多为中常—开阔褶皱,轴面近直立,由其构成的复式褶皱也具相同的形态特征;晚古生代及中、新生代褶皱舒缓,变形微弱。它们分别由武陵运动、加里东运动及燕山—喜马拉雅运动形成。各期构造线方向主要为北东向,褶皱轴向在榕江—天柱一线以西主要为北北东向,以东主要为北东向。该推覆构造带内断裂构造较为发育,表现为北东东向和北北东向两套大型断裂系统,它们彼此相交、联合,将本区分割成若干大小不等的菱形、矩形块体。在雷山西江和台江革东等地发现有脆—韧过渡性剪切带或劈理密集带。武陵造山运动和加里东运动对本区构造演化具深刻影响,形成的"双重基底"是有别于其他地区的主要构造特色。

该地区各地质历史阶段的岩浆活动相对强烈,武陵期发育基性—超基性岩侵位,雪峰期发育小型的基性岩浆活动,加里东期发育碰撞型花岗岩和后造山钾镁煌斑岩侵位,燕山期发育后造山钙碱性煌斑岩侵位。

3. 南盘江-右江前陆盆地(三叠纪)(Ⅴ-2-10)

该构造单元分布于师宗-弥勒断裂带和紫云-六盘水断裂带在省内围限区域,属滇黔桂"金三角"的组成部分,是由扬子陆块被动边缘碳酸盐岩台地演化而成的一个中晚三叠世周缘前陆盆地。该构造单元中涉及的地层为上古生界至中生界,其中以中上三叠统的陆源碎屑复理石沉积为主。构造变形组合样式具显著"条""块"镶嵌特色,即北东向、北西向强变形带("条"——紧闭形褶皱及逆冲断裂)与弱变形块(宽缓短轴型褶皱区)镶嵌,其形成时代可能主要为燕山期。此种格局与隐伏深大断裂有关(晚古生代及三叠纪发生的同沉积活动往往控制了沉积相变)。

该区的岩浆活动分布在晚古生代槽盆区,主要为二叠纪偏碱性玄武岩、潜火山岩相辉绿岩,以及燕山期后造山阶段侵位的钙碱性煌斑岩。

4. 川中前陆盆地(中生代)(Ⅴ-2-4)

该构造单元主体发育于四川,贵州仅涉及北端的赤水和习水两市(县)。卷入该构造单元的地层主要为上三叠统二桥组和侏罗系自流井组綦江段的含煤岩系组合,以及綦江段以上至晚白垩世的陆相红层组合。构造变形比较微弱,褶皱一般为开阔型,地层倾角一般不超过10°,主要呈近东西向分布,最大者为象鼻场向斜,贵州地区内延长50km,向西延入四川,其型式以横弯顶薄为主要特点;其次为北西向褶皱,延伸多小于30km。上述构造变形为稳定克拉通上的盖层褶皱,属前陆盆地的类日耳曼型。断裂构造不发育,仅见一些小型的正断层,这可能与四川盆地的基底为硬化程度很高的早前寒武纪结晶岩系有关。

三、大地构造相特征

贵州属稳定的陆块区,按照"全国矿产资源潜力评价"项目划分,没有跨及全国大地构造相划分方案的一级(相系)、二级(大相)单元。二级(大相)属上扬子陆块区,其下三级(相)是根据贵州自新元古代以来地质历史时期形成的地质记录,按照优势大地构造相的划分原则进行划分的,共划分为川中前陆盆地、上扬子陆块南部碳酸盐岩台地、上扬子陆块东南缘被动边缘、雪峰山陆缘裂谷盆地、三叠纪南盘江-右江前陆盆地5个Ⅲ级大地构造相单元(图3-2)。本次划分的大地构造相涵盖了变质基底与盖层两部分。

(一)川中前陆盆地大地构造相特征

川中前陆盆地(Ⅲ级)仅包含一个Ⅳ级构造相单元,即赤水压陷盆地亚相(T_3—K_2)。表现为河湖相砂、砾-粉砂、泥岩沉积建造组合特征。对应地层为上三叠统二桥组、火把冲组,侏罗系自流井组、沙溪庙组、遂宁组、蓬莱镇组,下白垩统窝头山组及三道河组。可进一步分为上三叠统二桥组河湖相复成分砂岩建造组合(T_3e)、火把冲组河湖相石英砂岩-粉砂岩-碳质泥岩含煤建造组合(T_3h);侏罗系自流井组河湖相泥岩-石英砂岩-含铁砂岩建造组合(J_1z),沙溪庙组(J_2s)、遂宁组(J_3s)、蓬莱镇组(J_3p)河湖相长石石英砂岩-钙质黏土岩建造组合;下白垩统窝头山组河湖相砾岩-长石石英砂岩建造组合(K_1w)及三道河组河湖相砾岩-长石石英砂岩-泥岩建造(K_1s)。

(二)上扬子陆块南部碳酸盐岩台地大地构造相特征

该大地构造相总体反映为由新元古代开始至中三叠世演化的碳酸盐岩台地,包含开阳金钟至南龙

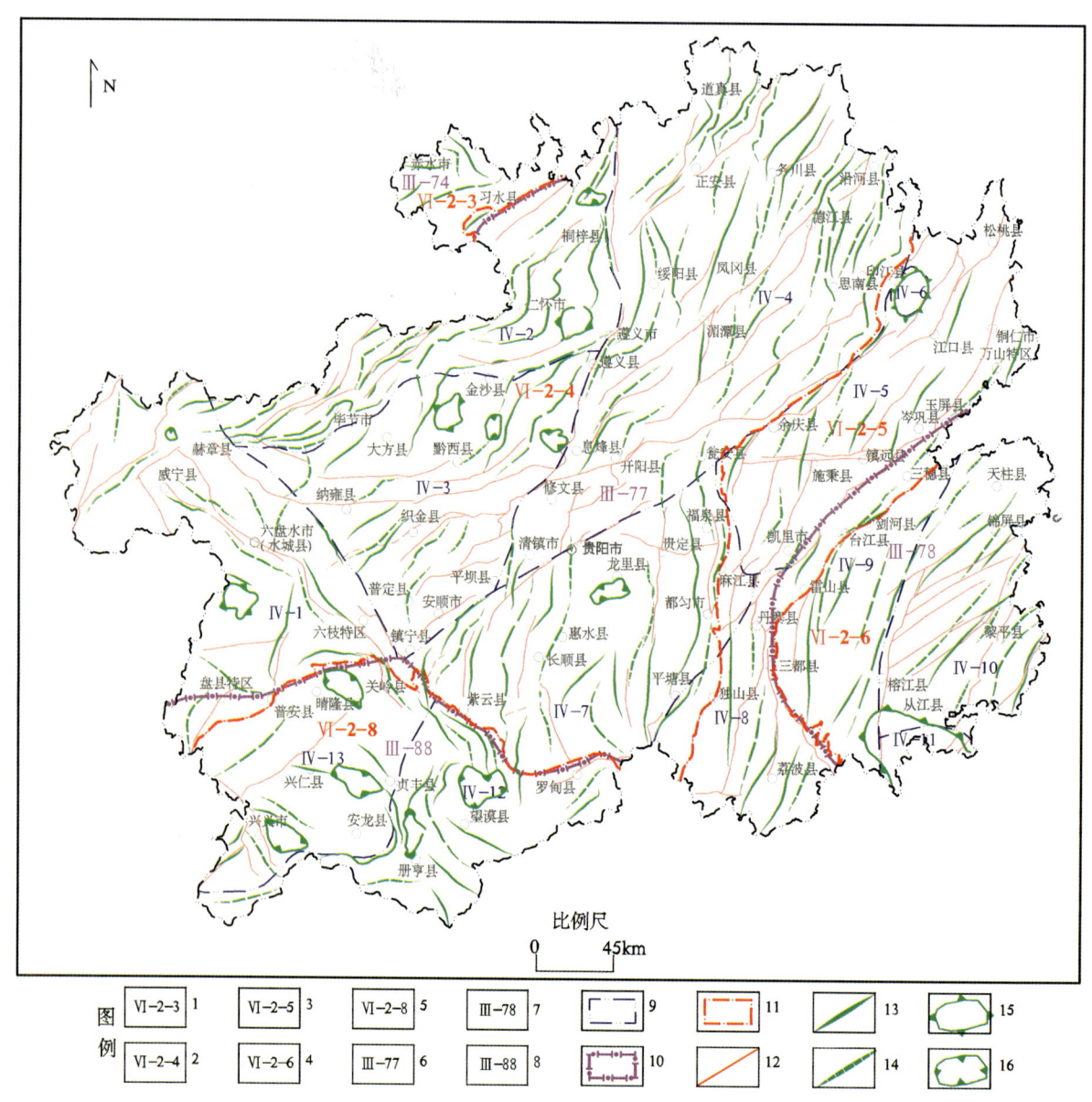

图 3-2 贵州省大地构造及成矿分区略图

1. 川中前陆盆地相；2. 上扬子陆块南部碳酸盐岩台地相；3. 上扬子东南缘被动边缘盆地相；4. 雪峰山陆缘裂谷盆地相；5. 南盘江-右江前陆盆地相；6. 上扬子中东部成矿带；7. 江南隆起西段成矿带；8. 桂黔滇北部成矿区（Ⅲ-88 贵州）；9. Ⅳ级成矿区界线；10. Ⅲ级成矿分区界线；11. Ⅲ级大地构造分区界线；12. 断裂；13. 背斜；14. 向斜；15. 构造穹隆；16. 构造盆地

陆缘裂谷亚相($Pt_3^1 X$)、遵义松林至清镇铁厂冰川碎屑岩亚相(Nh)、遵义碳酸盐岩台地亚相(Z—O)、凤冈陆棚碎屑岩亚相(S)、威宁至独山陆源碎屑-碳酸盐岩台地亚相(D—C)、普安罐子窑至水城台缘斜坡-台盆亚相($D_2—P_1$)、毕节燕子口至印江碳酸盐岩台地亚相($P_2—T_2$)、织金至金沙海陆交互亚相($P_3 l$、$P_3 x$)、盘县至威宁板内岩浆岩亚相($\beta\mu P_{2-3} em$)、安顺龙宫至贵阳青岩台地边缘-斜坡亚相(T_{1-2})、板庚台地边缘-斜坡亚相(T_{1-2})、平塘至安顺旧州陆缘裂谷亚相(T_{1-2})、桐梓夜郎至大方新场压陷盆地亚相($T_3—J$)、茅台山间盆地亚相($K_2 m$)。

1. 开阳金钟至南龙陆缘裂谷亚相（Pt_3^1X）

该亚相表现为半深海陆缘碎屑变质砂岩-板岩沉积建造组合特征。对应地层为新元古代清水江组（Pt_3^1q），为一套凝灰岩-凝灰质板岩-板岩建造组合。反映为陆缘裂谷沉积建造组合特征。

2. 遵义松林至清镇铁厂冰川碎屑岩亚相（Nh）

该亚相表现为冰川作用形成冰川冲积扇及冰川海岸相的复成分砂砾岩-粉砂岩、泥岩沉积建造组合特征。对应地层为南沱组（Nhn），为一套冰碛砂、砾岩-泥岩沉积建造组合。

3. 遵义碳酸盐岩台地亚相（Z—O）

该亚相总体反映为陆表海碳酸盐岩台地滨浅海陆源碎屑-碳酸盐岩沉积建造组合特征。对应地层为震旦系陡山沱组（Z_1d）、灯影组（$Z_2\epsilon_1dy$），寒武系牛蹄塘组（$\epsilon_{1-2}n$）、明心寺组（ϵ_2m）、金顶山组（ϵ_2j）、清虚洞组（ϵ_2q）、高台组（ϵ_3g）、石冷水组（ϵ_3sh）、娄山关组（$\epsilon_{3-4}O_1l$），奥陶系桐梓组（O_1t）、红花园组（O_1h）、湄潭组（$O_{1-2}m$）、十字铺组（$O_{2-3}sh$）、宝塔组（O_3b）。

该地区地层可进一步分为震旦系陡山沱组（Z_1d）、灯影组（$Z_2\epsilon_1dy$）礁、滩相藻磷块岩-白云岩沉积建造组合，属碳酸盐岩陆表海沉积；寒武系牛蹄塘组（$\epsilon_{1-2}n$）滞留盆地相碳质泥页岩建造组合，为陆表海碎屑岩沉积；寒武系明心寺组（ϵ_2m）、金顶山组（ϵ_2j）、湄潭组（$O_{1-2}m$）临滨相砂页岩-灰岩建造组合，为陆表海碎屑岩沉积；寒武系清虚洞组（ϵ_2q）、高台组（ϵ_3g）、石冷水组（ϵ_3sh）、娄山关组（$\epsilon_{3-4}O_1l$）局限台地相白云岩建造组合，属典型的碳酸盐岩陆表海沉积；奥陶系桐梓组（O_1t）、红花园组（O_1h）、十字铺组（$O_{2-3}sh$）、宝塔组（$O_{2-3}b$）生物屑灰岩建造组合，属典型的碳酸盐岩陆表海沉积。

4. 凤冈陆棚碎屑岩亚相（S）

该亚相总体反映为陆表海滨浅海陆源碎屑夹碳酸盐岩沉积建造组合特征。对应地层为志留系龙马溪组（O_3S_1l）、松坎组（S_1s）、新滩组（S_1x）、石牛栏组（S_1sh）、韩家店组（S_1hj）。

该地区地层可进一步分为龙马溪组（O_3S_1l）黑色碳质页岩建造，为陆表海碎屑岩滞留盆地相碳质泥页岩建造组合；松坎组（S_1s）、新滩组（S_1x）陆表海碎屑岩潮坪相粉砂岩-黏土岩建造组合；石牛栏组（S_1sh）陆表海开阔台地相生物碎屑灰岩夹黏土岩建造组合；韩家店组（S_1hj）陆表海碎屑岩潮坪-潟湖相粉砂岩-黏土岩-灰岩建造组合。

5. 威宁至独山陆源碎屑-碳酸盐岩台地亚相（D—C）

该亚相总体反映为陆表海碳酸盐岩台地滨浅海陆源碎屑-碳酸盐岩沉积建造组合特征。对应地层为泥盆系丹林组（D_1d）、舒家坪组（D_1sh）、龙洞水组（D_2l）、邦寨组（D_2b）、独山组下段鸡泡段（D_2d^1）、独山组上段宋家桥段（D_2d^2）、蟒山组（$D_{1-2}m$）、高坡场组（D_3gp）、望城坡组（D_3w）、尧梭组（D_3y）、革老河组（D_3g），石炭系汤耙沟组（C_1t）、祥摆组（C_1x）、旧司组（C_1j）、上司组（C_1sh）、九架炉组（C_1jj）、大埔组（$C_{1-2}d$）、黄龙组（C_2h），石炭系—二叠系马平组（C_2P_1m）、威宁组（CP_1w）。

可进一步将该地区泥盆系分为邦寨组（D_2b）陆表海碎屑岩-滨岸三角洲相石英砂岩、砂砾岩-含赤铁矿砂岩建造组合；丹林组（D_1d）、舒家坪组（D_1sh）、独山组上段宋家桥段（D_2d^2）、蟒山组（$D_{1-2}m$）陆表海碎屑岩-滨岸陆源碎屑滩相石英砂岩-页岩-含铁砂岩建造组合；龙洞水组（D_2l）、革老河组（D_3g）陆表海碳酸盐岩浅海相生物屑灰岩-泥质灰岩建造组合，独山组下段鸡泡段（D_2d^1）、望城坡组（D_3w）、尧梭组（D_3y）陆表海碳酸盐岩半局限台地相白云岩-生物屑灰岩建造组合，高坡场组（D_3gp）陆表海局限台地相白云岩-泥质条带白云岩建造组合。

石炭系分为祥摆组(C_1x)陆表海碎屑岩-滨岸湖泊-沼泽相含煤碎屑岩-黏土岩建造组合；九架炉组(C_1jj)湖泊-沼泽相含铁、铝黏土岩-碎屑岩建造组合；汤耙沟组(C_1t)、旧司组(C_1j)、上司组(C_1sh)、大埔组($C_{1-2}d$)陆表海碳酸盐岩半局限—开阔台地相生物屑灰岩-白云岩建造组合；黄龙组(C_2h)、马平组(C_2P_1m)陆表海碳酸盐岩开阔台地相生物碎屑灰岩建造。

6. 普安罐子窑至水城台缘斜坡-台盆亚相(D_2-P_1)

该亚相总体反映为陆表海碳酸盐岩台缘斜坡-台盆硅、泥质岩沉积建造组合特征。对应地层为泥盆系融县组(D_3r)、火烘组(D_2h)、榴江组(D_3l)，泥盆系—石炭系五指山组(D_3C_1wz)，石炭系睦化组(C_1m)、打屋坝组(C_1dw)，石炭系—二叠系威宁组(CP_1w)、南丹组(CP_1n)，下二叠统龙吟组(P_1l)、包磨山组(P_1b)、四大寨组($P_{1-2}s$)。

该地区地层可进一步分为融县组(D_3r)陆表海碳酸盐岩台缘相生物屑灰岩建造组合；火烘组(D_2h)、榴江组(D_3l)陆表碎屑岩台盆相泥灰岩-泥质粉砂岩建造及硅质岩-硅质页岩建造；五指山组(D_3C_1wz)陆表海碳酸盐岩台缘斜坡-盆地相泥质条带灰岩建造；威宁组(CP_1w)陆表海碳酸盐岩台缘生物礁、滩相生物屑、砂砾屑灰岩建造组合；睦化组(C_1m)、打屋坝组(C_1d)陆表海碳酸盐岩与碎屑岩形成的生物屑硅质团块灰岩-碳质黏土岩、黏土岩-硅质岩建造组合；南丹组(CP_1n)陆表海碳酸盐岩台缘斜坡-盆地相含燧石生物屑灰岩-砾屑灰岩-硅质岩建造组合；龙吟组(P_1l)陆表海碎屑岩台缘斜坡-盆地相砂、页岩-泥灰岩-碳质页岩建造组合；包磨山组(P_1b)陆表海滨海-陆棚相泥晶灰岩-黏土岩建造组合；四大寨组($P_{1-2}s$)陆表海碳酸盐岩台缘斜坡-盆地相碳酸盐岩浊积岩-碳质泥质灰岩-砾屑灰岩建造组合。

7. 毕节燕子口至印江碳酸盐岩台地亚相(P_2-T_2)

该亚相总体反映为陆表海浅海碳酸盐岩沉积建造组合特征。对应地层为二叠系梁山组(P_2l)、栖霞组(P_2q)、茅口组(P_2m)、龙潭组(P_3l)、合山组(P_3h)，三叠系夜郎组(T_1y)、大冶组(T_1d)、嘉陵江组($T_{1-2}j$)、关岭组(T_2g)、巴东组(T_2bd)。

可进一步将该地区二叠系分为梁山组(P_2l)陆表海碎屑岩滨岸湖泊-沼泽相含煤碎屑岩-黏土岩建造组合；栖霞组(P_2q)、茅口组(P_2m)陆表海碳酸盐岩半局限台地相生物碎屑灰岩-燧石灰岩建造组合；龙潭组(P_3l)陆表海碎屑岩潟湖三角洲相砂、泥质灰岩-含煤碎屑岩建造组合；合山组(P_3h)陆表海碳酸盐岩夹碎屑岩浅海台地相生物碎屑灰岩-燧石灰岩夹粉砂质黏土岩建造组合。将三叠系分为夜郎组(T_1y)、大冶组(T_1d)陆表海碳酸盐岩夹碎屑岩浅海台地相灰岩-黏土岩建造组合；嘉陵江组($T_{1-2}j$)陆表海碳酸盐岩开阔—半局限台地相灰岩-白云岩建造组合；关岭组(T_2g)、巴东组(T_2bd)陆表海碳酸盐岩局限台地相白云岩-灰岩-黏土岩建造组合。

8. 织金至金沙海陆交互亚相(P_3l)

该亚相总体反映为陆表海海陆交互亚相沼泽-滨岸含煤碎屑岩沉积建造组合特征。对应地层为龙潭组(P_3l)。对应建造组合为龙潭组(P_3l)陆表海碎屑岩沼泽-滨岸砂、泥岩-含煤碎屑岩。

9. 盘县至威宁板内岩浆岩亚相($\beta\mu P_{2-3}$)

该亚相主要反映幔源大陆溢流玄武岩-辉绿岩组合特征。

玄武岩岩性特征及其建造组合主要为暗绿色、灰绿色、灰黑色厚层—块状拉斑玄武岩、杏仁状玄武岩、细粒玄武岩、玻基斑状玄武岩、钠长石化玄武岩，其次为玄武质熔岩角砾岩、玄武质集块岩、火山角砾岩、玻屑凝灰岩、熔岩凝灰岩，夹少量凝灰质黏土岩、黏土质砂(砾)岩、硅质、碳质页岩，偶见不可采薄煤层。

浅成侵入的辉绿岩体呈灰绿色、暗绿色、黑绿色,块状、微晶—粗晶,具斑状结构,岩石类型有橄榄辉绿岩、变余辉绿岩、绿泥石化辉绿岩、辉绿片岩、强蚀变辉绿岩等;主要分布在铁矿山、耗子硐、儿马冲、白岩庆、草海、南屯、金钟及山王庙一带,已知有37个岩体,出露规模大小不一,面积大者约$0.54km^2$,小者$600m^2$,岩体产状以岩床、岩盘、岩墙为主,其次有岩株、岩脉。岩体侵入的地层最老为下石炭统祥摆组(C_1x),最新为中二叠统茅口组(P_2m),主要侵入的地层为上司组(C_1sh)及大埔组($C_{1-2}d$)。

10. 安顺龙宫至贵阳青岩台地边缘-斜坡亚相(T_{1-2})

该亚相总体反映为陆表海浅海边缘-斜坡碳酸盐岩沉积建造组合特征。对应地层为安顺组($T_{1-2}a$)、坡段组(T_2p)、垄头组(T_2l)。该亚相的安顺组($T_{1-2}a$)反映为陆表海台地边缘滩相白云岩-灰质白云岩-藻屑、砂屑、砾屑白云质灰岩建造组合;坡段组(T_2p)、垄头组(T_2l)为陆表海台地边缘滩相藻屑、砂屑、砾屑灰岩-生物屑灰岩建造组合。该亚相不具明显的斜坡相沉积,仅见少许由灰岩-砾屑灰岩建造组合构成的楔状体。

11. 板庚台地边缘-斜坡亚相(T_{1-2})

该亚相主要反映为裂谷盆地中形成孤立台地的台地边缘-斜坡碳酸盐岩组合。对应地层为安顺组($T_{1-2}a$)、坡段组(T_2p)、垄头组(T_2l)。与安顺龙宫至贵阳青岩台地边缘-斜坡亚相建造组合大致相同。安顺组($T_{1-2}a$)反映为陆表海台地边缘滩相白云岩-灰质白云岩-藻屑、砂屑、砾屑白云质灰岩建造组合;坡段组(T_2p)、垄头组(T_2l)为陆表海台地边缘滩相藻屑、砂屑、砾屑灰岩-生物屑灰岩建造组合。

12. 平塘至安顺旧州陆缘裂谷亚相(T_{1-2})

该亚相主要反映为紫云-水城裂陷槽盆边缘形成的台地边缘斜坡-盆地相沉积建造组合特征。对应地层为罗楼组($T_{1-2}l$)、新苑组(T_2x)。罗楼组($T_{1-2}l$)反映为陆缘裂谷近台地边缘斜坡相灰岩-泥灰岩-砾屑灰岩-页岩建造组合;新苑组(T_2x)反映为陆缘裂谷近陆缘的盆地相泥页岩-泥灰岩建造组合。

13. 桐梓夜郎至大方新场压陷盆地亚相(T_3-J)

该亚相主要反映为晚三叠世—侏罗纪的一套河湖相砂岩、粉砂岩、泥岩沉积建造组合特征。对应地层为上三叠统火把冲组(T_3h)、二桥组(T_3J_1e),侏罗系自流井组($J_{1-2}z$)、沙溪庙组(J_2sh)、遂宁组(J_3s)、蓬莱镇组(J_3p)。

可进一步将该地区三叠系分为火把冲组(T_3h)陆表海碎屑岩湖泊-沼泽相石英砂岩-粉砂岩-碳质泥含煤建造组合;二桥组(T_3J_1e)陆表海碎屑岩河湖相复成分砂岩建造组合。将侏罗系分为自流井组($J_{1-2}z$)陆表海碎屑岩河湖相泥岩-石英砂岩-含铁砂岩建造组合;沙溪庙组(J_2sh)、遂宁组(J_3s)、蓬莱镇组(J_3p)陆表海碎屑岩湖相长石石英砂岩-钙质黏土岩建造组合。

14. 茅台山间盆地亚相(K_2m)

该亚相为前陆磨拉石盆地的大型河湖相沉积,主要反映为冲积相及河流相砂砾岩、粉砂岩、泥岩建造组合特征。

(三)上扬子陆块东南缘被动边缘大地构造相特征

该大地构造相总体反映为由新元古代开始至志留纪被动边缘演化的特征,包含梵净山古弧盆亚相(Pt_3^1F)、梵净山后碰撞岩浆岩亚相(γmPt_3^1F)、芙蓉坝磨拉石盆地亚相(Pt_3^1Fr)、梵净山-雷山陆缘裂谷碎屑岩亚相(Pt_3^1X)、松桃两界河-从江黎家坡陆棚斜坡亚相(Nh)、江口-都匀王司碳酸盐岩台地亚相

（Z—O_3）、铜仁-三都被动边缘斜坡亚相（Z—O_2）、黄平重安江-三都烂土前陆盆地亚相（S）、镇远-施秉-麻江板内岩浆岩亚相（$\kappa\chi S$）、独山-荔波碳酸盐岩台地亚相（D_1—C）、凯里炉山-荔波甲良碳酸盐岩台地亚相（P_{2-3}）、荔波方村-朝阳陆缘裂谷亚相（T_{1-2}）、黄平旧州山间盆地亚相（K_2m）。

1. 梵净山古弧盆亚相（Pt_3^1F）

该地区的基性—超基性岩组合出露于梵净山地区，有基性—超基性岩组合和细碧岩-石英角斑岩组合两种类型，它们共同构成了梵净山地区中元古代（弧后）蛇绿岩组合。发育的中元古代地层主要为梵净山群，为以陆缘碎屑浊积岩为主的被动边缘海盆地（弧后盆地）复理石沉积组合。

（1）基性—超基性侵入岩组合。基性—超基性岩组合产出于梵净山地区，侵入梵净山群中，是一套较复杂的基性和超基性岩石组合。呈层状、似层状产出，产状与副岩系基本一致，并与地层同步褶皱。单个岩体一般厚数十米，延长数千米，个别延长约20km。从岩体中心向两侧，可依次出现超基性—基性侵入岩的结晶分异序列，包括超基性侵入岩和基性侵入岩两类岩石。

（2）细碧岩-石英角斑岩组合。细碧岩-石英角斑岩组合侵位于梵净山群回香坪组及肖家河组上部，主要呈层状整合在暗色细碎屑沉积岩中，单层厚几米至200m。发育于回香坪组中的该组合与基性—超基性岩密切共生，并发育在基性—超基性岩岩体的边部。

根据岩流分异序列的差别，本组合又分为细碧岩-石英角斑岩和细碧岩-角斑岩两个亚组合。前者分异好、厚度大，单个岩流由内到外依次出现细碧岩→角斑岩→石英角斑岩，以完整的分异序列和绚丽多彩的枕状细碧岩为特征；后者发育差，厚度小，由岩流中心的细碧岩向外，直接为石英角斑岩，以缺少角斑岩和细碧岩且不具枕状构造而区别于前者。

（3）梵净山群。梵净山群根据岩相建造特征及岩性组合差异，自下而上为淘金河组（Pt_2tj）、余家沟组（Pt_2y）、肖家河组（Pt_2x）、回香坪组（Pt_2h）、铜厂组（Pt_2t）、洼溪组（Pt_2w）、独岩塘组（Pt_2d）。淘金河组（Pt_2tj）、余家沟组（Pt_2y）、肖家河组（Pt_2x）、回香坪组（Pt_2h）为深海盆地相变质砂岩-绢云母板岩-变质辉绿岩建造组合；铜厂组（Pt_2t）、洼溪组（Pt_2w）、独岩塘组（Pt_2d）为半深海—深海斜坡相浅变质砂岩-绢云母板岩-绢云母千枚岩复理石建造组合。

2. 梵净山后碰撞岩浆岩亚相（$\gamma m Pt_3^1F$）

梵净山地区形成的以浅色花岗岩组合为代表的构造热事件，标志着该区域武陵造山运动的结束。以梵净山地区出露的白云母花岗岩组合为代表，地表所见岩体为白云母花岗岩、花岗伟晶岩、钠长岩、长英岩，呈小岩株、岩脉等，出露面积均小于$1km^2$。

（1）白云母花岗岩。岩体均为切割出露，地表所见多属边缘相，个别岩体可见过渡相。过渡相以细—中粒白云母花岗岩为主；边缘相宽度较大，包括中—细粒、细粒和似斑状3种白云母花岗岩，从内到外，有粒度变细的趋势。

（2）花岗伟晶岩。按产状分为脉状（主）和团块状-囊状两种类型。脉状者常成群出现，厚数十厘米至20m，延长数十米至千余米。岩石伟晶结构明显，岩脉的分带性较差。

（3）钠长岩。呈脉状、透镜状及囊状产于梵净山群的裂隙中，厚度多小于1m。

（4）长英岩。呈细小脉状侵入于副变质岩中。

3. 芙蓉坝磨拉石盆地亚相（Pt_3^1Fr）

武陵运动使中、新元古代地层出现角度不整合，使中元古代地层发生绿片岩相区域动力变质作用。同时也形成了前陆磨拉石盆地沉积，在梵净山地区发育了新元古代芙蓉坝组砂、砾岩沉积建造组合。

芙蓉坝组：由灰绿色、紫红色块状变质砾岩、砂砾岩及变余岩屑砂岩等组成，多以砾岩为主；局部全为砂岩,含铁较高。砾石成分有板岩、变余砂岩、石英岩、辉绿岩、白云母花岗岩(白岗岩)等,砾径一般2~10cm,大者60~70cm,个别可达100cm,呈棱角状至次浑圆状,砂泥质胶结,变质砾岩与变质含砾砂岩、砂岩横向连续,呈过渡关系。厚1~69m。以变质砂砾岩的出现与下伏独岩塘组变余板岩划界,两者为角度不整合接触。

4. 梵净山-雷山陆缘裂谷碎屑岩亚相(Pt_3^1X)

新元古代早期,扬子陆块与华南陆块再次发生裂解,其间南华裂谷海槽形成,梵净山-雷山地区为陆缘裂谷边缘,形成一套陆缘裂谷碎屑岩滨岸-陆棚-斜坡-盆地相的沉积建造组合。对应的地层有板溪群金竹坪组(Pt_3^1jz)、张家坝组(Pt_3^1z)、红子溪组(Pt_3^1h),下江群甲路组(Pt_3^1j)、乌叶组(Pt_3^1w)、番召组(Pt_3^1f)、清水江组(Pt_3^1q)、平略组(Pt_3^1p)、隆里组(Pt_3^1l),丹洲群拱洞组(Pt_3^1g)。

该区地层可进一步分为金竹坪组(Pt_3^1jz)、张家坝组(Pt_3^1z)、红子溪组(Pt_3^1h)陆缘裂谷碎屑岩滨岸陆棚相浅变质砂岩-绢云母板岩-千枚岩建造组合;甲路组(Pt_3^1j)陆缘裂谷陆棚相浅变质碳酸盐岩-大理岩建造组合;乌叶组(Pt_3^1w)陆缘裂谷棚内盆地相碳质千枚岩-绢云母千枚岩组合;番召组(Pt_3^1f)陆缘裂谷陆缘斜坡相浅变质砂岩-绢云母板岩-绢云母石英千枚岩建造组合;清水江组(Pt_3^1q)、平略组(Pt_3^1p)陆缘裂谷陆缘斜坡相凝灰岩-凝灰质板岩-板岩建造组合;隆里组(Pt_3^1l)陆缘裂谷滨岸陆棚相浅变质长石石英砂岩-绢云母板岩建造组合;拱洞组(Pt_3^1g)陆缘裂谷半深水—深水盆地相浅变质砂岩-粉砂质板岩-绢云母千枚岩建造组合。

5. 松桃两界河-从江黎家坡陆棚斜坡亚相(Nh)

该亚相主要反映为汇聚背景下冰川作用形成的陆源碎屑盆地沉积建造组合特征。对应的地层为澄江组(Nh_1ch)、两界河组(Nh_1l)、铁丝坳组(Nh_1t)、长安组(Nh_1c)、富禄组(Nh_1f)、南沱组(Nh_2n)、黎家坡组(Nh_2l)、大塘坡组(Nh_1d)。

该区地层可进一步分为澄江组(Nh_1ch)冰川冲积扇复成分冰碛砂、砾岩-泥岩建造组合;两界河组(Nh_1l)、铁丝坳组(Nh_1t)冰川海岸相复成分冰碛砂、砾岩-泥岩建造组合;长安组(Nh_1c)冰川滨岸-陆棚-斜坡相复成分冰碛砂、砾岩-泥岩建造组合;富禄组(Nh_1f)冰川滨浅海相复成分冰碛砂、砾岩-泥岩建造组合;南沱组(Nh_2n)冰川冲积扇及冰川海岸相复成分冰碛砂、砾岩-泥岩建造组合;黎家坡组(Nh_2l)冰川浅海-斜坡相复成分冰碛砂、砾岩-泥岩建造组合;大塘坡组(Nh_1d)滨浅海相浅变质泥岩-碳质泥岩含锰建造组合。

6、江口-都匀王司碳酸盐岩台地亚相($Z-O_3$)

该亚相主要反映为陆表海碳酸盐岩台地边缘的一套碳酸盐岩沉积建造组合特征。对应的地层有震旦系陡山沱组(Z_1d)、灯影组($Z_2\epsilon_1dy$),寒武系清虚洞组(ϵ_2q)、高台组(ϵ_3g)、石冷水组(ϵ_3sh)、娄山关组($\epsilon_{3-4}O_1l$),奥陶系桐梓组(O_1t)、红花园组(O_1h)。

该区地层可进一步分为震旦系陡山沱组(Z_1d)台地相含磷白云岩建造;灯影组($Z_2\epsilon_1dy$)台地相白云岩建造;寒武系清虚洞组(ϵ_2q)台地边缘滩相砂屑粉晶灰岩-砂屑泥晶灰岩-藻灰岩-白云质灰岩建造组合,高台组(ϵ_3g)、石冷水组(ϵ_3sh)、娄山关组($\epsilon_{3-4}O_1l$)台地边缘滩相白云质灰岩-鲕(豆)粒白云质灰岩-白云岩建造组合;奥陶系桐梓组(O_1t)、红花园组(O_1h)的生物发育,为富含头足类、三叶虫、腕足类、海绵等生物化石的台地边缘滩(礁)相生物碎屑灰岩建造。

7. 铜仁-三都被动边缘斜坡亚相($Z-O_2$)

该亚相主要反映为陆表海碳酸盐岩台地边缘斜坡-盆地的沉积建造组合特征。对应的地层为震旦系陡山沱组(Z_1d),寒武系九门冲组($\epsilon_{1-2}jm$)、变马冲组(ϵ_2b)、杷榔组(ϵ_2p)、乌训组(ϵ_2w)、凯里组($\epsilon_{2-3}k$)、车夫组($\epsilon_{3-4}ch$)、比条组(ϵ_4b)、渣拉沟组($\epsilon_{1-2}zh$)、都柳江组($\epsilon_{2-3}d$)、杨家湾组(ϵ_3y)、三都组($\epsilon_{3-4}s$),寒武系—奥陶系锅塘组(ϵ_4O_1g),奥陶系同高组($O_{1-2}tg$)、烂木滩组(O_2l)、赖壳山组(O_2lk)。

该区地层可进一步分为陡山沱组(Z_1d)台地-斜坡相含磷白云岩-泥质白云岩及泥质白云岩-碳质黏土岩建造组合;九门冲组($\epsilon_{1-2}jm$)斜坡相灰岩-碳质页岩建造组合;变马冲组(ϵ_2b)、杷榔组(ϵ_2p)斜坡相-盆地相碳质黏土岩-粉砂岩-黏土岩建造组合;乌训组(ϵ_2w)斜坡相灰岩夹黏土岩组合;凯里组($\epsilon_{2-3}k$)台地边缘-斜坡相灰岩-泥灰岩-黏土岩组合;车夫组($\epsilon_{3-4}ch$)、比条组(ϵ_4b)、都柳江组($\epsilon_{2-3}d$)、杨家湾组(ϵ_3y)、三都组($\epsilon_{3-4}s$)及锅塘组(ϵ_4O_1g)台地边缘-斜坡相泥质条带灰岩-砾屑灰岩建造组合;同高组(O_1tg)外陆棚黏土岩建造组合;烂木滩组(O_2l)外陆棚瘤状灰岩-黏土岩建造组合;赖壳山组(O_2lk)内陆棚相砂页岩-灰岩建造组合。

8. 黄平重安江-三都烂土前陆盆地亚相(S)

早古生代末扬子、华南陆块碰撞,发育以志留系为代表的前陆盆地相沉积。由于受加里东运动的影响,志留系在该区只出露下统,主要沉积滨浅海相砂岩、粉砂岩、泥岩建造组合。对应的地层有新滩组(S_1x)、松坎组(S_1s)、石牛栏组(S_1sh)、韩家店组(S_1hj)。

该区地层可进一步分为新滩组(S_1x)潮坪相粉砂岩-黏土岩建造组合;松坎组(S_1s)潮坪相泥灰岩建造组合;石牛栏组(S_1sh)开阔台地相生物碎屑灰岩夹黏土岩建造组合;韩家店组(S_1hj)潮坪-淡化潟湖相粉砂岩-黏土岩-灰岩建造组合(局部有短暂的砂质潮坪或砂泥岩与碳酸盐岩的混合潮坪)。

9、镇远-施秉-麻江板内岩浆岩亚相($\kappa\chi S$)

该亚相以偏碱性超基性岩为代表,有煌斑岩和碳酸岩两种岩石类型。呈岩体群产于区域性大断裂旁侧的次级构造裂隙中,常呈脉状侵入于新元古代至早古生代浅变质岩或沉积岩中。各岩体群的长度和宽度不等,长一般1~10km,宽数十米至几百米,单个岩体的规模较小,长度一般在100m以内,宽几厘米至几米。岩体多呈脉状侵入于新元古代至早古生代地层中,与围岩多为突变侵入接触,界线清晰,蚀变甚弱。有的岩体内尚有深源包体或地壳浅部岩石捕虏体。

该区煌斑岩岩石类型有钾镁煌斑岩、斑状云母橄榄岩、橄辉云煌岩、苦橄玢岩。该类型岩石风化程度极高,常见紫褐色、土黄色、浅黄褐色等风化色,偶见新鲜岩石呈灰绿色或暗灰绿色。碳酸岩出露极少,缺乏较详细资料。

10. 独山-荔波碳酸盐岩台地亚相(D_1-C)

该亚相总体反映为陆表海碳酸盐岩台地碳酸盐岩沉积建造组合特征。对应地层为泥盆系龙洞水组(D_2l)、邦寨组(D_2b)、独山组下段鸡泡段(D_2d^1)、望城坡组(D_3w)、尧梭组(D_3y)、革老河组(D_3g),石炭系汤耙沟组(C_1t)、旧司组(C_1j)、上司组(C_1sh)、大埔组($C_{1-2}d$)、黄龙组(C_2h),石炭系—二叠系马平组(C_2P_1m)。

可进一步将该区泥盆系分为龙洞水组(D_2l)、革老河组(D_3g)陆表海碳酸盐岩浅海相生物屑灰岩-泥质灰岩建造组合,独山组下段鸡泡段(D_2d^1)、望城坡组(D_3w)、尧梭组(D_3y)陆表海碳酸盐岩半局限台地相白云岩-生物屑灰岩建造组合。

将该区石炭系分为汤耙沟组(C_1t)、旧司组(C_1j)、上司组(C_1sh)、大埔组($C_{1-2}d$)陆表海碳酸盐岩半局限—开阔台地相生物屑灰岩-白云岩建造组合;黄龙组(C_2h)、马平组(C_2P_1m)陆表海碳酸盐岩开阔台地相生物屑灰岩建造。

11. 凯里炉山-荔波甲良碳酸盐岩台地亚相（P_{2-3}）

该亚相总体反映为中晚二叠世陆表海碳酸盐岩沉积建造组合特征。对应的地层为二叠系栖霞组（P_2q）、茅口组（P_2m）、合山组（P_3h）。栖霞组（P_2q）、茅口组（P_2m）表现为陆表海碳酸盐岩开阔台地相生物碎屑灰岩-燧石灰岩建造组合；合山组（P_3h）为陆表海浅海碳酸盐岩台地相生物碎屑灰岩-燧石灰岩夹碎屑岩建造组合。

12. 荔波方村-朝阳陆缘裂谷亚相（T_{1-2}）

该亚相主要反映为陆缘形成的台地边缘斜坡-盆地相沉积建造组合特征。对应地层为罗楼组（$T_{1-2}l$）、新苑组（T_2x）。罗楼组（$T_{1-2}l$）反映为陆缘裂谷近台地边缘斜坡相瘤状灰岩-泥灰岩-砾屑灰岩-页岩建造组合；新苑组（T_2x）反映为陆缘裂谷近陆缘盆地相粉砂岩-泥页岩建造组合。

13. 黄平旧州山间盆地亚相（K_2m）

该亚相出露面积不大，零星分布，保留最大厚度1 050m，为一套炎热干燥气候条件下河湖相冲积形成的红色磨拉石建造，反映为砖红色砾岩-含砾砂岩-泥岩建造组合特征。

（四）雪峰山陆缘裂谷盆地大地构造相特征

该大地构造相总体反映为由新元古代至南华纪陆缘裂谷演化特征，包含从江尧等古弧盆亚相（Pt_3^1S）、从江摩天岭后碰撞岩浆岩亚相（γPt_3^1S）、从江甲路磨拉石盆地亚相（Pt_3^1j）、从江-锦屏陆缘裂谷碎屑岩亚相（Pt_3^1X）、从江刚边-归林及宰便陆缘裂谷岩浆岩亚相（$\beta\mu Pt_3^1X$）、黎平肇兴陆缘裂谷盆地碎屑岩亚相（Nh）、天柱坪地-黎平龙额台盆亚相（Z—∈）、天柱-黎平贯洞碳酸盐岩台地亚相（C—P）、天柱邦洞压陷盆地亚相（J_{1-2}）、榕江车江山间盆地亚相（K_2m）、雷山板内岩浆岩亚相（χE）。

1. 从江尧等古弧盆亚相（Pt_3^1S）

该区产出超基性侵入岩。相邻的桂北地区有枕状玄武岩-石英角斑岩组合出露。岩体呈岩株、岩脉产出，围岩为四堡群鱼西组（Pt_2y）和唐柳岩组（$Pt_2t.$）。岩体普遍具分异性，一般见橄榄岩、辉石橄榄岩、橄榄辉石岩3个岩相或橄榄岩、辉石岩2个岩相，最多可见橄榄岩、辉石橄榄岩、橄榄辉石岩、辉长岩4个岩相。岩体蚀变强烈，主要有闪石化、蛇纹石化、滑石化、绿泥石化等。古弧盆发育的中元古代地层主要为四堡群，为以陆缘碎屑浊积岩为主的边缘海盆地（弧后盆地）复理石沉积组合。对应的地层有文通岩组（$Pt_2w.$）、塘柳岩组（$Pt_2t.$）、鱼西组（Pt_2y）。可进一步分为文通岩组（$Pt_2w.$）深海盆地相石英片岩-绢云母石英千枚岩建造组合；塘柳岩组（$Pt_2t.$）深海盆地相还原环境石英绿泥石绢云母片岩-石英绢云母片岩-千枚岩组合；鱼西组（Pt_2y）半深海斜坡相绢云母石英千枚岩-砂质绢云母千枚岩-绢云母石英片岩夹变质石英砂岩、变质细砂岩建造组合。

2. 从江摩天岭后碰撞岩浆岩亚相（γPt_3^1S）

从江地区形成有壳源二长花岗岩-正常花岗岩-碱长花岗岩组合，代表了后碰撞岩浆岩构造热事件，它标志着本区武陵造山运动的结束。组合岩类出露极少，缺乏较详细资料。

3. 从江甲路磨拉石盆地亚相（Pt_3^1j）

武陵运动使中、新元古代地层出现角度不整合，使中元古代地层发生绿片岩相区域动力变质作用。同时也形成了前陆磨拉石盆地沉积，在从江地区发育了新元古代甲路组一段浅变质砂岩-绢云母板岩-

千枚岩沉积建造组合。

甲路组一段：主要为灰色、灰绿色中—厚层变质细砂岩、变质粉砂岩、石英绿泥石绢云母千枚岩、粉砂质绢云母千枚岩及绢云母片岩。在从江根勇一带见变质砾岩，颜色为灰色、灰绿色，其下部砾石含量较高，达40%，往上含量逐渐减少，过渡为含砾绿泥石千枚岩。

4. 从江-锦屏陆缘裂谷碎屑岩亚相（$Pt_3^1 X$）

新元古代早期，扬子陆块与华南陆块再次发生裂解，其间南华裂谷海槽形成，从江-锦平地区为陆缘裂谷斜坡-盆地相的沉积建造组合。斜坡区出现近源浊积岩、滑塌-滑移等沉积类型，盆地区为巨厚的陆源碎屑浊积岩，出现远源浊积岩、等深流、悬浮-化学沉积等沉积类型，其鲍马层序以 Tc - e、Td - e 序列的细碎屑沉积为主，为典型的深水盆地相沉积。对应的地层有下江群乌叶组（$Pt_3^1 w$）、番召组（$Pt_3^1 f$）、清水江组（$Pt_3^1 q$）、平略组（$Pt_3^1 p$）、隆里组（$Pt_3^1 l$），丹洲群拱洞组（$Pt_3^1 g$）。

该区地层可进一步分为乌叶组（$Pt_3^1 w$）陆缘裂谷棚内盆地相碳质千枚岩-织云母千枚岩组合；番召组（$Pt_3^1 f$）陆缘裂谷陆缘斜坡相浅变质砂岩（滑积岩）-绢云母板岩-绢云母石英千枚岩建造组合；清水江组（$Pt_3^1 q$）、平略组（$Pt_3^1 p$）陆缘裂谷陆缘斜坡相滑积岩-凝灰岩-凝灰质板岩-板岩建造组合；隆里组（$Pt_3^1 l$）陆缘裂谷滨岸陆棚相浅变质长石石英砂岩-绢云母板岩建造组合；拱洞组（$Pt_3^1 g$）陆缘裂谷半深水—深水盆地相浅变质砂岩-粉砂质板岩-绢云母千枚岩建造组合。

5. 从江刚边-归林及宰便陆缘裂谷岩浆岩亚相（$\beta\mu Pt_3^1 X$）

该亚相主要反映为壳源过铝质花岗岩-幔源拉斑玄武质系列岩石组合。

从江地区的新元古代基性火山岩，是新元古代早期裂陷背景下的岩浆岩组合，反映为陆缘裂谷形成的物质记录。基性火山岩产出于下江群甲路组地层中，有3次岩浆喷发旋回。火山岩均为蚀变基性火山岩，岩石呈深绿色、灰绿色，蚀变为绿泥石千枚岩、绢云母绿泥石千枚岩。岩石具斑状结构、间隐结构等，致密块状构造，在上部可见气孔、杏仁状构造。

壳源过铝质花岗岩岩石类型有细粒、中细粒二长花岗岩，中细粒似斑状二长花岗岩，中粒、粗中粒、细中粒二长（正长）花岗岩，中粒似斑状二长（正长）花岗岩，粗粒似斑状二长（正长）花岗岩，细粒正长花岗岩，细粒斑状正长花岗岩等。尚有岩脉产出，主要为细粒花岗岩脉，其次为云英岩脉、长英岩脉和伟晶岩脉等。具粒状结构、斑状结构、似斑状结构等。岩石蚀变类型多，主要有钾长石化、硅化、云英岩化、高岭土化、绢云母化、电英岩化及绿泥石化等，蚀变程度较高。

6. 黎平肇兴陆缘裂谷盆地碎屑岩亚相（Nh）

该亚相主要反映为冰期陆缘裂谷盆地浅海陆棚-盆地砂砾岩、粉砂岩-泥岩沉积建造组合特征。对应的地层有下南华统长安组（$Nh_1 c$）、富禄组（$Nh_1 f$），上南华统黎家坡组（$Nh_2 l$）。

该区地层可进一步分为长安组（$Nh_1 c$）早南华世陆缘裂谷冰川滨海-陆棚-斜坡相复成分冰碛砂、砾岩-泥岩建造组合；富禄组（$Nh_1 f$）冰川滨浅海相复成分冰碛砂、砾岩-泥岩建造组合；上南华统黎家坡组（$Nh_2 l$）冰川浅海-斜坡相复成分冰碛砂、砾岩-泥岩建造组合。

7. 天柱坪地-黎平龙额盆地亚相（Z—∈）

该亚相主要反映为震旦系—寒武系陆缘裂谷盆地硅、泥质岩沉积建造组合特征。对应的地层有陡山沱组（$Z_1 d$），震旦系—寒武系老堡组（$Z_2\epsilon_1 l$），寒武系渣拉沟组（$\epsilon_{1-2} zh$）及牛蹄塘组（$\epsilon_{1-2} n$）。

该区地层可进一步分为陡山沱组（$Z_1 d$）盆地相泥质白云岩-碳质黏土岩建造组合；老堡组（$Z_2\epsilon_1 l$）盆地相硅质岩-碳质硅质岩建造组合；渣拉沟组（$\epsilon_{1-2} zh$）盆地相碳质泥岩-含磷硅质岩建造组合；牛蹄

塘组($\epsilon_{1-2}n$)滞留盆地碳质泥页岩建造组合。

8. 天柱-黎平贯洞碳酸盐岩台地亚相(C—P)

该亚相主要反映为上叠于裂谷盆地残存的浅海碳酸盐岩沉积建造组合特征。对应的地层为石炭系黄龙组(C_2h)，石炭系—二叠系马平组(C_2P_1m)，二叠系栖霞组(P_2q)、茅口组(P_2m)、合山组(P_3h)。

黄龙组(C_2h)、马平组(C_2P_1m)、栖霞组(P_2q)、茅口组(P_2m)均表现为陆表海碳酸盐岩开阔台地相生物碎屑灰岩-燧石灰岩建造组合；合山组(P_3h)为陆表海浅海碳酸盐岩台地相生物碎屑灰岩-燧石灰岩夹碎屑岩建造组合。

9. 天柱邦洞压陷盆地亚相(J_{1-2})

该亚相表现为河湖相砂、砾—粉砂、泥岩沉积建造组合特征。仅见于天柱县邦洞一带，面积约15km^2。主要岩性为紫红色黏土岩、砂岩，残留厚度为160~706m。对应的地层为沙溪庙组(J_2sh)，表现为干热气候下的浅水湖滨相紫红色黏土岩、砂岩建造组合。

10. 榕江车江山间盆地亚相(K_2m)

该亚相为前陆磨拉石盆地的大型河湖相沉积，主要反映冲积、河流砂砾岩-粉砂岩-泥岩建造组合特征。车江山间盆地为一套砖红色、紫红色中厚层至厚层块状角砾岩、砾岩、砂砾岩，夹少量红色含砾石英砂岩、含砾粉砂岩，夹层厚5~40m不等。砾岩多分布在大断层旁侧，或被后期断层切割，有的直接覆盖于断层破碎带之上(如中潮)。砾岩中砾石的分选性、磨圆度均较差，砾石成分多来自附近的地层，具"就地取材"特征。由于砾岩中普遍含钙质，并且岩层产状较平缓，节理发育，常形成独特的"陡崖层叠、石峰群立"的丹霞地貌景观。从岩性岩相特征来看，其沉积环境总体为山间盆地沉积，表现为山前洪积相及河流冲积相的冲积、河流砂砾岩-粉砂岩-泥岩的建造组合。

11. 雷山板内岩浆岩亚相(χE)

该亚相以偏碱性超基性岩为代表，有煌斑岩和碳酸岩两种岩石类型，由于该区碳酸岩出露极少，缺乏较详细资料。煌斑岩类型有钾镁煌斑岩、斑状云母橄榄岩、橄辉云煌岩、苦橄玢岩、云煌岩及斜云煌岩，呈岩体群产于区域性大断裂旁侧的次级构造裂隙中，常呈脉状侵入于新元古代浅变质岩中，与围岩多为突变侵入接触，界线清晰，蚀变较弱。有的岩体内尚有深源包体或地壳浅部岩石的捕房体。一般呈单个岩体产出，规模较小，长宽一般均在100m以内，厚几厘米至几米。

（五）南盘江-右江前陆盆地大地构造相特征

该大地构造相总体反映为三叠纪南盘江-右江前陆盆地的演化特征，包含册亨-罗甸陆缘裂谷亚相($T_1-T_3^1$)、兴义泥盆-贞丰相台缘-斜坡亚相(T_2lt+p)、兴义-紫云碳酸盐岩台地亚相($P_2-T_3^1$)、乐旺碳酸盐岩孤立台地亚相(D_2-P)、冗渡-桑郎台地斜坡-盆地亚相(D_2-P)、罗甸-罗悃陆内裂谷岩浆岩亚相($\beta\mu P_2$)、普安-大厂板内岩浆岩亚相($P_{2-3}em$)、贞丰-鲁贡板内岩浆岩亚相(χE)、沙子-龙场海陆交互亚相(P_3l、T_3h)、龙场压陷盆地亚相(T_3J_1e)、白碗窑-茂井山间盆地亚相(K_2m、$E_{2-3}sh$)

1. 册亨-罗甸陆缘裂谷亚相($T_1-T_3^1$)

该亚相主要反映为三叠纪南盘江-右江陆缘裂谷半深海斜坡相碎屑岩浊流沉积建造组合特征。对应的地层为三叠系乐康组($T_{1-2}lk$)、罗楼组($T_{1-2}l$)、紫云组($T_{1-2}z$)、许满组(T_2xm)、边阳组(T_2b)、赖石科组(T_3l)。

罗楼组($T_{1-2}l$)、紫云组($T_{1-2}z$)主要表现为陆缘裂谷碳酸盐岩与碎屑岩组成的斜坡相灰岩-泥灰岩-砾屑灰岩-页岩建造组合；乐康组($T_{1-2}lk$)主要表现为斜坡-盆地相粉砂岩-泥岩-砾屑灰岩-泥灰岩建造组合；许满组(T_2xm)、边阳组(T_2b)、赖石科组(T_3l)主要表现为陆缘裂谷陆源碎屑浊积岩(石英粉砂岩-细砂岩-黏土岩)建造组合。

2. 兴义泥凼-贞丰相台缘-斜坡亚相(T_2lt+p)

该亚相主要反映为三叠纪南盘江-右江陆缘形成的台缘-斜坡碳酸盐岩沉积建造组合特征。对应的地层为二叠系垄头组(T_2lt)、坡段组(T_2p)。均为一套南盘江-右江陆缘形成的碳酸盐岩陆表海台地边缘滩(礁)相藻屑、砂屑、砾屑灰岩-生物屑灰岩建造组合。

3. 兴义-紫云碳酸盐岩台地亚相($P_2-T_3^1$)

该亚相主要反映为三叠纪南盘江-右江前陆盆地边缘形成的台缘及孤立台地浅海碳酸盐岩沉积建造组合特征。对应的地层为二叠系栖霞组(P_2q)、茅口组(P_2m)、合山组(P_3h)、吴家坪组(P_3w)，三叠系夜郎组(T_1y)。

该区地层可进一步分为栖霞组(P_2q)、茅口组(P_2m)陆表海碳酸盐岩半局限台地相生物碎屑灰岩-燧石灰岩建造组合；合山组(P_3h)陆表海碳酸盐岩夹碎屑岩浅海台地相生物碎屑灰岩-燧石灰岩夹粉砂质黏土岩建造组合；吴家坪组(P_3w)陆表海碳酸盐岩台地边缘滩(礁)相生物屑-海绵礁灰岩建造组合；三叠系夜郎组(T_1y)陆表海碳酸盐岩夹碎屑岩浅海台地相灰岩-黏土岩建造组合。

4. 乐旺碳酸盐岩孤立台地亚相(D_2-P)

该亚相主要反映为三叠纪南盘江-右江前陆盆地，形成的孤立台地浅海碳酸盐岩沉积建造组合特征。对应的地层为泥盆系融县组(D_3r)，石炭系—二叠系威宁组(CP_1w)，二叠系猴子关组(P_2h)。融县组(D_3r)、威宁组(CP_1w)为盆地内部发展起来的孤立台地相生物屑、砂砾屑灰岩建造组合；猴子关组(P_2h)为生物礁、滩相生物屑-海绵礁灰岩建造组合。

5. 冗渡-桑郎台地斜坡-盆地亚相(D_2-P)

该亚相主要反映为三叠纪南盘江-右江前陆盆地边缘斜坡的碳酸盐岩-盆地相的泥质岩沉积建造组合特征。对应的地层为泥盆系火烘组($D_{1-2}h$)、榴江组(D_3l)，泥盆系—石炭系五指山组(D_3C_1wz)，石炭系鹿寨组(C_1l)，石炭系—二叠系南丹组(CP_1n)，二叠系四大寨组($P_{1-2}s$)、领薅组($P_{2-3}lh$)。

该区地层可进一步分为火烘组($D_{1-2}h$)半深水盆地相泥灰岩-泥质粉砂岩建造组合；五指山组(D_3C_1wz)斜坡相泥质条带灰岩建造组合；榴江组(D_3l)深水盆地相硅质岩-硅质页岩建造组合；鹿寨组(C_1l)、南丹组(CP_1n)含燧石生物屑灰岩-砾屑灰岩-硅质岩建造组合；四大寨组($P_{1-2}s$)盆地相碳酸盐岩浊积岩-碳质泥质灰岩-砾屑灰岩建造组合；领薅组($P_{2-3}lh$)斜坡-盆地相砂岩-粉砂岩-泥岩-硅质岩夹砾屑灰岩建造组合。

6. 罗甸-罗悃陆内裂谷岩浆岩亚相($\beta\mu P_2$)

该亚相主要反映为裂陷槽盆浅成侵入辉绿岩组合特征。

辉绿岩为碱性辉绿岩，岩体呈岩床状侵入于二叠系四大寨组($P_{1-2}s$)中，基本顺层产出，厚23~144m。岩体内局部含四大寨组灰岩捕虏体。岩体分异程度较差，一般难以划分岩石相带，仅局部地段见到中央相的辉长辉绿岩及边缘相辉绿玢岩。

7. 普安-大厂板内岩浆岩亚相（$P_{2-3}em$）

该亚相主要反映为形成于大陆裂陷环境的一套大陆溢流拉斑玄武岩，即峨眉山玄武岩。

峨眉山玄武岩的岩石建造组合为喷发相的玄武质熔岩和玄武质火山碎屑岩（包括向熔岩过渡和向正常沉积岩过渡的岩类），夹少量喷发间歇期的正常沉积岩。以熔岩占绝大多数，并主要集中在中部；上部和下部则为熔岩夹火山碎屑岩，或以火山碎屑岩为主。另还有次火山岩相辉绿岩。

剖面资料反映，一般在垂向上可分为3个部分：下部常具块砾-角砾级粗粒火山碎屑岩；中部基本为块状玄武岩；上部多为凝灰级的细粒火山碎屑岩或与熔岩互层。垂向上3个部分的差别，反映出贵州峨眉山玄武岩的喷发活动可分为3个旋回：第一旋回以中心式强爆发或强爆发—溢出为主；第二旋回随喷发范围的扩大，而演化为以裂隙式宁静溢出为主，即岩浆洪溢阶段；第三旋回随火山活动的减弱和范围的收缩，而演化为弱爆发或弱爆发与溢出的混合喷发，并时有正常沉积岩夹层，显示存在较长时间的喷发间断。

8. 贞丰-鲁贡板内岩浆岩亚相（χE）

该亚相主要为滇黔桂裂谷盆地强烈裂陷侵位的幔源浅成偏碱性超基性岩的岩石组合。主要呈岩脉和岩墙状产出，主要侵位时代为中三叠世。按主要矿物含量的不同，分为两类：第一类为辉石岩（斑状橄云辉岩、斑状云橄辉岩），第二类为黑云母岩（斑状辉橄岩、斑状橄辉岩）。

9. 沙子-龙场海陆交互亚相（P_3l、T_3h）

该亚相主要反映为晚二叠世、晚三叠世时期滨岸-沼泽相含煤碎屑岩沉积建造组合特征。对应的地层为上二叠统龙潭组（P_3l）和上三叠统火把冲组（T_3h）。上二叠统龙潭组（P_3l）反映为滨岸-沼泽相砂、泥质岩夹灰岩-含煤碎屑岩建造组合；上三叠统火把冲组（T_3h）反映为湖泊-沼泽相石英砂岩-粉砂岩-碳质泥含煤建造组合。

10. 龙场压陷盆地亚相（T_3J_1e）

该亚相主要反映为晚三叠世—早侏罗世前陆磨拉石盆地的大型河湖相沉积。对应的地层为二桥组（T_3J_1e），为一套河湖相砂、泥岩建造组合。

11. 白碗窑-茂井山间盆地亚相（K_2m、$E_{2-3}sh$）

该亚相主要反映为内陆山间盆地山麓洪积-河湖相沉积建造组合特征。对应的地层为上白垩统茅台组（K_2m）和古近系石脑组（$E_{2-3}sh$）。茅台组（K_2m）为砾岩-砂、砾岩-泥岩建造组合；石脑组（$E_{2-3}sh$）为砾岩-泥质砂岩-含砾钙质、粉砂质泥岩建造组合。

四、大地构造阶段划分及其演化

贵州地壳的发展演化，是在多次板块活动作用下进行的，由老到新经历了大洋地壳→过渡地壳→大陆地壳的演化过程，其构造活动性也由活动变为稳定。根据贵州区域地质构造特征和地质历史时期的主要地质事件将贵州大地构造演化过程划分为4个阶段。其发展演化历程如下。

1. 新元古代中期阶段

新元古代中期，黔东南地区位于大陆边缘-弧后盆地位置，发育了梵净山群、四堡群深水盆地相细碎屑岩沉积及由枕状玄武岩(细碧岩)-石英角斑岩和基性—超基性岩组成的(弧后)蛇绿岩组合,丘元禧(1999)认为四堡群的蛇绿岩套是一种岛弧蛇绿岩套,可能代表弧后盆地的构造环境。新元古代中期末,扬子陆块与周缘的弧陆碰撞,发生武陵运动,形成广阔的陆间造山带。

武陵运动使新元古代中期与晚期地层出现高角度不整合至平行不整合,发育磨拉石盆地相芙蓉坝组底砾岩沉积组合,使梵净山群、四堡群发生绿片岩相区域动力变质作用,形成北东东向阿尔卑斯型褶皱(复式褶皱,轴面倾向北西的倒转、平卧褶皱)、逆冲推覆断层、韧性剪切带,运动方向为由西向东。

2. 新元古代晚期至早古生代阶段

新元古代青白口纪晚期开始,扬子陆块发生裂解,形成扬子周缘陆缘裂谷。在新元古代青白口纪晚期初始阶段沉积的甲路组中发育的双峰式岩浆岩组合可以反映出裂陷作用的存在,而贵州从江、广西龙胜地区产出的酸性、基性—超基性侵入岩和丹洲群中产出的枕状玄武岩(细碧岩)火山岩组合则反映了该时期陆缘裂谷的存在,其年龄值为 $761\pm8Ma$(锆石 U-Pb 年龄)、765Ma(锆石 U-Pb 年龄)、$788\pm2.6Ma$。

该时期在扬子古陆边缘的贵州梵净山南东侧出现了从滨岸-台地相、陆棚-斜坡相到斜坡-盆地相演化的沉积格局,形成了从板溪群、下江群至丹洲群的沉积分异。而在贵州梵净山西北侧,沉积了马底驿组和渫水河组,与该时期南东侧地层系统差异极大,反映出武陵运动对该地区沉积格局的控制作用明显。

南华纪—早古生代随着扬子古陆与华夏古陆的汇聚,贵州该时期远离裂谷边缘,南华纪出现了陆相、滨岸-陆棚相沉积,震旦纪—早古生代出现台地相、台缘相、斜坡-盆地相沉积。

早古生代末扬子、华夏陆块碰撞,发生加里东运动,区域上发育碰撞型花岗岩体,该类型岩体在桂北较多,同位素年龄为 512~415Ma(莫柱荪,1989),形成华南加里东褶皱带,区内也出现一些板内基性、超基性脉岩侵入。加里东运动对贵州地区沉积格局、岩浆活动、变形变质影响明显,导致晚古生代地层与下伏地层之间的角度不整合,发育晚古生代早期磨拉石盆地相的底砾岩沉积;使晚古生代的沉积格局与其前期出现明显差异,即早古生代及之前的沉积格局以北东向展布为主,而晚古生代的沉积格局转变为北东向、北西向展布;使新元古代、早古生代地层发生低绿片岩相、极低区域动力变质作用。

加里东运动使扬子陆块、华夏陆块连为一体,进入了统一的华南陆块发展阶段。至此,贵州结束了洋陆转换阶段(武陵期、雪峰期—加里东期),开始向板内活动阶段(海西期—印支期—燕山期—喜马拉雅期)演化。

3. 晚古生代至晚三叠世中期阶段

本阶段贵州地壳演化主要受大陆扩张作用控制,陆壳内发生裂陷作用。晚古生代开始至晚三叠世,在濒太平洋陆缘和特提斯域的共同影响下,本区进入板内活动的裂陷、挤压阶段,经历了板内裂陷到挤压的动力学演化历程。

泥盆纪至晚二叠世早期主要受大陆拉张上隆作用,黔西北地区形成北西向展布裂陷,裂陷内部及两侧形成交叉的浅水碳酸盐岩台地和深水硅质岩盆,形成台、盆相间的奇特景观,分别发育陆相、滨岸-台地相、台缘相和裂谷盆地相。晚二叠世由于地幔热柱的活动,使地壳拉伸变薄形成大面积分布的大陆溢流玄武岩,K-Ar 同位素年龄为 253.3~235.3Ma(程裕淇,1994)。晚二叠世贵州西部大面积玄武岩喷发使西部隆升,贵州沉积格局发生了较大的变化,由中二叠世呈东西向展布改变为晚二叠世呈南北向展布。晚二叠世晚期以后,主要为拉张沉陷时期,转变为陆内裂谷(陷)沉积环境。

晚古生代,由于受贵州西侧的特提斯构造域金沙江—红河—马江一带造山活动的影响,贵州西部位于金沙江-红河-马江造山带裂陷盆地-前陆盆地位置,反映出特提斯构造域的构造活动对贵州的远程影响。晚古生代末,随着贵州西南侧金沙江-红河-马江洋盆汇聚呈现弧-盆体系和贵州东南侧钦防海槽的萎缩,贵州进入了挤压背景下的(弧后)前陆盆地演化阶段。

4. 晚三叠世晚期以来阶段

本阶段贵州受太平洋板块俯冲,以及印度板块和欧亚板块碰撞的影响,使之成为滨太平洋活动的组成部分。晚三叠世中期以后的印支造山运动使贵州全部上升成陆,结束了海相沉积的历史,进入地史发展的新阶段。挤压背景下的燕山运动,奠定了贵州现今主要地质构造面貌。晚白垩世至第四纪,贵州进入板内隆升活动阶段,形成一系列地垒-地堑式构造组合。新构造活动主要表现为区域性隆升背景下的断块活动,具有明显的掀斜性、间歇性隆升和差异性隆升等特征(王砚耕,2000;秦守荣,1998;林树基,1994),而且现代仍处在隆升趋势之中。新构造运动控制了贵州现今的河谷阶地、第四系、温泉、地震及地貌和水系等的分布。

第二节 大地构造相与成矿关系

通过长期地质勘查与研究,目前在贵州省已发现矿产110种以上(含亚矿种),发现矿床、矿点3 000余处。在发现的矿产中,包括能源、黑色金属、有色金属、贵金属、稀有稀土分散元素、冶金辅助原料非金属、化工原料非金属、建材及其他非金属、水资源和油气九大类矿产在内的76种,并不同程度地探明了储量。在已探明的储量矿产中,依据保有储量统一对比排位,贵州名列全国前十位的矿产达41种。其中排第一位至第五位的有28种;居首位的达8种;列第二位、第三位的分别为8种与5种。尤以煤、磷、铝土矿、汞、锑、锰、金、重晶石、硫铁矿、稀土、镓、水泥原料、砖瓦原料以及多种用途的灰岩、白云岩、砂岩等矿产最具优势,在全国占有重要地位(图3-3)。

各种矿床都是在大地构造演化过程中,在特定大地构造相环境下形成的特殊地质体,成矿作用过程与大地构造演化密切相关。成矿作用过程中特定成矿类型反映了大地构造相环境的时空专属性。不同级别大地构造相单元制约了相应级次的成矿区(带),大地构造相(亚相)单元既是成矿系统、成矿作用的构造环境,也是成矿系统的载体。大地构造相与成矿关系研究主要包含以下3个方面。

(1)开展大地构造相环境分析,以利于明确区域成矿地质背景。开展特定大地构造相单元控制矿床形成和保存的地质作用过程以及区域成矿的时空结构和物质组成的研究,查明成矿系统类型及其有成因联系的矿床组合。

(2)研究大地构造相单元之间的边界带成矿、构造体制转换成矿和构造演化过程中的叠加成矿,厘定区域成矿作用与构造演化的相关性。

(3)研究各级大地构造相单元与成矿构造(矿田构造)体系及成矿类型的关系,各类矿产资源成矿系统、成矿系列和成矿类型的相关大地构造相单元的时空结构、岩石-构造组合及其大地构造环境。总结其规律,建立大地构造相与成矿作用的时空关系。

一、古弧盆相与成矿

新元古代早期贵州位于大陆边缘-弧后盆地位置,发育了梵净山群、四堡群火山-沉积岩系。

古弧盆相不算是贵州主要的成矿相系,贵州弧后盆地拉张环境主要是侵位于梵净山群的基性—超基性岩,规模较大的岩体中心部位往往为超基性岩,向边缘过渡为基性岩,属基性岩浆就地结晶分异的产物。超基性岩的镁铁比值(m/f)在2~6.5之间,具一定的熔离型硫化铜镍矿成矿条件,不过由于基

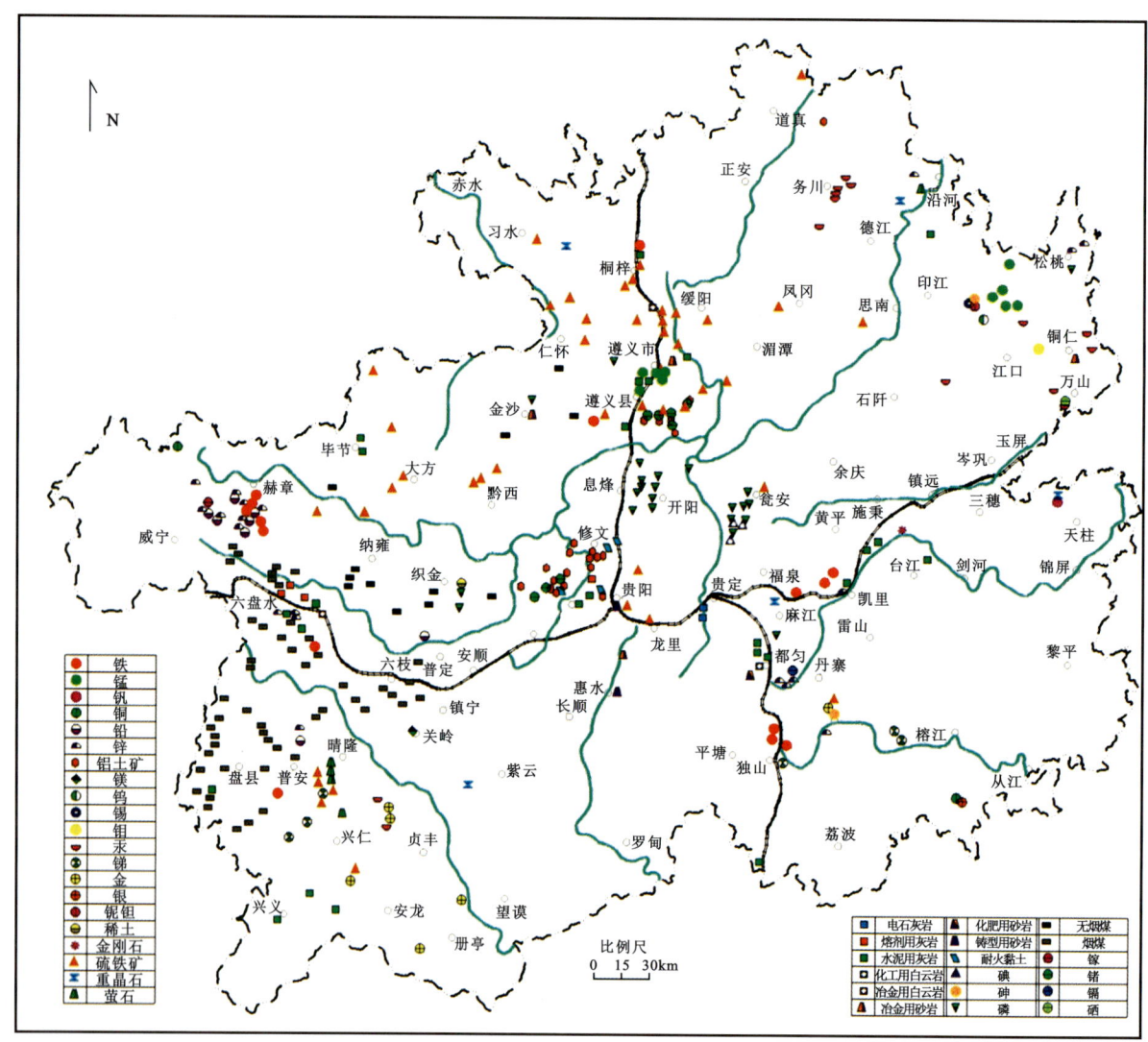

图3-3 贵州省矿产资源分布略图

性度(m/s)较低(1.06~1.11),成矿条件不够理想。超基性岩中矿化普遍,以镍为主,Ni品位多小于0.2%,在基性度相对较高的辉石橄榄岩中矿化相对富集部位,品位一般在0.2%左右,为数很少的高品位样品亦多在1%以下,Cu品位普遍小于0.1%。总体来看,超基性岩的基性度较低,相对较高的辉石橄榄岩展布范围不大,厚度较小,从而限制了找矿远景。

贵州与古弧盆相有关的成矿作用主要是古弧盆汇聚、碰撞造山,形成造山期后与白云母花岗岩及酸性脉岩有关的钨锡和铌钽矿床、矿点、矿化点。查明中型和小型钨锡矿床各1处,含铌钽(锂铷铯)交代型花岗伟晶岩中^{205}Nb含量一般0.006%~0.036%、最高0.31%,^{205}Ta含量一般0.004%~0.03%、最高0.165%,部分花岗伟晶岩脉尚含^{20}Li 0.018%~1.96%、Rb 0.35%、Cs 0.09%~0.1%。从江地区摩天岭花岗岩尚可能存在间接的成矿作用。地虎钨矿产于归眼组、甲路组的铜铅锌金银多金属矿体之下,钻孔已打到隐伏花岗岩,该矿床喷流沉积成矿或形成矿源层之后的热液改造,在空间和时间上都有可能与花岗质岩浆侵位提供的热源有关。摆荣和摆松2处多金属矿点的含矿地层均为归眼组绿泥石绢云母石英千枚岩,矿石矿物为黄铜矿、方铅矿、闪锌矿、黄铁矿、毒砂等硫化物,矿石化学组分除Cu、Pb、Zn、Ag、Au外,摆荣矿点尚含W 0.01%~0.06%,摆松矿点含W 0.08%,大大高于归眼组、甲路组中基性火山岩的 W 含量(0.93×10^{-6})。尤其是摆松矿点的 W 含量换算成 WO_3 即为 0.1%,达到层控型钨矿的边界品位。基性火山岩的 W 含量欲达此边界品位,大约需要富集 850 倍,故矿石中的 W 来源于归眼组、甲路组中基性火山岩或副变质岩的可能性甚微,最有可能的是与摩天岭花岗岩的侵位有关,其不仅作为热液改造的热源,还提供了钨成矿物质来源。

二、陆缘裂谷相与成矿

新元古代中晚期华南板块分裂为扬子陆块和华夏陆块,其中心可能位于罗城—龙胜—桃江—景德镇一带的华南裂谷盆地。黔东南地区反映由新元古代至南华纪陆缘裂谷演化的特征。贵州与陆缘裂谷相有关的成矿主要是离散背景下的成矿。

贵州从江县九星—地虎—平正一带的下江群甲路组以千枚岩为主的副变质岩中含有 3 层基性火山岩,表明甲路时期不仅有基性岩浆溢出,而且还很可能有范围更大的多次火山气液活动,携带的矿质进入水体沉淀富集,使甲路组成为矿源层或局部成矿床。基性火山岩分布地段东端长约 12km 的高文—羊边山一带,已发现多处铜矿点,达品位要求的矿体几乎均在甲路组中,呈似层状、透镜状、扁豆状顺层产出,依地质特征判断,可能属层控矿床,其矿源层即为甲路组。

地虎铜铅锌金银多金属矿床的赋矿地层也是甲路组,矿石矿物成分以硫化矿物为主,还有较多的硫盐矿物,金、银赋存在硫盐矿物中。多种矿物测试的成矿温度主要为中—低温,硫同位素的组成以海水硫酸盐中的硫为主,其次为陨石硫。初步判断地虎附近似为火山气液活动的中心地段,可能形成热卤水池,并可能在沉积阶段即已成矿而属火山沉积矿床,之后又经历了构造热液活动的改造。

黔东南地区的金矿,尤其是大致顺层产出的微细浸染型金矿,多产于岩性主要为变质沉凝灰岩、凝灰质细—粉砂岩、粉砂岩、凝灰质板岩、粉砂质板岩的下江群清水江组,因而推断可能是火山沉积作用使其成为富金的矿源层。

三、被动大陆边缘相与成矿

南华纪—早古生代随着扬子古陆与华夏古陆的汇聚,南华裂谷海槽的萎缩,贵州东南部该时期远离裂谷边缘,南华纪反映出滨岸-陆棚相沉积,震旦纪—早古生代表现为台缘相、斜坡-盆地相沉积。贵州与被动大陆边缘相有关的成矿主要表现为离散、汇聚背景下的成矿作用。

1. 陆缘斜坡(裂陷盆地)亚相的锰矿

沉积成矿作用与被动大陆边缘离散构造背景控制的沉积盆地有关。早南华世锰矿的形成受控于岩相古地理和受大致等距离雁行排列的北东向(排列轴向近南北)构造影响,呈现若干沉陷小盆地,属大陆斜坡体系海相深水沉积,斜坡上与古断裂活动形成的构造脊(水下隆起)将斜坡分隔为脊内坡上局限盆地和脊外坡上盆地。脊内坡上局限盆地锰质不易散失,利于锰质聚集;脊外坡上盆地相对开阔,锰质分散,难以形成锰的工业矿床。

含锰岩系为南华系富禄组、大塘坡组,以碳质黏土岩为主,夹碳酸盐岩、凝灰岩、硅质岩等,锰矿石和硅质岩中含丰富的海相深水微生物化石。分布于都匀—瓮安—石阡—印江一线以东,已知有松桃县大塘坡、杨立掌、锅厂、举贤、大屋、石塘、黑水溪等 10 余处矿床(点),构成拥有数处大型矿床的矿田集中区,并仍具找矿潜力。在松桃—江口一线北西,含锰岩系一般厚 10m 以上,以碳质黏土岩为主,夹少量碳酸盐岩、中酸性凝灰岩及薄层硅质岩。松桃—江口南东与锦屏—榕江一线之间,以碳质黏土岩夹薄层硅质岩为主,局部夹透镜状碳酸锰矿,一般厚 5m 左右;锦屏—榕江一线南东,由碳质黏土岩、硅质岩、碳酸盐岩交互组成,含矿岩系厚2~3m,未见碳酸锰矿,但各类岩石均含锰质,常次生富集成氧化锰矿。

锰矿体呈似层状、透镜状产于含锰岩系底部,为碳酸锰矿,矿石矿物主要有菱锰矿、钙菱锰矿、锰方解石、锰白云石等,在一个矿床中大致从中心向边缘有由菱锰矿-钙菱锰矿向锰方解石-锰白云石的变化趋势。在平面上,从北向南大致呈现菱锰矿-钙菱锰矿、钙菱锰矿-锰方解石、锰方解石-锰白云石的组合系列分布态势,属低铁高磷贫锰酸性矿石。

含锰岩系中有火山喷出的凝灰物质,碳酸锰矿石和碳质黏土岩的锶同位素组成指示成锰时期有火山物质加入,测温资料反映沉积成锰的热水温度为194℃。因而判断锰矿形成应与火山喷发有一定的关系,成因类型归于喷流沉积矿床。成锰时期由于还原环境微生物群落的存在,造成有机质高度富集,在整个络合过程中最大程度地提高了对Mn等元素的吸附作用,使锰聚集于腐泥物中,再经一系列化学和生物化学作用,最终沉淀形成了碳酸锰。

关于"大塘坡式"锰质的来源,主要有大陆风化来源、海底火山来源、渗流热卤水来源或多来源等观点。而关于"大塘坡式"锰矿的成因,前人做过较多研究,主要集中在20世纪80年代。但一直存在热水成因、生物成因或化学成因的争议。因此,"大塘坡式"锰矿的成因和形成环境一直未能形成较为统一的认识。近年来,周琦、杜远生等(2013)在系统分析研究现代天然气渗漏——冷泉和冷泉碳酸盐岩的理论中得到启示,将今论古,特别是菱锰矿中具有较为典型的天然气渗漏的结构、构造和冷泉碳酸盐岩矿物特征及碳同位素负偏、有机地球化学等方面的特征,提出的古天然气渗漏导致菱锰矿形成的冷泉碳酸盐岩成岩成矿模式,是"大塘坡式"锰矿研究的重要进展,这一研究成果较好地解释了锰矿的深水沉积与浅水沉积的矛盾,解释了过去成矿理论中菱锰矿的沉积环境与生物生存环境相矛盾的原因。

2. 边缘斜坡(盆地)亚相的重晶石矿

天柱县大河边超大型重晶石矿床,处于北东向同沉积断裂带与东西向修文断裂带的交会部位,向北东进入湖南,在同一向斜中还有新晃贡溪重晶石矿床。含矿岩系为震旦系—寒武系老堡组,底部以黑色薄层状硅质岩与下伏下震旦统陡山沱组分界,顶部以含重晶石硅质磷质结核泥岩与上覆下寒武统牛蹄塘组分界。

矿层赋存于含矿岩系上部,可划分为上、中、下3部分:上部多为条纹状矿石,厚0.5~1.5m,稳定性较好;中部为碳酸盐岩-硫化物-重晶石层,品位低,一般作夹石处理;下部多为浅色块状矿石,厚1~4m,在矿床中段及南西段较发育,北东段尖灭。矿石矿物组分以灰—深灰色重晶石为主,伴有少量方解石、石英、泥质、碳质、黄铁矿、闪锌矿、绢云母及盐类,矿石结构以他形粒状、片状、镶嵌状为主,花岗变晶结构次之,偶见斑杂状及溶蚀结构。

重晶石矿产出似受北东向同沉积断裂带控制,依地质特征判断,成因类型似属喷流沉积矿床。

3. 边缘斜坡(盆地)亚相的镍钼钒矿

下寒武统牛蹄塘组底部黑色岩系中产出的镍钼钒矿,在该层位出露地区普遍见及。寒武系底部广泛发育富Ni、Mo、V、Cu、U、Ba和Ag等元素的含硫化物黑色页岩层,天柱、三穗地区以富集V元素为主。近年来,在贵州岑巩注溪、湖南吉首均发现超百万吨级大型钒矿床,其成因类型多属喷流沉积矿床。

4. 碳酸盐岩台地边缘亚相的铅锌矿

福泉—都匀、镇远—三都、松桃—玉屏、沿河一带铅锌矿有一定的赋矿地层,主要赋存于清虚洞组、红花园组、望城坡组鲕粒白云岩、细晶白云岩、生物白云岩、晶洞白云岩中。矿体呈似层状、透镜状产出。矿床主要受断层及层间破碎带的有利岩性控制,远离断层,矿体的厚度变小,铅锌品位变贫,反映为断裂型铅锌矿,含矿岩石为断裂破碎带的构造岩,为层控内生型矿床。

本区的铅锌矿床由于断裂作用,形成沉积盆地。热源、物源沿断层上升,为盆地沉积提供物质补给,产生 Zn、Cd 等元素高背景值沉积层,可能为成矿的矿源层。沉积盆地周缘形成的主要是开阔海台地、半局限海台地、局限海台地,在清虚洞组、红花园组、望城坡组形成潮下低能带泥质白云岩、页岩沉积,为成矿提供了储、盖条件,准备了成矿空间。由于构造运动,在清虚洞组、红花园组、望城坡组中形成褶曲、断裂、碎裂岩带。当与构造运动伴随的热源、物源沿构造通道上升时,改造矿源层,成矿物质运移到上述构造中成矿。矿床明显受岩性控制,清虚洞组、红花园组、望城坡组岩层厚,晶粒粗,性脆,易碎裂等特点,提供了良好的容矿空间。后期的沉积地层对成矿起盖层和次盖层作用,使含矿组分不致逸失而聚积成矿。鲕粒白云岩、细晶白云岩、生物白云岩、晶洞白云岩建造对成矿的控制作用明显。

松桃-玉屏、沿河铅锌矿主要受清虚洞组、敖溪组、娄山关组第一段的碳酸盐岩建造控制,同时受褶皱和构造控制,反映层控内生型矿床的特点。

早寒武世—中晚寒武世,玉屏—松桃—沿河一带表现为台缘相沉积特征,清虚洞组、敖溪组、娄山关组第一段形成一套含藻细晶灰岩、角砾状白云岩、鲕状灰岩沉积。这些岩石由于存在较大的孔隙率,在成岩后热液作用下,特别是热液由下而上活动时,热液沿孔隙较高的藻细晶灰岩、角砾状白云岩、鲕状灰岩层流动并发生蚀变和成矿作用。后期的构造作用伴随的热源、物源沿构造上升时,改造矿源层,成矿物质运移到破碎带中成矿。上述表明含藻细晶灰岩、角砾状白云岩、鲕状灰岩建造与成矿有密切的关系。

贵定-都匀铅锌矿产于泥盆纪地层中,泥盆纪铅锌矿多为同生沉积-弱改造型层控铅锌矿床,矿床的形成与同沉积断层及其控制的沉积环境关系密切。由于西南右江地区的裂谷活动,区内形成了近东西向和北西向同沉积断层。这些断层切割至地壳的深部,有的甚至深切地幔,成为矿质向盆地运移、排放的通道。矿液排放到盆地中后,聚集在礁后相对平静的滞水环境中。在生物礁的屏蔽和保护下与生物活动产生的 H_2S 相互作用,沉淀成矿,形成同生沉积矿床。随着泥盆纪由南向北的海侵,海水渐渐向北浸漫,适于生物礁生长的海域也逐渐向北迁移,造成区内自南向北泥盆纪铅锌矿含矿层位逐渐抬高。同时,地下水热液改造先期形成的同沉积矿床使得局部富集成矿。贵定-都匀铅锌矿地质特征概括为:成矿时代与含矿层位年代基本一致,矿体呈层状、似层状产出,产状与围岩基本一致。矿石组构以草莓状结构、纹层状构造为特征,金属矿物主要为闪锌矿,其次为方铅矿、菱锌矿、黄铁矿等,非金属矿物主要为白云岩,少有石英、方解石、重晶石等。同位素测试资料显示铅以壳源为主,硫主要源于沉积岩层,部分源于地幔。半边街和竹林沟矿床 Rb-Sr 同位素测年显示铅锌成矿时代在 378Ma 左右,独山下令当铅锌矿床的铅同位素测试年龄(Φ 值年龄)为 392Ma,均与含矿地层年代基本一致,属准同生沉积型铅锌矿床,认为是喷流沉积作用的结果(陈国勇等,2015)。裴愉卓等(1998)也指出此泥盆系地层显示为 Sb、Sn、Pb、Zn 等元素地球化学异常层。

5. 边缘斜坡-盆地亚相的汞矿

万山地区、务川地区汞矿床主要产出于寒武系中,且以敖溪组(万山)、清虚洞组(务川)为主。从早古生代开始位于裂谷盆地边缘地带,寒武系属斜坡沉积岩系。赋矿地层从下至上,岩性组合规律性明显,赋存汞矿的岩系包括层纹状白云岩、灰岩,以及具有微弱汞矿化的变晶白云岩、细晶白云岩。构造是热液流通及矿体空间分布的控制条件。热液、天水顺断裂及含水层流通,形成天然的循环系统,矿体主要赋存在断裂两侧含矿层及层间断裂带中,构成纵向多含矿层、水平方向成带产出的格局。地下热卤水在环流过程中不断地把矿源层即含矿层中的矿质溶出,深部高温的热液向上流动,由于地温的降低和天水的参与而温度逐渐降低又返回深部,形成反复对流的过程,最后在最佳的温度区间及有利的地层、岩性、构造部位形成环流中心、漩涡,即成矿中心,形成工业矿体。

岩性在成矿过程中起着多方面的作用,诸如引导热液的流通方向,决定矿质聚集场所,影响构造的发育程度及分布,制约充填、交代等成矿作用的发生发展;某些特定的岩石直接参与成矿作用,如层纹状白云岩、灰岩在交代过程中产生大量 CO_2 气体,可以促成辰砂的持续沉淀等。

三都-丹寨地区汞矿赋矿层位为中上寒武统都柳江组、杨家湾组、三都组及下奥陶统锅塘组,主要岩性为以砾屑—砂屑碳酸盐岩、层纹状—条带状含陆源碎屑碳酸盐岩及富含有机质的黏土岩、粉砂岩及泥岩等为主的一套碳酸盐岩台地边缘相沉积建造。本类型汞矿产出具有多层位性及多相位性,即从中寒武统三都组台地盆缘斜坡相—下奥陶统锅塘组及杨家湾组盆缘斜坡相等均有汞矿床(点)分布或矿化显示。但其主要层位为中寒武统杨家湾组及下奥陶统锅塘组的条带状白云岩、白云质灰岩与薄层状黏土岩组合地段;汞矿产出空间部位受构造控制明显,主要与燕山期古构造关系密切,矿田和矿床由背向斜、主干断裂、层间断裂分级控制;汞矿是以碳酸盐岩为主容矿围岩的超显微浸染型热液渗滤矿床;矿化对构造和岩性有明显的选择性,表现为受构造及岩性复合控矿。

6. 边缘斜坡-盆地亚相的磷矿

磷矿主要赋存于下震旦统陡山沱组、老堡组,反映为沉积型矿产。陡山沱期丹寨地区为初始台地相,沉积物为结晶白云岩和藻白云岩及台地前缘缓斜坡相的硅质岩夹碳质页岩和磷块岩;梅树村期海平面上升,由于位于氧化界面以下,相对覆水深,水体安静,沉积了一套黑色薄层状隐晶质硅质岩,间夹少量黑色碳质黏土岩及结核状磷块岩,底部为似层透镜状新华式磷块岩,并伴生有 U、V 等有益元素。矿石组分以胶磷矿为主,含少量泥质、黄铁矿及闪锌矿等。上述两个时期,均表现为上升洋流活动期,富含有机组分及 SiO_2 和 P_2O_5 的海水上涌进入,在初始台地-前缘缓斜坡-陆棚边缘盆地聚磷。磷矿主要受粉砂岩-白云岩-磷块岩-硅质岩沉积建造控制,对成矿的控制作用明显。

7. 边缘斜坡-盆地碎屑岩亚相的锑矿

以独山县半坡大型锑矿床为代表的碎屑岩型锑矿床,是贵州主要的锑成矿地域之一。

广西运动之后,江南古陆的新元古代浅变质岩系经历了较长时期的剥蚀,为沉积盆地提供了充足的矿质。被动边缘斜坡-盆地东缘出露的下—中泥盆统不同层位地球化学检测结果显示,具有 Sb 元素高丰度地层异常场特征,Sb 品位分别达到 $60×10^{-6}$、$200×10^{-6}$ 和 $380×10^{-6}$,构成矿源层。含矿地层主要是假整合于下志留统之上的下泥盆统丹林组灰色厚层状中—细粒石英砂岩,碎屑成分以石英颗粒为主,占 90% 以上,次为硅质岩屑,矿体多沿断裂呈脉状产出。矿石矿物主要是辉锑矿,其他金属矿物主要是黄铁矿,围岩蚀变主要为强硅化。25 件辉锑矿样品测试的 $\delta^{34}S$ 为 5.6‰~7.51‰,平均为 6.51‰,呈塔式分布,成矿温度为 185~270℃,平均为 220℃。依矿床特征判断,成因类型似属层控沉积-热液改造、叠加矿床。

四、陆表海相与成矿

(一)与碎屑岩陆表海亚相有关的矿床

1. 近滨至远滨石英砂岩铁矿床

该类型铁矿床主要分布在黔南都匀、独山、三都地区,即"都匀式"铁矿,成因类型属滨海相沉积矿床。含矿岩系为邦寨组第一段,由石英砂岩、砂质泥岩、钙质砂泥岩、含铁砂岩、含铁泥岩及 1~3 层铁矿组成,厚 10~30m,与下伏龙洞水组和上覆邦寨组第二段均呈整合接触。

铁矿呈层状、似层状和透镜状产出,以下部层位稳定性好,分布最广,厚度一般 0.5~2m,最厚

4.7m,时夹数十厘米厚的含铁砂岩或含铁泥岩,局部还相变为铁质砂岩。矿层顶、底板多为含铁砂岩、砂岩、含铁泥岩或泥岩。当矿层顶、底板为含铁砂岩或砂岩时,矿层厚度较大,矿石品位变贫,钙镁质成分减少;矿层顶、底板为含铁泥岩或含碳酸盐类砂岩时,矿层厚度一般较小,矿石品位相对较富,钙镁质成分增高。

矿石矿物主要是赤铁矿,其次是铁绿泥石和褐铁矿,脉石矿物主要是鲕泥质和石英。矿石主要具隐晶、鲕状结构,致密、半致密块状构造。矿石化学组分:TFe 22%~41%、一般 25%~31%,SiO_2 12%~65%、一般 35%~45%,Al_2O_3 3.21%~12.50%、一般 4%~9%,CaO 1%~15%、一般 3%~8%,MgO 0.5%~5.5%、一般 0.5%~1.5%,S 0.005%~0.06%、一般 0.007%~0.02%,P 0.15%~0.50%、一般 0.2%~0.4%。

中泥盆世大河口时在典型的湿热型气候下,长期处于剥蚀状态下的黔中古陆发生强烈的化学风化作用,产生大量的赤铁矿胶体,并以悬浮物的形式被流水带入陆表浅海,前滨海相具有强烈搅动的水动力能量,在悬浮状态下,赤铁矿以细砂—粉砂质颗粒为核心,以化学或生物化学的方式沉积形成鲕绿泥石-鲕状赤铁矿-菱铁矿石和生物遗骸,再经波浪与潮汐水流的搬运改造和富集,最终在近滨相至远滨相上部成矿。

分布在凯里、麻江、福泉、瓮安等县(市)内的"苦李井式"铁矿产于中二叠统梁山组,含铁岩系由上而下分为:上部杂色页岩、灰绿色砂岩、灰—灰绿色薄—中厚层状石英砂岩及碳质页岩,底部夹可采煤一层;中部浅灰—深灰色铝土岩、铝土页岩,偶含少量植物化石碎片及黄铁矿、砂岩结核;下部铝土页岩、菱铁矿透镜体、铝土岩,含黄铁矿,底部含层厚不稳定的高岭土。总厚0~60m,南厚北薄。含铁岩系与上覆中二叠统栖霞组灰岩呈整合接触;与下伏上石炭统—下二叠统马平组直至寒武系—奥陶系娄山关组呈平行不整合接触,即含铁岩系超覆在不同时代地层之上,稳定性差,厚度变化大,仅在凯里苦李井、鱼洞等地厚8~30m,菱铁矿结核较密集,构成"苦李井式"铁矿主要分布地区。

矿体由大小不等的结核状和小透镜状菱铁矿组成,相互重叠夹于铝土页岩中,矿体长一般数百米至2 000余米,一般厚1~3m。矿体厚度受下伏古侵蚀面起伏的控制,古侵蚀面凸起处厚度变薄或成无矿"天窗",凹下处厚度增大。矿石矿物组分主要是菱铁矿,次有鲕绿泥石和鳞绿泥石,具细晶粒状、鲕状、胶状结构,块状构造。化学组分:TFe 25%~35%,Al_2O_3 7%~12%,SiO_2 12%~23%,CaO 2%~3%,Mg、Mn 0.16%~0.38,S 0.47%~0.88%,P 0.008%~0.014%,均属贫矿石。晚泥盆世沉积之后,该区上升为陆遭受剥蚀,在准平原化阶段,低凹地带,由地表水汇集而形成淡水湖泊,古风化壳为铁矿形成提供了丰富的物质基础。"苦李井式"铁矿由菱铁矿呈大小不等的结核密集组成小透镜体,重叠夹于铝土页岩中,菱铁矿结核形成在湿热气候条件下,湖水相对较深的低能带还原环境中。

梁山组含(煤)铁岩系的分布和岩性特征表明,贵州中二叠世栖霞早期,海水由南向北侵入,逐渐淹没了黔北广大地区,致使黔南碳酸盐岩台地的北部,浅水潟湖和沼泽广布,从而形成了一套滨海湖沼相含铁碎屑沉积岩。梁山组中的铁矿富集同样受含铁岩系下伏古岩溶面起伏严格控制,古岩溶面凹下处,矿体厚度增大,含矿岩系增厚,矿石品位变富;反之,厚度减小,含矿岩系数变低,品位变贫。

2. 海陆交互陆表海亚相的硫铁矿、稀土矿

黔北地区硫铁矿资源分布广、蕴藏量大,属海陆交互相滨海潮坪沼泽环境。含矿岩系主要在两个层位产出,即栖霞期梁山组底部与上二叠统龙潭组底部。由西向东含矿岩系的岩石组合依次为:含凝灰质泥岩-泥岩-硫铁矿-煤层组合;泥岩-碳质泥岩-煤层及硫铁矿(上部为"黑矿",下部为"白矿")组合;碳质泥岩夹煤层-铝土质泥岩-铝土矿-硫铁矿组合。厚度逐渐增厚并含较多的碳质和植物碎片。矿石成分主要为硫铁矿,其次为白铁矿,少量胶硫铁矿。脉石成分主要为高岭石黏土矿物及少量玄武岩屑、方解石、石英、绿泥石、蒙脱石、水铝石、白云石、碳质及有机质等。

黔西北地区沉积型硫铁矿含矿岩系位于龙潭组底部,茅口组不整合侵蚀面之上,局部地区分布于峨眉山玄武岩之上,主要由沉凝灰岩、凝灰岩、玄武质火山角砾岩组成。一般由上而下可分为:灰白色含菱铁矿鲕粒灰岩;灰白色角砾状凝灰岩;紫红色玄武质凝灰岩;浅灰色玄武质火山角砾岩;浅灰色豆状沉凝灰岩。上述岩石多被黏土岩化。硫铁矿分散产于整个含矿岩系中,以底部最为富集。矿体呈层状、似层状、囊状、鸡窝状等;矿体(层)厚度受底板古岩溶面控制,古岩溶面凹陷处矿层厚,凸起处矿层薄,乃至尖灭。矿石成分主要为硫铁矿,偶见白铁矿、菱铁矿及黄铁矿、闪锌矿等。脉石主要为火山碎屑岩蚀变黏土类矿物高岭石、水绿泥石、水云母等,其次为陆源碎屑物及泥质、有机质等。

黄铁矿硫同位素测试结果显示,硫主要来自海水硫酸盐,玄武质岩石黏土化析出的铁可作为形成黄铁矿的一部分,可能还有喷流作用提供的铁,矿床成因类型似可归于喷流沉积-正常沉积矿床。

在盘县、水城、威宁和赫章地区宣威组底部,产出有以含铌为主的稀有金属矿床,构成黔西北铌、钪、稀土富集区,其层位稳定,分布面积大,有较大的找矿潜力。

3. 海陆交互陆表海亚相的煤矿床

煤矿产于海陆交互陆表海亚相的含煤泥砂岩组合和沼泽含煤黏土岩粉砂岩组合中,广泛分布于黔西北地区,为贵州省主要含煤地层。

1)下石炭统祥摆组含煤岩系

该层位含煤岩系主要分布在威宁石门坎、云贵桥、赫章张口洞,以及纳雍—黔西—福泉—三都一线的西南地区,主要是威宁、都匀、荔波等地区。下石炭统祥摆组含煤岩系由灰色、灰黄色、灰白色薄—中厚层状石英砂岩,灰黑色、黑色、黄褐色页岩、砂质页岩、碳质页岩,以及煤层、煤线等组成。

各地区含煤岩系的岩性、岩相、厚度有所变化,沉积环境各异,因而含煤性相差很大。晚古生代断陷盆地沉降中心的山王庙等地,水体较深,碎屑相对较少,碳酸盐岩夹层相对较多,沉积煤层的条件相对较差,煤层较少、厚度较薄;向北东和南西两侧靠近台地的地带,随水体变浅煤层逐渐增多、增厚,含煤岩系厚250m左右,含煤6层,煤层总厚3.4m,其中可采煤2层,可采煤厚2.2m;再继续向两侧随碎屑岩的碎屑粒度增大,含煤也逐渐变差乃至煤层尖灭。都匀—独山—惠水一带,在惠水以北煤层总厚0.3~2.1m,平均0.7m;麻江大良田煤系厚200m左右,含煤1~8层,煤层总厚0.8~8.9m,一般1.79~3.4m,可采煤2层,可采煤层厚1.5m;都匀丙麻煤系厚150m,含煤2层,总厚1.7m,可采煤1层,厚1.2m。荔波茂兰地区煤系厚210m,含煤1~9层,总厚0.9~4.8m,可采煤1~2层,总厚2.3~3.0m。黎平榕江一带处于江南古陆东侧,属滨海环境,沉积物主要为砂、砾岩,厚4m,无煤形成。

2)中二叠统梁山组含煤岩系

中二叠统梁山组含煤岩系分布于黔东、黔北和黔西地区,含煤岩系由滨海沼泽及其他泥炭沼泽相黏土岩、碳质页岩、石英砂岩及含铁岩石、煤层等组成,在古地理环境相对浅水且具备陆源补给的地区,方有可能形成可采煤层。含煤0~9层,煤层多呈长数十米至数千米的透镜状,层状产出,多为极薄煤层或薄煤层,局部为中厚煤层,厚度变化大,为0.02~3.46m,一般0.1~1.0m。

煤的成因类型属陆植煤,煤岩类型主要为亮煤型,混合亮暗煤、丝炭亮暗煤亚型。煤层变质程度从肥气煤到无烟煤均有,各种牌号的煤沿古陆两侧大致呈北东向有规律地展布。变质程度低的肥煤-肥气煤或焦煤带,紧靠古陆两侧分布,向外依次出现焦煤→瘦煤→贫煤→无烟煤。

3)上二叠统含煤岩系

晚二叠世是贵州主要的聚煤期,形成的煤矿遍及贵州广大地区,除浅海台地边缘及后期剥蚀区无煤外,全省大部分地区均有分布。由于成煤环境不同,形成了陆相宣威组、海陆交互相龙潭组和浅海相合山组3种含煤岩系类型,其煤层的产出特征也有差异。

(1)宣威组:仅分布在威宁地区,为覆于峨眉山玄武岩之上、伏于下三叠统之下的一套陆相含煤碎屑岩。其下部为深灰色、灰绿色黏土岩,含膏盐假晶,盛产羊齿类化石;上部则由砾岩或含砾砂岩、斜层理岩屑砂岩、粉砂岩、黏土岩、碳质黏土岩及煤层等组成。含煤岩系东厚西薄,厚度一般150m左右,在威宁三道河、四龙厂一带缺失,下三叠统直接覆于峨眉山玄武岩之上。煤层集中于含煤岩系上部,一般2~4层,可采和局部可采煤1~2层,以顶部一层稳定性好,厚0.4~2m,一般0.54~0.75m。成因类型属陆植煤,煤岩类型为亮煤质暗煤型或树皮质暗煤-混合暗煤亚型,煤种属肥焦煤、焦煤、贫煤。

(2)龙潭组:分布面积广、含煤性好,成为贵州省内的富煤区,尤以六盘水地区为最,构成最佳富煤带。含煤岩系属海陆交互相沉积类型,由砂岩、粉砂岩、钙质砂岩、砂质黏土岩、黏土岩、铝土质黏土岩、碳质黏土岩、凝灰质黏土岩、钙质黏土岩、燧石灰岩、泥灰岩及煤层等组成。习水、桐梓、遵义以北一带,含煤岩系厚50~200m,一般100m左右,含煤3~32层,可采煤1~8层,可采煤总厚1.50~9.61m;六盘水及安顺一带,含煤岩系厚300~500m,含煤50~101层,可采煤2~30层,可采煤总厚2~37m。成因类型属陆植煤,宏观煤岩类型以半亮煤为主,其次为半暗或全暗煤,煤种为肥煤-无烟煤。

(3)合山组:分布于晴隆—遵义一线以东地区,含煤岩系以浅水碳酸盐岩为主,夹少量细碎屑岩,生物化石以动物为主,偶见植物化石碎片。煤层多集中于含煤岩系上部,含煤5~13层,煤层总厚3~9m,含煤系数0.01~0.025;可采2~5层,可采煤总厚3~5m。成因类型属陆植煤、腐植煤,宏观煤岩类型以半亮煤为主,其次为半暗煤,煤种为焦煤、贫煤、无烟煤。

产于上二叠统的煤层变质程度总体表现为:由北东向盘县-贵阳-梵净山北缘断裂带与北西向水城-紫云断裂带组成的"X"形的南、北两个象限,基本上为无烟煤;东、西两个象限基本上为烟煤。

晚二叠世聚煤盆地为一个西高东低的缓倾斜聚煤坳陷盆地,由东向西受海水的影响逐步减弱,属滨海煤田古地理类型,可进一步细分为浅海亚型、滨海过渡亚型和滨海冲积平原亚型,相应形成了浅海台地硫酸盐岩型含煤沉积区、滨海过渡带碎屑岩含煤沉积区和陆源陆相碎屑岩含煤沉积区。六盘水富煤带位于滨海过渡带碎屑岩含煤沉积区,并且处于由水城-紫云和垭都两条北西向断裂带之间的地堑式断陷盆地中,地势平坦、气候潮湿、羊齿类植物繁茂,形成潟湖、潮坪、沙滩及沙洲等含煤岩系的沉积相组合,海相层不发育,说明在一般海侵时不受影响,只有较高水位的海侵才能淹没沼泽,因而聚煤作用得以长期持续,形成煤属多、厚度大的富煤带,同时还含煤气。由于垭都断裂带向南东延伸较短,至纳雍以西即转为东西向,故北西向的地堑式断陷盆地在纳雍附近的东南部,聚煤环境发生变化,至安顺附近海侵影响加剧,碎屑岩向碳酸盐岩过渡的含煤沉积区,煤层显著减少,厚度亦变薄。

4. 海陆交互陆表海亚相的铝土矿床

贵州清镇-修文地区猫场式铝土矿严格受地层层位和岩性的控制,矿体呈层状或似层状产于古风化壳沉积含矿岩系中,属古风化壳沉积型铝土矿。

铝土矿的形成属外生成矿作用。早石炭世晚期,黔中寒武纪—奥陶纪碳酸盐岩基底隆起,形成岩溶地貌,如岩溶丘陵、岩溶山地、溶盆、洼地、漏斗等。山地、丘陵上部覆盖层经风化剥蚀,随地表水流搬运,向溶蚀盆、洼地注入填积,经重碳酸钙型水或碳酸钙水(pH=7.5左右)的水解、改造或地表水的"去硅排铁"改造,使铝硅酸盐化物渐变成铝土矿。该区铝土矿床的形成经历了长期多阶段的发展、演化,其形成过程大致可分为5个阶段。

(1)基底抬升阶段:中奥陶世的构造运动使黔中隆起,铝土矿层基底暴露,发生风化、剥蚀、夷平,形成大量氧化铁和三氧化二铝碎屑物质。基底的抬升和夷平是成矿的物质准备阶段。

(2)基底喀斯特化及古风化壳形成就位阶段:泥盆纪黔中演化构成内陆喀斯特平原,在喀斯特化过程中,古风化壳形成,粗碎屑物质变细并发生水解,在喀斯特地貌单元,如湖盆、溶洼等地貌中就位,奠定了成矿的基础。

(3)铝土化阶段:早石炭世开始,该区的湿热气候条件有利于红土风化壳的形成和溶滤迁移再堆积。

该阶段黏土矿物继续分解,使氧化铝和氧化硅发生分离,达到"去硅、富铝"的矿化作用。

(4)"脱硅、去铁"纯化阶段:早石炭世晚期红土风化进一步深化"脱硅、去铁、排碱及碱土金属"作用,在堆积的溶盆、溶洼内通过渗滤作用使成矿元素重新组合、分配,有利于成矿组分 Al_2O_3 的富集,并使 K、Ca、Mg、Si、Fe 等元素流失。早期成岩阶段交代充填、重结晶作用,也促进了物质组分的重新调整,起到富化作用。

(5)表生富集阶段:燕山期发生强烈的构造运动,褶皱、断裂极其发育,并使铝土矿层暴露地表。在表生作用下,铁质流失,使铝土矿次生褪色变白,并次生高岭土化,矿石表面蜂窝化,孔隙度加大,极有利于矿石的纯化。该阶段延续至今,在构造有利条件下,形成溶斗富矿。

九架炉组铁铝矿岩系下部为铁矿岩系,上部为铝矿岩系。铁矿岩系稳定性差,修文以南尚可普遍见及,修文以北则变化很大;铝矿岩系较稳定,仅在底板岩溶凸起部位缺失。铁铝矿岩系厚 $0\sim90m$,一般 $5\sim20m$。下伏地层在乌江以南的清镇、修文、开阳、息烽等黔中地区,多为寒武系清虚洞组—娄山关组,与超覆之上的含矿岩系之间具有相当长的风化作用时间,成矿条件最为优越;而在乌江以北的遵义地区,下伏地层多为奥陶系桐梓组、红花园组,成矿条件稍差一些。铝土矿多呈层状透镜体产出,单个矿体长 $20\sim3000m$,一般 $500\sim1500m$,厚 $0.13\sim29.09m$,一般 $2\sim5m$。矿石矿物组分主要是一水硬铝石。化学组分:Al_2O_3 $40.74\%\sim82.49\%$、一般 $60\%\sim70\%$,SiO_2 $0.29\%\sim26.34\%$、一般 $8\%\sim15\%$,铝硅比值 $2.1\%\sim78.0\%$、一般 $4\%\sim8\%$。铝土矿层顶、底板的黏土岩(即通称的"铝土岩"),均达硬质耐火黏土要求。铁矿体呈似层状、透镜状产出,长一般 $100m$ 至数百米,厚一般 $0.5\sim2m$。由密集的大小不等的致密块状赤铁矿小透镜体或结核群组成。矿石矿物组分主要是赤铁矿。主要化学组分:TFe $45\%\sim68\%$,Al_2O_3 $4\%\sim29\%$、一般 $10\%\sim13\%$,SiO_2 $4\%\sim23\%$、一般 $10\%\sim15\%$。在九架炉组含铝岩系中,伴生钪、锂、镓稀散金属矿产,其资源分布广,潜在资源量大,构成黔中钪、锂、镓成矿富集区。

务川-正安-道真地区大竹园式铝土矿严格受地层层位和岩性的控制,矿体呈层状或似层状产于含矿岩系中,区内铝土矿属古风化壳异地沉积型矿床。黔北铝土矿的基底岩层有下志留统韩家店组粉砂质泥页岩和上石炭统黄龙组灰岩两类,二者风化剥蚀的结果,对铝土矿的成生所起的作用是不同的。

黄龙组灰岩是贵州晚石炭世开始的海侵沿着隆升的黔北大陆之低凹缺口进入本区洼地而沉积的。经测试灰岩风化溶蚀后的残留物含铝甚微,不具成矿意义;而灰岩风化溶蚀的结果主要是提供成矿物质搬运的通道和聚积成矿的有利空间。韩家店组粉砂质泥页主要由水云母、粉砂、石英以及少量中黏土质、铁质、绿泥石、斜长石和黄铁矿组成,岩石含 Al_2O_3 $16.16\%\sim29.45\%$,SiO_2 $34.98\%\sim59.24\%$,Fe_2O_3 $1.87\%\sim11.54\%$,具备了风化成矿的物质条件,是本区铝土矿主要的成矿母岩。同时,这种物质组合也是岩石在水介质的参与下,风化剥蚀作用得以不断深入的内在因素。成矿母岩自地表浅部渐次至深部接受长时期的风化剥蚀,历经寒、热、干、湿的氧化、溶解与冲刷,结果发生了两个显著而重要的变化:一是铝硅分离,相当部分硅质流失,铝硅比值逐步提高,最终形成铝土矿质;二是大部分钾、铁质流失,降低了铝土矿质有害杂质的含量。其中,各促导因素既并行存在但又因地而异、殊途同归,由此完成水云母向三水铝石、一水软铝石的转变,即水云母→高岭石→含铝矿物的转变。

母岩的风化成矿作用必须伴随不断的冲刷和搬运,周而复始,才能使下部的弱氧化带上升成为地表浅部的弱氧化带,为铝土矿质的形成提供源源不断的矿物质。从铝土矿的风化剥蚀区到汇水湖盆,沉积作用呈现由残坡积→冲积→湖泊沉积的推进,铝土矿的质量与沉积规模亦愈进愈好、愈大。而铝土矿沉积期的岩系剖面却有含矿和无矿两类,后者是沉积分异的结果,与所处古地理环境有关;前者的岩系剖面一般都为二元结构:下部黏土岩,上部铝土矿和铝土岩,表明沉积作用的早期,成矿母岩风化不剧烈,搬运沉积的只能是黏土质细屑。之后,随着时间的推进,风化作用向纵深发展,富铝碎屑物质形成愈丰,因而造就上部的铝土矿和铝土岩。

此后,区内含矿岩系中偶有碳质层的沉积,这是局部汇水区因水体不稳定而导致间隔性的封闭或半封闭环境,进而沼泽化的结果,对铝土矿的形成影响不大。再者,表生熟化作用多使矿体中的铁、硫质流失,有助于地表浅部铝土矿的优质化。

务(川)-正(安)-道(真)地区铝土矿的含矿岩系为中二叠统大竹园组,含矿岩系下部为灰色、灰绿色、紫红色黏土岩、含黄铁矿黏土岩及绿泥石黏土岩、绿泥石岩,偶夹赤铁矿或菱铁矿透镜体、扁豆体和结核;中—上部为灰色、灰黄色半土状铝土矿、碎屑状铝土矿、铝土岩,偶见灰色鲕状铝土矿、灰绿色绿泥石铝土矿及灰色致密状铝土矿、黏土岩等,黏土矿物主要是伊利石,总厚0.78~13.20m。含矿岩系与上覆地层和下伏地层均呈平行不整合接触。上覆地层为中二叠统梁山组,下伏地层为下志留统韩家店组或上石炭统黄龙组。矿体呈层状、似层状产出,长多为数百米至数千米,宽数百米至千余米,厚0.67~5.50m。矿石矿物组分主要是一水硬铝石,化学组分 Al_2O_3 42.57%~81.17%,SiO_2 0.48%~22.02%,铝硅比值2.71~163.06。根据稀土元素分布模式对比研究,铝土矿与韩家店组黏土岩非常接近,表明韩家店组可能为铝土矿的形成提供了物源和储存空间,同时,黄龙组的岩溶洼地也为成矿物质提供了储存空间。铝土矿形成的岩相古地理环境,似为道真-正安裂陷湖盆浅湖、滨湖沼泽。在大竹园组含铝岩系中,伴生钪、锂、镓稀散金属矿产,其资源分布广,具有较好的找矿前景,构成黔北-渝南钪、锂、镓成矿富集区。

凯里地区鱼洞式沉积型铝土矿是炎热潮湿多雨气候条件下物化作用的结果。奥陶纪末的广西运动使凯里地区隆升为陆,基底母岩在 O_2、CO_2、H_2O 的作用下,原岩中的 K^+、Na^+、Ca^{2+}、Mg^{2+} 等被活化分解陆续带出基底母岩。古陆经长期稳定的风化溶蚀达到准溶原阶段,风化残留 Si、Fe、Al 的氧化物和氢氧化物聚集在侵蚀面上形成红黏土,富含 Fe、Al、Si 的红黏土为下一步铝、铁矿的形成准备了丰厚的物质基础。泥盆纪晚期,凯里、黄平、福泉一带处于黔桂海盆北东向的半局限台地海湾中,接受碳酸盐岩的沉积。至早石炭世早期由于紫云构造运动,地壳上升,凯里、黄平、福泉一带上升成陆,海水退至马场—麻江—丹寨一线。由于地壳的抬升,原古陆和后期抬升形成的陆地的地下水位降低,又开始新一轮基底母岩的溶蚀作用。长期的溶蚀作用使凯里地区隆起不断被夷平,由中期转入晚期,侧向溶蚀速度大于下切溶蚀速度。经过漫长的地质时期,溶坑溶凹发展成湖盆,外部形态趋近准溶原。凯里溶蚀湖是在古陆岩溶发育的基础上发展起来的,起初是彼此分离的各有排泄通道的溶坑、溶凹和漏斗,它们之间为初步富集的喀斯特型铝土矿和富铝铁的红黏土所充填。在侧向溶蚀作用下,不断扩展最终形成一个底部起伏不平、相互连通、多中心的溶蚀湖。新抬升成陆的海湾盆地,除保留原海底地貌以外,溶蚀作用沿着构造薄弱环节快速溶蚀,在原海盆洼地中形成新的漏斗,新老负地形为铝、铁矿的形成准备了赋矿场所。由于红黏土中首先析出 Fe^{3+} 被地表水搬运到盆、洼地和漏斗中,当含铁溶液的 pH 值在7左右和 Eh 值在0以下时,变价铁由高价铁氧化物变为低价铁氧化物,并逐渐富集起来达到饱和状态,在碱性还原条件下凝聚沉积形成菱铁矿。随着时间的推移,当充填物质超过氧化界面后,古陆上搬运来的铁质逐渐减少,铝质逐渐增多,经过相当长时间的充填,稳定的发展,含铝质溶液的 pH 值和 Eh 值不断改变,被搬运到盆、洼地、漏斗中,聚集成富含铝质溶液,同时地下水又带走部分 SiO_2,经沉积凝固,使氧化铝富集形成成铝土矿层。

5. 陆棚碎屑岩亚相的含钾岩石

含钾岩石广泛分布于黔北及黔东北地区,产于桐梓组下部,一般距底界8~12m。矿层为灰黄色、灰绿色、黄绿色水云母黏土岩,一般厚6~8m,最薄4.8m,最厚15.8m。矿物组分主要为水云母类黏土(65%~95%)、高岭石(5%~20%)、褐铁矿(5%~10%)、石英(1%~10%),含少量有机质及黄铁矿,偶见锐钛矿;矿石结构多为鳞片状,部分呈致密状、粉砂状;矿石构造主要为页片状、纹层状、薄层状,少部分呈块状。各矿点平均化学成分:K_2O 8.42%~10.86%,SiO_2 51.63%~59%,Al_2O_3 14%~19.94%,Fe_2O_3 6.7%~6.97%,MgO 1.12%~3.43%,一般小于2%,Na_2O 0.05%~0.12%,属贫矿石,可作生产钾肥的矿石原料。

(二) 与碳酸盐陆表海亚相有关的矿床

1. 碳酸盐岩台缘亚相的磷矿床

产于下震旦统陡山沱组/洋水组的磷矿主要分布在黔中开阳、息烽、瓮安、福泉以及黔北遵义、黔东南丹寨等地区，包括开阳洋水、瓮安白岩、福泉高坪、息烽温泉等多处大中型矿床，资源储量在全国各省（区、市）中位居第二，但优质富矿资源储量则居首位。陡山沱组和洋水组都处于台地相扬子地层区，黔中地区称为洋水组，其余地区称为陡山沱组。岩石组合主要是磷酸盐岩、硅质岩、碳酸盐岩，底部有一层稳定的细粒白云岩（帽白云岩），洋水组中尚富含磷质叠层石及微生物化石，控制了大而富的磷矿床分布。其中开阳、息烽地区的洋水组几乎全由隐藻磷块岩组成，是黔中磷矿富集区特殊的藻礁磷酸盐岩沉积类型。磷的直接来源是海源，前南华纪多发的磷丰度高的基性岩浆和岩浆期后气液活动为海水溶解磷质提供了丰富的物源。由于磷质溶解度与温度成反比，南华纪冰期大大增强了海水溶解磷质的能力，同时上翻洋流又将广阔海域的磷质输送到浅海台地区。之后的温度急剧上升，使海水溶解的磷质过饱和而沉积成矿。沿河—瓮安—贵阳一带在震旦纪早期处于台地边缘，其中开阳-瓮安地区构成浅滩环境，海水流畅又富含氧和有机质，生物作用强烈。由于凝胶磷块岩的沉积与藻类等生物活动关系密切，因而在浅滩及礁滩位区形成了黔中富磷区。

产于震旦系—寒武系灯影组的磷矿分布较陡山沱组/洋水组的磷矿更为广泛，但矿层厚度和储量规模较大者，主要是在务川—湄潭—瓮安一线以西的扬子区，已知有织金新华、打麻厂等大中型矿床。含磷岩系由含磷生物屑白云岩、磷块岩、泥硅质磷块岩、硅质岩、白云岩等组成，矿层产于含磷岩系底部。

磷矿石普遍含稀土元素，资源量具大型矿床规模，构成织金稀土矿富集区。磷矿及稀土矿矿体厚度大，含矿层位稳定，稀土矿除与磷矿层伴生产出之外，在含磷岩系之上的牛蹄塘组中还发现产于粉砂岩中的稀土矿，以重稀土钇为主，主要有用组分为 REO、Y_2O_3，并伴有低含量的 U、V、Ni、Co、Mo 等元素。所含稀土元素总量较高，轻、重稀土分布特征显著，具明显的 Ce 负异常，表明为典型海相沉积磷块岩，主要形成于陆缘海环境。多数样品具不明显的 Eu 正异常，部分样品出现较高的 Eu 正异常，δEu 最高 2.40，显示磷块岩在形成过程中可能有较高温度（>200℃）的强还原热液加入。

灯影组沉积晚期的梅树村期，处于扬子浅海台地西南隅的贵州中西部和北部，主要是潮间坪—潮上环境，不具大洋流通过的条件，且水介质运动频繁，磷矿的成矿背景欠佳，一般仅有较小规模的磷块岩矿层产出。织金—清镇间的生物丘（滩）位区覆水很浅，生物繁盛，丘（滩）间也有较为宁静的沉积地域，上翻洋流也可通过潮汐作用注入，成矿条件较好，故形成了织金新华、打麻厂等矿层厚度较大的磷块岩矿床。稀土元素的研究成果显示磷块岩沉积时似有海底喷流活动参与，织金新华等地可能处于喷口附近。

2. 碳酸盐岩台地亚相中的铁矿床

菱铁矿体主要产出层位为大河口组的上覆地层独山组鸡泡段及下伏地层龙洞水组、舒家坪组的碳酸盐岩中。矿体呈脉状、似层状产出，脉状矿体赋存于含矿层位的断层破碎带中，似层状矿体赋存于含矿层位的层间剥离带中。

泥盆纪时期，靠近黔中古陆的滨、浅海地带。在潮湿、温暖的气候下，长期隆起的古陆上化学风化作用异常活跃，风化后丰富铁质被带入邻近的滨、浅海湾——滇-黔滨浅海湾，在现在的铁矿山、菜园子、雄雄戛一带，形成规模巨大的沉积鲕状铁矿层和沉积铁矿含矿岩系以及其上覆、下伏含铁碳酸盐岩层，这些富含铁质的碳酸盐岩层构成了菱铁矿的矿源层。这些矿源层为菱铁矿的形成提供了物质基础。经历漫长的沉积-成岩作用后形成的矿源层在碱性还原环境（pH>7，Eh<0）中保留下来。由于菱铁矿具有

以下特性:菱铁矿在酸和弱酸性溶液中是可溶的,极易迁移,当 pH 值升高(pH>7)可发生 $FeCO_3$ 沉淀,在氧化条件下或温度升高时,即转变为 Fe_2O_3、Fe_3O_4;当其他条件不变时,温度升高可从溶液 $Fe(HCO_3)_2$ 中析出 $FeCO_3$;菱铁矿在有 CO_2 渗入的溶液中溶解为 $Fe(HCO_3)_2$,上述过程是可逆的。因此,菱铁矿的形成必须具备合适的氧化还原环境、温度、压力、有机质的含量等条件。中晚二叠世时期,峨眉地幔热柱受上隆活动达到顶峰,发生了大规模玄武岩岩浆喷溢及辉绿岩岩浆侵入。矿源层温度显著上升,含矿溶液活性急剧加强,从矿源层中萃取了大量的成矿物质,此后溶液与溶液、溶液与围岩发生复杂的物理化学作用、生物化学作用并沿构造通道迁移富集。晚白垩世的燕山运动使晚白垩世以前的地层普遍发生褶皱断裂,构造应力转变的热能驱动含矿溶液沿导矿构造迁移至合适的容矿空间叠加、改造、再富集。

3. 陆棚碳酸盐岩台地亚相的铅锌矿

织金县-纳雍县地区,铅锌矿产于清虚洞组和灯影组中,严格受层位控制。晚震旦世—龙王庙期,该区处于局限—半局限台地相沉积,藻类发育,水体中沉积物及藻、三叶虫等生命活动过程中吸收了海水中的锌组分,在沉积岩层中沉积,这些沉积物在成岩作用阶段,经白云岩化后,组分迁移,通过复杂的物理、化学作用,部分形成早期的星点状矿石,形成了区内矿(化)带顺层分布的特点,局部形成低品位矿体,在加里东期和印支期—燕山期,随着构造变动加剧,沿区域性断层上升的热卤水进入灯影组、清虚洞组中,在构造宜条件下,叠加在早期形成的矿(化)带上,使矿化带局部得到富集而成为矿体。

威宁地区,铅锌矿主要赋存于大埔组、黄龙组、融县组中。晚泥盆世海水自南而北逐渐侵入,构成潮坪潟湖相碳酸盐岩沉积,在近岸潮坪区因蒸发作用,形成有利于白云岩形成的环境。石炭纪继承了泥盆纪的古地理格局,但海侵范围有所扩大,在大埔期海侵范围进一步扩大,海水加深,与外海的循环良好,发育富含生物的开阔台地相,在晚石炭世海侵达最大规模,广泛发育碳酸盐岩半闭塞台地相、开阔台地相、台内盆地相和台地边缘滩相。成矿物源是多源的,以地层来源为主。改造可能与峨眉山玄武岩的喷发有关。矿床明显受构造控制,同时地层岩性控矿也明显。围岩蚀变简单,以白云岩化为主。在特定的环境中,大气降水在深部特定的物化条件下萃取地层中的成矿物质而形成热卤水,热卤水沿着的一定的通道上升,在复杂的物理化学作用下,于背斜中特定的岩石组合的层间剥离带内富集成矿。

4. 陆棚碳酸盐岩台地(台沟)亚相黑色页岩组合的镍钼钒矿床

下寒武统牛蹄塘组底部黑色岩系中产出的镍钼钒矿,在该层位出露地区普遍见及。毛景文等(2001)曾阐述在扬子克拉通南缘,寒武系底部广泛发育富 Ni、Mo、V、Cu、U、Ba 和 Ag 硫化物的黑色页岩层。在这一矿化带中有许多 Ni-Mo-V-(PGE)矿床(点)分布,地理上跨云南、贵州、湖南、江西和浙江。

贵州省内矿床产出层位基本一致,平面上具有非常明显的分带特征,在贵州西北部的织金、金沙及遵义松林地区主要为镍、钼组合;而向东南至开阳、瓮安、铜仁、镇远地区主要为钼、钒组合;再向东南至天柱、三穗地区则以钒为主。

在松林南西新土沟矿区发现了黄家湾镍钼铂族元素矿,厚 20~50cm,最厚达 2m,连续性好,规模可观,初步估算钼+镍达 $10×10^4$t 以上(曾明果,1998),矿层的金属矿物主要为黄铁矿、含镍黄铁矿、白铁矿、二硫镍矿、针镍矿、方硫镍矿、黄铜矿、闪锌矿、砷黝铜矿、铜蓝等,这些金属矿物与钼镍胶体之比一般为 1:5~1:4;脉石矿物主要有水云母、伊利石、绢云母、石英、方解石和胶磷矿,常伴生稀土元素,但含量变化较大,主要取决于矿石中 Ni、Mo 硫化物含量的多少,Ni、Mo 硫化物含量越高,稀土元素总量相应越高。根据镍钼矿石 Re-Os 同位素测试可知,其模式年龄为 541~534Ma、平均年龄为 540Ma,等时线年龄为 541±16Ma。

5. 局限海台地-潟湖环境亚相的炼镁白云岩

产于寒武系—奥陶系娄山关组的白云岩属半封闭局限海台地-潟湖环境形成的准同生白云岩,具有分布广、层位稳定、厚度大、纵横变化小的特点。岩石组合主要为一套中厚层状藻颗粒(包括藻凝块、藻团块、藻鲕粒、藻豆粒、藻团粒等)白云岩及藻叠层石白云岩,间夹少量泥晶白云岩。另外,尚有震旦系—寒武系灯影组含磷岩系之下的白云岩。其化学成分稳定,化学组成为:MgO 16.63%~21.7%、平均品位 20%~21%,CaO 3.13%~31.71%,SiO_2 0.63%~18.88%、一般 2.59%~3.56%,Fe_2O_3 0.08%~1.6%。多达炼镁白云岩原料要求,亦可用于熔剂、耐火材料、化肥原料及玻璃配料等。

产于中三叠统杨柳井组的白云岩由浅灰—灰色薄—厚层块状白云岩组成,矿石矿物组分以泥晶白云岩为主,属半封闭局限海台地蒸发相沉积。经勘查圈定的矿体一般长数百米至1 000m,一般厚数十米。矿石化学组分较稳定,化学组成为:MgO 17%~21.16%、一般大于 19%,CaO 8.33%~34.88%,SiO_2 0.17%~6.21%、一般小于 1%,Al_2O_3 0.054%~0.3%,Fe_2O_3 0.086%~1.51%,R_2O_3 0.015%~1.85%。部分质佳者可作炼镁白云岩,其余的可作熔剂、耐火材料及化肥原料。

6. 局限海台地亚相的石膏

三叠系嘉陵江组第四段、关岭组第一段是贵州主要产石膏地层,已知有普定县太平堡等矿床(点),含矿岩石为白云岩、溶塌角砾状白云岩,可采矿层一般 1~10 层,最多 17 层,$CaSO_4$ 的品位一般 75%~83%。

五、陆内裂谷盆地相与成矿

南盘江-右江前陆盆地[紫云-水城裂陷盆地(D—P),前陆盆地(T)]是随着特提斯洋的打开,从泥盆纪开始在华南板块南端离散边缘的陆壳基础上发展起来的。晚古生代时,它是一个离散或被动陆缘上的裂谷盆地,其演化主要受控于特提斯构造域的构造活动。

从泥盆纪开始,因大陆伸展作用,华南板块南缘发生裂陷。导致了右江盆地内裂谷系的产生,其中裂谷槽盆多呈北西向和北东向两个方向展布。其发展主要受北西向和北东向同沉积断裂的控制,从而形成了堑垒相间、槽台相间的构造和古地理格局。其火山活动以晚泥盆世、早石炭世和中二叠世较强烈,亦有南强北弱的趋势并主要受北西向构造控制。喷发的岩石为碱性、过碱性玄武岩,有的具水下成因的枕状构造(曾允孚等,1995)。

从中泥盆世至中二叠世,槽盆的范围逐渐缩小,但基本格局无显著变化。槽盆沉积物自下而上由以陆源碎屑岩为主变为以深水暗色碳酸盐岩为主,夹硅质岩,含底栖和浮游生物;槽盆间的台地上以浅水碳酸盐岩为主,并在早—中二叠世有生物礁形成。

中二叠世末期发生东吴运动之后,沉积格局有了很大的变化,主要表现在右江盆地内裂谷系活动范围进一步缩小,而盆地边缘浅水碳酸盐岩沉积范围扩大。随着时间的流逝,裂陷槽盆亦自西北向东南被逐渐充填而消亡。

三叠纪是华南板块南缘由离散转为汇聚的时期,因此右江盆地的性质也随之发生了根本性变化,晚二叠世最末期开始由离散边缘转变为汇聚边缘,右江地区也随之从离散边缘裂谷系演化为前陆盆地。

伴随着裂谷盆地打开,中晚二叠世有偏碱性玄武岩喷发和次火山岩相辉绿岩侵入。偏碱性玄武岩喷发使得火山气液进入滨海水域,形成了火山喷流-沉积矿源层,甚至矿床。

1. 金矿

贞丰-兴仁台地区,主要为分布在灰家堡背斜地区的紫木凼、水银洞、太平洞金矿,滥木厂汞铊矿等,戈塘穹隆、雄武背斜、莲花山背斜和泥堡等地的金矿,规模多为大、中型,甚至超大型。矿床成因类型普遍认为属火山沉积-改造型,赋矿地层有峨眉山玄武岩、龙潭组—下三叠统夜郎组等,多具成层性,含矿岩石包括淬碎角砾状玄武质熔岩、玄武质沉凝灰岩-凝灰质黏土岩、正常沉积细碎屑岩、不纯碳酸盐岩等,岩石普遍遭受成层性展布的硅化蚀变。其中最重要的含矿岩石为峨眉山玄武岩底部硅化黏土化淬碎角砾状玄武质熔岩、玄武质沉凝灰岩,以及峨眉山玄武岩尖灭后龙潭组底部的凝灰质黏土岩-正常沉积黏土岩。赋矿岩层中常含数量不等的凝灰物质,因而也被称为"凝灰岩型"矿床,其成矿作用明显受地层层位、岩性、岩相、层内构造及其他相关地质构造控制,尤其是受矿源层——峨眉山玄武岩及其相邻地层岩石的控制,成矿作用也表现出层控矿床所具有的热液蚀变特征和多阶段性(陶平等,2004)。

南盘江盆地区,微细粒浸染(卡林)型金矿主要位于南盘江褶断带南东部的册亨-望谟褶皱带,为夹在师宗-弥勒断裂带和紫云-垭都断裂带之间较强的构造变形带,是由扬子被动边缘碳酸盐岩台地演化而成的一个三叠纪周缘前陆盆地。赋矿地层以中三叠统边阳组为主,其次为下三叠统尼罗组及许满组第二段、第四段。三叠纪的3套浊积岩系是本带卡林型金矿的主要容矿岩石,主要为细砂岩、粉砂岩及粉砂质黏土岩。容矿构造以高角度逆冲断层(剪切破碎带为主)、层间构造破碎带为主与背斜组合,其次为导矿构造(同生断层)。成矿流体沿板劈理密集带发育的陡倾斜逆冲断层活动,此成矿作用造就了与印支—燕山造山进程有关的浅成低温热液金锑矿床。

对于右江盆地而言,从泥盆纪开始,因大陆伸展作用,华南板块南缘发生裂陷,导致了右江盆地内裂谷系的产生,其火山活动较强烈。由于橄榄拉斑玄武岩岩浆喷发的火山活动频繁,从泥盆纪断续延至早三叠世,因而与火山活动有密切关系的喷流沉积成矿作用也相当频繁,形成多层位产出的矿床或矿源层。刘建明等(1997)通过对滇黔桂地区微细浸染型金矿赋矿地层以及矿石的系统组构学和地球化学研究后认为:①矿床产出具明显的层控和时控特点;②矿床产出位置受沉积相带控制,多产在浅水碳酸盐岩高地(孤台)的边部或其外侧的边缘斜坡带内;③矿床具显著的岩性控制特征,主要是细屑岩;④矿体多为顺层整合产出,矿石与围岩无明显区别;⑤矿石显示大量不同规模尺度的同生沉积-准同生成岩阶段生成的组构特征,包括金属硫化物、石英、碳酸盐类矿物的同生沉积层纹-层理构造,准同生成岩期的包卷层理、滑塌构造、砖墙状构造(成岩压实裂隙)等;⑥矿石和直接含矿岩石具大量的泄水构造和液化层理,表明当时沉积柱中含大量的流体,且这些流体曾发生强烈的运动;⑦成矿与有机质关系密切,赋矿地层和矿石都显示相对较高的有机质含量或显示与有机质具某种依存关系,如大量的莓群、菌藻等生物组构。对板其和金芽金矿的矿石镜下观察,还见到粒径在 0.01～0.1mm 之间的自然金颗粒与一种有机碳质的微细条带密切共生。

2. 锑矿

晴隆大厂地区的矿床(点)以锑为主,伴有萤石和金,赋矿地层主要是峨眉山玄武岩底部的硅化黏土化淬碎角砾状玄武质熔岩、火山碎屑岩。辉锑矿的硫同位素组成与陨石硫接近,说明来源于地幔;碳同位素组成与海相碳酸盐岩平均值近似,说明溶液中的碳大部分来自围岩,部分来自大气降水;氢氧同位素组成则显示成矿流体主要来源为与围岩进行了氢氧同位素交换的大气降水。辉锑矿和萤石中的流体包裹体测试结果显示,成矿流体以 $NaCl-H_2O$ 体系为主,中—弱碱性,中—低盐度,主成矿期温度峰值为 150～200℃。据叶造军等(1997)野外观察和镜下研究,大厂锑矿区峨眉山玄武岩的底板有孔虫灰岩中含有丝碳碎屑,在萤石-方解石团块(脉)以及硅化黏土化玄武质沉火山碎屑岩和黄铁矿化黏土化玄武岩中充填有沥青,含辉锑矿硅化体内的萤石中时含有机质包裹体(包体烃)。大厂地区峨眉山玄武岩下伏的茅口组多为第一段,少为第二段近底部的一部分,其上的岩层已被剥蚀,据此推断当时大厂地区可能属岩溶洼地,携带以锑为主的成矿物质流体在此构成热卤水池,在有机质的参与下沉积成矿,之后又经历了热液作用的改造、叠加定型。

3. 重晶石矿

镇宁乐纪重晶石赋存于上泥盆统榴江组中，为泥岩-硅质岩-重晶石-泥质条带灰岩的岩性组合。晚泥盆世，由于裂陷槽的火山活动，在来自地幔的热能及其岩浆侵位的作用下，地壳深部物质遭受熔融或部分熔融。在海底火山活动的气液阶段，硅酸盐喷溢气液携带 Ba、H_2S 等组分沿同沉积深断裂上升，喷溢于裂谷和海槽盆地。硅酸盐喷溢气液与海水相遇，在氧化环境中，H_2S 氧化为 SO_4^{2-}，按照沉积分异作用规律，最先在酸性环境中沉积了硅质岩，在硅胶凝聚成硅质岩之际向海水中释放 Ba^{2+}。随物质浓度的变化，当溶液由酸性演化至弱碱性的氧化环境时，硅质与海水中的 SO_4^{2-} 相遇结合沉淀为重晶石矿层。由于海底火山活动的间歇性、多期性喷溢，并受火山活动强烈程度及喷溢时间长短的影响而形成厚度不等、矿石质量不一的多层重晶石矿。

4. 铅锌矿

分布在黔西北地区的铅锌矿，应属于典型的层控沉积改造矿床，赫章妈姑、菜园子、水城观音山、普安罐子窑还分布有沉积改造菱铁矿矿床。

铅锌矿的含矿地层为泥盆系至中二叠统，岩性以碳酸盐岩为主，尤以摆佐组白云岩居多；菱铁矿的含矿地层为泥盆系和石炭系。矿床（点）的分布集中在北西向水城-紫云与垭都同沉积断裂带之间的断陷盆地内，以及沿北北东向石门坎、南北向乌图河等同沉积断裂带发育的台沟内。其中赫章妈姑和菜园子菱铁矿矿床位于垭都断裂带上；水城观音山菱铁矿矿床位于水城-紫云断裂带上；普安罐子窑菱铁矿矿床位于乌图河断裂带南端与盘县-松桃断裂带交会的部位。

沈冰（2004）通过川滇黔层控型铅锌矿成矿特征的研究认为北西向水城-紫云和垭都同沉积断裂带活动，控制了石炭纪铅锌矿矿源层的分布。矿体形态既有受层间构造带控制顺层产出的似层状、透镜状，也有受断裂构造控制穿层产出的脉状、不规则状。

据有色金属工业矿产研究院提供的方铅矿、闪锌矿、黄铁矿、重晶石等矿物测试的爆裂温度显示，成矿温度大致有两期。层状矿体的矿石矿物形成温度集中在 300℃ 左右，而非层状矿体则有两期，即 300℃ 左右和 400~500℃。因而推断层状矿体是在早期海底喷流过程中直接沉积形成，而非层状矿体可能是受后期构造作用改造早期形成的下伏层状矿体，于构造有利赋矿空间再富集形成，故矿石多为富矿、特富矿。陈大等（2001）对水城青山-横塘铅锌矿区的研究成果反映，铅同位素均一，显示壳源铅特征，与深部地层铅的直接迁移和间接迁移有关，矿床的直接矿源体应为断裂系统中预富集的流体状矿化体；硫同位素测试结果显示，可能与成矿同期的海水硫酸盐有关；成矿温度较高，成矿流体属 $Ca^{2+} \cdot Na^+ (NH_4^+) - SO_4^{2-} \cdot Cl^-$ 型热卤水；铅同位素模式年龄为 444~287Ma，与北西向同沉积断裂带的活动时期较为接近，总体早于含矿地层（$C_2 - P_2$）年代。根据构造环境等矿床特征判断，存在海底喷流沉积成矿的可能性。

5. 锰矿

锰矿集中于遵义地区，含矿岩系处于中二叠统茅口组第二段底部，岩性主要为锰矿层及与之相伴的"白泥塘层"薄层状硅质岩。下伏茅口组第一段厚层—块状灰岩，上覆呈平行不整合接触的上二叠统龙潭组，其底部常为含植物碎屑的黏土岩。含矿岩系之上的茅口组岩层多被剥蚀。含矿岩系分布在黔中隆起北缘以"白泥塘层"薄层状硅质岩为标志的茅口组"台洼（沟）"范围内，分布地区受同沉积断裂沉陷带控制，矿床成因类型似属喷流沉积型。

矿体呈层状、似层状产出，产状与岩层产状一致。在各集中分布区中心部位矿层连续性较好，向边部逐渐变为透镜体、团块状、结核状，直到过渡为含锰黏土岩。矿层（体）一般厚 2m 左右，最厚 6.69m，在同一分布区，矿层（体）厚度由中心向边部有逐渐变薄的趋势。原生矿石分为碳酸盐锰矿石和碳酸盐锰铁矿石两类，具泥晶结构，纹层状、岩屑、鲕球粒构造。近地表可见氧化锰及氧化锰铁矿石。

碳酸盐锰矿石的矿物组分有菱锰矿、钙菱锰矿、锰方解石、锰菱铁矿、硫锰矿、黑锰矿、褐锰矿、水锰矿、蔷薇辉石、含锰白云石等。非锰矿物中以水云母为主的黏土类矿物居多，其次为硫化物，少有陆源碎屑矿物、碳质物、碳酸盐类矿物等。碳酸盐锰铁矿石的矿物组分以菱铁矿、菱锰矿、绿泥石为主，其次有锰方解石、钙菱锰矿。非锰铁矿物有高岭石、水云母、方解石、石英等。铜锣井、和尚场、冯家湾、共青湖等主要矿床的矿石化学组分平均含量：Mn 13.69%～19.65%，TFe 8.31%～10.88%，TS 4.43%～6.96%，P 0.04%～0.17%，SiO_2 11.63%～17.04%，Al_2O_3 3.98%～9.35%，CaO 5.61%～9.13%，MgO 2.0%～2.51%，烧失量 22.36%～28.44%。

遵义锰矿成矿模式有3种：一是由于地幔柱活动的影响，富硅、锰质热液流体沿水城—纳雍—黔西—遵义一带的北东向黔中台沟通道运移；二是由海底喷流形成的富含硅、锰质热液流体沿着次生裂隙通道运移，在遵义台盆形成喷流；三是遵义台盆西部早期喷发形成的玄武岩在强化学风化作用下，淋滤出来的铁、锰质向遵义台盆迁移、集中，形成氧化锰的沉积，主要为风化搬运沉积成矿作用。

6. 萤石矿

萤石的赋矿地层（含矿层）主要为茅口组顶部至峨眉山玄武岩组第二段底部呈似层状产出的硅质蚀变岩体，其原岩为茅口组顶部的灰色厚层状生物碎屑灰岩，大厂层角砾状黏土岩、凝灰质黏土岩，峨眉山玄武岩组第一段以黏土化玄武质沉火山角砾岩为主的火山碎屑岩、玄武岩、砾岩及该组第二段底部的黏土化玄武质熔岩。

中二叠世古特提斯洋的海水由南西向北东大规模入侵，接受了海相碳酸盐岩沉积，接着由于东吴运动的开始地壳普遍上隆、拉张产生地裂，并伴随地幔热柱活动发生，被喷溢的峨眉山玄武岩覆盖，构成规模宏大的火成岩区，原来的海洋沉积环境转向陆地的风化与沉积环境。喷溢活动后期含矿液侵入，由于上覆峨眉山玄武岩和下伏茅口组灰岩岩石致密，其间的古风化壳为构造脆弱地带，是含矿热液运移流动分异沉积沉淀的通道，角砾间的孔隙为矿液富集成矿提供了良好的空间场所，在成矿热液灌入的同时，产生交代作用、蚀变作用、成岩作用、构造作用、成矿作用。

7. 罗甸玉矿

罗甸玉为近年来新发现的矿产，分布于贵州罗甸县南部红水河镇、罗妥乡及罗悃乡，现发现有官固、峨劳、罗悃等矿点，产于辉绿岩与下—中二叠统四大寨组的接触带内。

四大寨组主要为深灰色薄层夹中厚层状泥晶灰岩、燧石团块灰岩、生物屑灰岩、含砾屑生物屑灰岩，辉绿岩为二叠纪峨眉山玄武岩的次火山岩相岩床状产物，其出露长度最大近30km，宽15～70m。辉绿岩在与上覆围岩接触的5～10m范围内，网状石英脉极为发育，石英脉大多垂直层面分布，局部见有石英晶洞，致使辉绿岩局部角砾岩化，此外见有蛇纹石化。辉绿岩岩床的底板围岩一般无蚀变或蚀变较弱（蚀变带宽度小于2m）；岩床顶板围岩蚀变较强，蚀变带宽约3～40m，见有大理岩化、硅化、透闪石化，局部有叶蜡石化。

由于辉绿岩呈似层状岩床产出，与围岩形成宽窄不一（几米至几十米）的接触变质带（大理岩化带），加之二氧化硅气液流体活动，在接触变质带内局部次生蚀变形成透闪石岩（即罗甸玉）。透闪石岩多顺层产出，单层厚一般10～40cm，薄的小于1cm，同时可见透闪石岩穿层细脉，透闪石岩中不完全蚀变而残存透闪石化大理岩，透闪石化大理岩中也有透闪石岩团块，二者呈渐变过渡接触，无明显接触界面。由于围岩成分的差异，分别出现不同矿物组合，围岩为纯灰岩，其蚀变矿物组合为透闪石和石英，而围岩若为泥质灰岩、硅质灰岩和白云质灰岩，则出现透闪石、石英和叶蜡石（硅灰石、蛇纹石）等蚀变矿物组合。

矿石主要呈玉白色和浅绿色,成分为透闪石、石英,粒度均一,粒径多在0.03mm以下,具纤维状变晶结构和放射状交织结构,致密块状构造,微透明—半透明,油脂-蜡状光泽,折射率1.60,摩氏硬度6.5,密度2.98g/cm³。这些特征反映出矿石具有较好的加工品质。

罗甸-望谟地区在峨劳背斜、罗悃背斜、桑郎背斜和乐康背斜中均有辉绿岩岩床产出,其侵入层位均为四大寨组,分布面积较大,从官固、峨劳、罗悃矿点情况来看,其接触变质带在面上的分布较为稳定。而从透闪石岩的产出情况来看,官固矿点可见3套含矿岩系,每套岩系中含2~3层透闪石岩;峨劳矿点目前只见一套含矿岩系,其中含2~4层透闪石岩;而罗悃矿点只见矿化。由此可以确定透闪石岩平面分布不稳定,多呈透镜状产出。但由于其分布面积大,接触变质带分布稳定,成矿地质条件相似,其资源潜力较大。

六、陆内坳陷盆地相与成矿

在一些山间盆地,形成了诸如施秉翁哨新近纪沉积小型褐煤矿床、毕节朱昌第四纪沉积小型泥炭矿床、绥阳金城第四纪坡残积软质陶瓷用黏土中型矿床、修文姨妈寨第四纪坡残积软质耐火黏土矿点等矿产。分布在黔北和黔西北地区的风化淋滤型埃洛石(优质高岭土),成矿时期为新近纪或第四纪。与新近纪—第四纪发育的岩溶有关的风化淋滤型(包括异地堆积)铅锌矿,在黔西北地区较常见,呈土状的铅锌氧化矿堆积在岩溶洼地、漏斗和洞穴内,品位多很高。

分布在黔西南地区的红土型金矿是贵州省地质矿产勘查开发局近年来发现的又一新类型金矿,主要见于贵州盘县归顺至云南富源一带,在泥堡—大厂金矿田内亦有少量分布,共发现金矿化点10余处,化探异常30余处。红土型金矿可分为两类:一是含金岩石或金矿石经喀斯特垮塌、堆积、红土化形成的金矿,如老万场金矿床。二是含金岩石或金矿石原地或基本原地经红土化作用形成的金矿,如砂厂、沙锅厂、胜境关、芹菜坪和水淹塘等金矿点,赋金地层为第四系,金矿赋存于红土中,红土即为金矿石,其中的风化凝灰岩、玄武岩砾块亦产金矿。该类型矿床矿石品位高,全为易选土状氧化矿,具重要经济价值。

七、前陆盆地相与成矿

1. 油页岩

早三叠世早期黔中贵阳、福泉等地区大冶组下部薄层状灰岩与页岩的过渡部位有油页岩产出,油页岩最多有10层左右,厚度多小于0.5m。以福泉牛场北独田地区最好,油页岩有10余层,其中有两层较稳定,一层平均厚1m,含油率平均1.70%;另一层平均厚0.2m,含油率平均6.23%。盘县亦资孔向斜和旧普安向斜地区的中三叠统关岭组中下部,于灰白—灰色薄—中厚层状白云质灰岩和灰岩中夹有油页岩。水城、大方等地侏罗系沙溪庙组中夹油页岩。

2. 砂岩型铜矿

砂岩型铜矿主要分布于盘县、水城、威宁、赫章、毕节等地的下三叠统飞仙关组和仁怀、习水、金沙、大方等地的侏罗系。飞仙关组含铜砂岩层有1~6层,一般2~4层,由北西向南东含矿层数渐少,厚度变薄。呈层状产出,少数呈透镜状产出,沿走向长一般数百米至2km,厚一般0.3~0.8m。原生矿区的矿物成分以辉铜矿、黄铜矿、斑铜矿为主,铜蓝、蓝辉铜矿、自然铜次之;氧化矿石的矿物成分以孔雀石为主,矽孔雀石、蓝铜矿、赤铜矿、黑铜矿次之。Cu品位变化较大,一般0.2%~0.7%。矿石多具他形粒状结构,环粒状、圆粒状、散点状、条带状、浸染状、细脉状、团块状、被膜状、土状构造。产于侏罗系的含铜砂岩赋存于沙溪庙组下部、中部和中上部,共有5~9个含矿层,属河流相、多韵律沉积的铜矿。含矿层长一般数十米至数百米,厚一般数米至数十米,矿化很不均匀,变化很大,矿体呈透镜状、扁豆状产出,规模很小,长仅数米至20余米,厚0.1~2.4m,Cu品位一般0.3%~1%,多不具工业意义。

3. 其他矿产

(1) 分布在贞丰龙头山地区由上三叠统把南组与火把冲组构成的含煤岩系。

(2) 分布在仁怀—习水一带,产于侏罗系自流井组綦江段的菱铁矿(即"綦江式"铁矿),属大陆湖沼相沉积铁矿。

(3) 雄武背斜南东翼的兴义大际山地区三叠系、上白垩统中,沿断层破碎带及其两侧数米至数十米范围内发育硅化蚀变,硅化蚀变带中发现有钼铀含矿体,并构成工业矿床,初步计算了钼铀矿的资源量,同时还伴有汞矿化和黄铁矿化。

八、幔源型钾镁煌斑岩与金刚石矿

加里东末造山期后的隆升伸展环境出现的板内岩浆活动,使得在从江、雷山、台江、剑河等地均有钙碱性煌斑岩出露,在镇远马坪、麻江地区有幔源型钾镁煌斑岩出露。

1. 岩体分布

钾镁煌斑岩以黔东及黔南分布相对集中,钾镁煌斑岩的产出及其产状与断裂构造关系密切,一些平缓产出的岩体往往与断层旁侧的层间滑脱构造有关,主要赋存于中寒武统高台组和娄山关组地层中。

在镇远马坪发现原生含金刚石钾镁煌斑岩(亦名金云火山岩,曾定名为金伯利岩、橄榄云母岩),成群成带分布在清水江和舞阳河分水岭地区,可分为3个带,自北向南分别为水花岩体带、深冲岩体带和朱老屯岩体带,其中以深冲岩体带出露的岩石最全,含矿性最好,有品位大于$10mg/m^3$的钾镁煌斑岩分布,马坪含金刚石钾镁煌斑岩选出45ct(1ct=0.2g)金刚石,共计7 100颗。由于成矿条件不够理想,矿体规模很小且分散,品位低,金刚石质量差,多属碎粒级,蚀象发育且类型及组合复杂,难以开发利用。

在镇远思南塘—白坎一带发现近百个钾镁煌斑岩体群分布,岩体产出地质特征、岩石类型及其矿物组合特征等与马坪地区相似。在黄平、施秉和麻江等地发现钾镁煌斑岩群或类似岩体分布,在黄平、施秉、三穗、剑河、榕江和雷山以及罗甸等地,发现大量钾镁煌斑岩群,共发现有500多个岩体。

2. 水系沉积物

根据贵州省地质矿产勘查开发局101地质大队资料反映,通过水系大样及水系重砂扫面工作,除黔北、黔西北外,在贵州其他地区各水系及其支流的河漫滩、阶地堆积物中均有数量不等的金刚石及其伴生矿物——镁铝榴石和铬铁矿产出。金刚石出土分布区内均发现数量不等的镁铝榴石或铬铁矿,尤以铬铁矿分布较为广泛。相对而言,镁铝榴石更具金刚石找矿的指示意义。

贵州省内产出的金刚石在不同水系或同一水系的不同河段,表现出不同的晶貌特征,以清水江水系出土的金刚石数量最多、质量最好,亮江支流出土的金刚石以无明显蚀象、粒度较大、质量佳而有别于马坪钾镁煌斑岩中的金刚石。其中,清水江干流的锦屏、白市、施洞口、凯里、同车、瓮城河、都匀等地见金刚石产出,共计产出金刚石68颗,除一颗为Ⅱ型金刚石外,其余均为Ⅰ型金刚石,形态以菱形十二面体为主(约占40%),八面体约占1/3。都柳江三都段以上干流及其支流的普安、大河、烂土、独山等,以及下游的下江和榕江等地见金刚石产出,共计86颗,其中Ⅱ型金刚石占78%(颗粒百分比),以菱形十二面体占优势（61.3%），八面体仅占 12.5%。舞阳河干流未见金刚石，但在翁哨、瓦桥河、旧州支流均见金刚石，共 4 颗。其中瓦桥河的一颗属于Ⅱ型金刚石，其他为Ⅰ型金刚石。晶型主要以菱形十二面体或菱形十二面体聚晶为主。锦江所见 2 颗金刚石（灯塔和马岩）均为Ⅰ型金刚石，晶型均为菱形十二面体。乌江水系在贵定的落红、孔雀寨、沿山、天新寨、龙里平寨、余庆水源等地区见金刚石产出，Ⅰ型、Ⅱ型金刚石各占一半，晶型以八面体为主。在红水河青岩见Ⅱ型金刚石 1 颗，在罗甸和花江见Ⅰ型金刚石，晶型以八面体或八面体连晶为主。

近年来的民采砂金施工，于亮江的一条次级小支流河谷一级阶地和高河漫滩第四系冲积砂砾层中，意外发现数量较多的金刚石，构成一处金刚石异常区。盛学庸（2004）将此金刚石异常的特点概括为：①金刚石产出频率高，沿河床数千米范围内几乎所有的采金点都发现金刚石；②品位不低，金刚石的比重为 3.5，比金的比重 19.32 低得多，在以金为对象的淘洗过程中，多数金刚石可能被淘掉，因而估计金刚石的实际含量应该大于所发现的数量；③金刚石颗粒大、质量好，贵州省内发现的金刚石单体重量一般在 1ct 以下，多数为碎粒级，而此异常的金刚石单晶多在 1ct 左右，最大者近 4ct，且多数为无色透明的宝石级金刚石。

秦守荣、易国贵等（2001）利用 20 世纪 60 年代初的自然重砂取样资料，在清水江支流亮江流域的锦屏县隆里—黎平县平地一带圈出辉石异常区，包括 5 处辉石浓集异常，各处面积为 8~16km^2，可能与辉石同源的矿物还有铬铁矿、钛磁铁矿、磁铁矿、钛铁矿、石榴子石等，异常区出露地层为新元古代下江群浅变质岩。异常矿物指示区内可能存在超基性—基性岩，而目前尚无已知岩体。

3. 控矿条件

该地区产出的金刚石类型多、晶貌特征差异明显，在不同流域、同一流域的不同河段产出的金刚石有不同晶貌特征、不同类型，而且与镇远马坪原生金刚石的晶貌特征和类型存在明显的差异。清水江及其支流以Ⅰ型金刚石为主，与已知的镇远马坪金刚石的补给关系不大，因为在所发现的金刚石中仅有 1 颗为Ⅱ型金刚石。有的金刚石产出点位于马坪支流以下的下游河段，说明马坪金刚石并没有或极少补给清水江，清水江发现的（主要为Ⅰ型）金刚石另有来源。清水江与都柳江共一个分水岭，两水系干流及其支流流经大体相同的地层，但两水系所产金刚石类型均截然不同，清水江流域以Ⅰ型金刚石为主，都柳江流域则以Ⅱ型金刚石为主，除非不同岩体补给，单纯的地层（含砾砂岩或砂砾岩含金刚石）补给很难构成这种差别。由此反映出该地区金刚石来源是多源的，存在不同的含金刚石母岩。该地区有碳酸岩脉、云煌岩体产出，同时新发现了一些超基性岩体，反映出超基性岩体类型复杂多样。另外，在雷山雅灰一带自然重砂取样资料反映有碳化硅矿物出现，而从该地区现有资料来看，也存在多种超基性岩石类型的地质背景，反映出该地区除钾镁煌斑岩外，尚可能存在其他的含金刚石母岩，这一推论表明在重视研究钾镁煌斑岩的同时，尚需对该地区其他超基性岩体的含矿性进行研究。

黄远成（1998）通过对清水江水系亮江支流淘获的铬尖晶石形态、表面结构、电子探针结果等特征研究，指出其表面结构大部分具金伯利岩或钾镁煌斑岩中的铬尖晶石特征，化学成分变化特征与金伯利岩或钾镁煌斑岩中的铬尖晶石化学成分特征具有相似性。他指出隆昌地区（测区内）有金云火山岩岩石出露，具备寻找金刚石矿的前景。中国地球科学研究院区域规划室李文祥通过卫片解译，指出位于锦屏县内的一处地段应该注意寻找金刚石矿。

九、与碳质页岩、碳酸盐岩类有关的石油及天然气

根据"中上扬子海相含油气盆地油气地质综合调查"项目的子项目"贵州习水-湄潭-天柱走廊大剖面海相油气地质调查"研究成果，总结研究区与碳质页岩、碳酸盐岩类有关的石油、天然气等资源的几个

特征。

1. 烃源岩特征

贵州在被动大陆边缘-碳酸盐岩台地陆表海相中的震旦纪—志留纪时期烃源岩以碳质页岩为主,碳酸盐岩类次之。纵向上主要分布有震旦系陡山陀组、老堡组,寒武系渣拉沟组、牛蹄塘组,奥陶系五峰组,志留系龙马溪组等,其中陡山陀组、老堡组、渣拉沟组、牛蹄塘组是主力生烃层位。

(1)陡山陀组的碳质页岩仅分布于盆地相区,厚度不稳定,一般为1～3m,最厚可达20m,其有机质丰度0.5%～7%,有机质类型为Ⅰ型,有机质类型较好,有机质成熟度(R_o)值介于2.5%～3%之间,处在高成熟—过成熟阶段,生气为主,为中等—好烃源岩。据野外调查,盆地相区陡山陀组帽壳白云岩中充填大量干沥青,其烃源主要来自陡山陀组、老堡组的碳质黏土岩。

(2)老堡组的碳质页岩仅分布于盆地相区,厚度不稳定,在东部地区厚度变化较大,湖南贡溪一带仅0.5～1.4m,镇远岩子坪一带最厚,达4m。其有机质丰度1%～13%,有机质类型为Ⅰ型,有机质类型较好,有机质成熟度(R_o)值介于2.2%～3.5%之间,处在过成熟阶段,生气为主,为好烃源岩。

(3)渣拉沟组碳质页岩沉积厚度较大,横向变化不大,稳定在200～220m之间,其有机碳含量极高,有机质丰度1.2%～14%,有机质类型为Ⅰ型,有机质类型较好,有机质成熟度(R_o)值介于2.2%～2.7%之间,处在高成熟—过成熟阶段,生气为主,为好烃源岩。

(4)牛蹄塘组碳质页岩分布区域大,厚度相对稳定,一般厚13～35m,最厚可达107m(开阳金钟),有机质丰度1%～6%,有机质类型为Ⅰ型,有机质类型较好,有机质成熟度(R_o)值介于2.2%～2.55%之间,处在高成熟—过成熟阶段,生气为主,为好烃源岩。

(5)五峰组分布局限,厚0～12m,有机质丰度1%～8%,有机质类型为Ⅰ型,有机质类型较好,有机质成熟度(R_o)值介于1.8%～2.5%之间,处在高成熟—过成熟阶段,生气为主,为好烃源岩。

(6)龙马溪组分布局限,厚0～56m,有机质丰度1%～4%,有机质类型为Ⅰ型,有机质类型较好,有机质成熟度(R_o)值介于1.7%～2.2%之间,处在高成熟—过成熟阶段,生气为主,为好烃源岩。

由上述烃源岩特征参数可看出,各层位烃源岩均为好烃源岩,具有较好生油生气的物质基础,但有机质成熟度热演化程度高,大部分烃源岩处在高成熟—过成熟阶段,这与烃源岩的埋藏深度和多期构造运动有关。

2. 储集层

油气藏储集层分布层位、岩性是有选择性的,主要取决于储集岩的物性特征(孔隙度、渗透率),贵州下古生界储集岩以碳酸盐岩为主,其次为碎屑岩,储集层总厚最大可达2 675m,分布范围广且稳定。碳酸盐岩孔隙度平均值1.82%、渗透率平均值$0.028\,4\times10^{-3}\,\mu m^2$,碎屑岩孔隙度平均值为3.69%、渗透率平均值为$1.657\times10^{-3}\,\mu m^2$。碎屑岩储层主要为非常规很致密层,属于裂缝-孔隙型和裂缝型,储集性能较差—较好。碳酸盐岩储层属特低孔特低渗储层,储集性能较差—差。

碎屑岩仅分布于渣拉沟组、变马冲组、金顶山组,主要为岩屑石英细—粉砂岩,成分成熟度及结构成熟度均高,部分具弱变质特征。碳酸盐岩主要以白云岩类为主,灰岩类次之,白云岩类主要分布于陡山陀组、灯影组、清虚洞组、高台组、石冷水组、娄山关组及"大坪鲕粒砂屑滩";灰岩类分布于九门冲组、清虚洞组、"排楼坡鲕粒砂屑滩"、桐梓组、红花园组、宝塔组、石牛栏组。从沉积相带来分析,犹以台缘礁滩相和台内礁滩相的碳酸盐岩最为优质。另外,据野外直观特征,陡山陀组帽白云岩中古岩溶普遍发育,局部地段达20%,且充填大量干沥青;灯影组在台地相区存在台缘滩(瓮安)、台内滩(金沙)沉积的颗粒白云岩,同时整套白云岩中60%发育古岩溶,且晶洞发育,并见干沥青充填;娄山关组白云岩晶洞也十分发育,但未见干沥青充填;桐梓组、红花园组、宝塔组、石牛栏组生物屑灰岩中均可见干沥青充填于岩石裂隙及孔隙中,反映出它们均为优质储集层。

从上述特征来看,牛蹄塘组、渣拉沟组、五峰组、龙马溪组烃源岩具页岩气自生自储的特征,其资源潜力巨大,是勘探和研究的最佳层位。

3. 盖层

盖层主要以泥质岩为主,其次为膏盐岩,发育于下寒武统、中奥陶统、下志留统。其中下寒武统、中奥陶统及下志留统是重要盖层,牛蹄塘组、明心寺组、金顶山组、韩家店组的泥质岩、含砂质泥岩,厚160~550m,为灯影组白云岩的区域性较好盖层,变马冲组、杷榔组泥质岩可为局部性盖层;清虚洞组、高台组、石冷水组、娄山关组膏岩层可以作为台地相区的局部性盖层;奥陶系湄潭组、大湾组泥质岩,厚100~400m,为寒武系清虚洞组至奥陶系红花园组储层的盖层;志留系泥质岩、含砂质泥岩,厚100~1 000m,为上奥陶统至下志留统储层的盖层。

4. 生储盖组合

根据烃源层、储层、盖层的分布及其组合特征,划分了4个组合。

(1)第Ⅰ组合:主要分布于台地相区,生储盖纵、横向分布规模均较大,陡山沱组、牛蹄塘组为烃源层,灯影组白云岩储集,牛蹄塘组、明心寺组、金顶山组泥岩封盖,盖层保存条件较好。灯影组白云岩中发现大量干沥青分布,证明有过油气生聚过程。古油藏如金沙岩孔、遵义松林、瓮安玉华、瓮安永和等地灯影组白云岩中均见干沥青分布。该组合是最重要的组合,在贵州中西部地区寻找油气的潜力较大。

(2)第Ⅱ组合:据储层的岩性特征,该组合在台、坡、盆表现形式各不一样。其中:Ⅱ-1组合分布于台地相区,以明心寺组、金顶山组砂岩为储层,牛蹄塘组黑色泥质岩为烃源岩,明心寺组、金顶山组自生的泥质岩为盖层,在其砂岩孔隙中充填沥青(习水、瓮安),说明曾经有过油气聚集过程。Ⅱ-2组合分布于斜坡相区,以九门冲组灰岩为储层,变马冲组、杷榔组泥质岩为盖层,烃源岩主要为牛蹄塘组黑色碳质泥岩,是斜坡相较好的生储盖组合。瓮安玉华、永和、石阡磊石坳等地九门冲组中均见干沥青充填,说明曾经有过油气聚集过程。Ⅱ-3组合分布于盆地相区,以渣拉沟组下部的砂岩为储层,该组黑色泥质岩为烃源和盖层,具自生、自储、自盖特征,但该组合分布范围有限,砂岩分布不稳定,且大部已暴露,主体部分意义不大。

(3)第Ⅲ组合:以牛蹄塘组黑色碳质泥岩为主烃源层,清虚洞组—娄山关组碳酸盐岩为储层,娄山关组膏盐层,湄潭组、大湾组泥质岩为直接盖层,在贵州北部及赤水地区存在油藏的可能性大。

(4)第Ⅳ组合:以石牛栏组生物屑灰岩为储层,五峰组、龙马溪组碳质泥岩为烃源岩,回星哨组泥质岩为盖层,习水吼滩一带石牛栏组生物屑灰岩中可见大量干沥青分布,证明古油藏的存在。

第三节 大地构造相图空间数据库

贵州省大地构造相图数据库首先按照要求对图层进行分类和规范图层结构:专业图层、引用专业图层、地理图层、辅助图层、其他未规范图层(表3-3);其次对专业图层属性进行填写,引用专业图层属性,沿用原专业组所填属性,地理图层及辅助图层填写图元编号和特征代码,对其他无法归类的图层以中文命名,不填写属性;最后进行拓扑检查和属性结构、属性项填写率、属性项值域、图层结构、图件结构检查。

表 3-3 大地构造相图数据库图层分类和图层结构表

序号	类型	图层名
1	专业图层	大地构造相单元(面)
2		沉积岩建造组合(面)
3		变质岩岩石构造组合(面)
4		火山岩岩石构造组合(面)
5		侵入岩岩石构造组合(面)
6		大地构造相单元边界(线)
7		岩石构造组合边界(线)
8		大型变形构造(线)
9	引用专业图层	磁法推断断裂构造图(线)
10		地球化学推断构造图(线)
11		遥感断层要素(线)
12		遥感环状要素(线)
13		重力推断断裂构造(线)
14	地理图层	以线表示的水系要素(线)
15		政区界、海岸线、岛屿(线)
16		高速公路、国道、省道、县乡道、乡村路、小路、公路(线)
17		居民地类别及其名称(点)
18		国道的编号及道路起、终点城市的地名(点)
19		不依比例尺泉、井、水库、明礁、暗礁等水系要素(点)
20	辅助图层	外框(线)
21		地理格网(点、线)
22		剖面图(点、线、面)
23		插图(点、线、面)
24		标题(点)
25		比例尺(点、线、面)
26		内廓范围(线)
27		图切剖面(点、线、面)
28		示意图(点、线、面)
29		责任表(点、线、面)
30		图例(点、线、面)
31		柱状图(点、线、面)

续表 3-3

序号	类型	图层名
32	其他未规范图层	产状(点)
33		大地构造相注释(点)
34		大型变形构造(点)
35		地层代号(点)
36		地层引线(线)
37		断裂(线)
38		构造相代号(点)
39		构造相引线(线)
40		含矿层(面)
41		划分表(点、线、面)
42		建造花纹(点、线、面)
43		同位素(点)
44		亚相界线(线)

第四章 关键地质问题的讨论

一、新元古代青白口纪贵州东部岩浆序列的划分及构造环境

新元古代青白口纪梵净山/四堡时期贵州东部位于扬子古陆与华夏古陆之间,其岩浆活动所表现的构造属性为扬子与华夏两个陆块之间的俯冲、碰撞、板内作用(王砚耕,2002)。

具体到梵净山地区、从江地区而言,又各具特色。梵净山期弧后盆地裂隙式喷溢的拉斑玄武质岩浆,经就地快速分异及后期钠化,形成了具枕状构造的细碧岩-角斑岩-石英角斑岩系,以贫钾、钛、钙和中等含量镁及富钠、铅为特征。根据集块岩分布的走向判断,导岩构造为南北向的拉张断裂带。在随后的快速 A 型俯冲机制下(王砚耕,2002),弧后盆地缩减,其中巨厚的火山-沉积岩系使得岩浆难以喷溢,与细碧岩-角斑岩-石英角斑岩系同源的拉斑玄武质岩浆活动转为浅成侵入,经就地分异形成层状、似层状超基性—基性岩。岩石化学成分显示虽然属拉斑玄武质岩浆系列,但已接近钙碱性系列。

随着汇聚造山运动加剧,弧后盆地继续萎缩,至武陵晚期消亡,扬子与华夏两个陆块拼合成华南陆块。扬子与华夏两个陆块碰撞之后,与超级地幔柱活动相关的地幔物质上涌,其携带的热量快速加热下地壳,造成地壳局部熔融(Huppert and Sparks,1988;Bergantz,1989),形成了梵净山后碰撞高温高分异 A2 型强过铝质花岗岩(王敏等,2011)。花岗质残余岩浆及气液则分别形成了近南北向展布的伟晶岩、钠长岩、石英钠长斑岩、长英岩、云英岩等板内酸性脉岩。

从江地区四堡期俯冲机制下的岩浆活动形成了黔东南—桂北一带具岛弧特征的超基性—基性—中性—酸性岩浆岩组合(李政祥、李献华,1999),代表性的岩浆岩有黔东南雨田山-帮富山赋存于四堡群文通组的基性火山岩及桂北"三防"玄武质科马提岩(广西区域地质调查队,1995)、宝坛枕状玄武岩(韩发等,1994)及本洞具 I 型特征花岗闪长岩。

碰撞-板内机制下的岩浆活动,形成了出露面积较大的摩天岭花岗岩体(广西称"三防岩体")。摩天岭花岗岩的岩石类型为具 S 型特征的二长花岗岩、正长花岗岩、碱长花岗岩。该岩石组合的形成与超级地幔柱活动有关。

整个武陵时期的岩浆活动性质可分为两期:早期表现为夭折陆间裂谷(发育初始洋壳,红海型)的岛弧—弧后拉斑-钙碱性玄武质岩浆喷溢和侵位性质,武陵运动晚期—末期表现为后碰撞高温高分异 A2 型酸性岩浆侵位及后碰撞-板内 S 型酸性岩浆侵位(曾昭光等,2003)。

二、梵净山群之下花岗岩时代的讨论

在梵净山西侧桃树林的梵净山群下部出露有一套砾岩,砾石成分有花岗岩砾石,面上未见延伸和局部明显的角度不整合接触,但反映出该地区尚有更老时代花岗岩的存在,从砾岩成分复杂且结构成熟度较低的特点反映出其搬运距离不大,是否存在更老一期造山运动所形成的底砾岩及不整合界面的可能

性尚需关注。

三、晚古生代泥盆纪—晚二叠世构造演化

晚古生代,从泥盆纪开始,因大陆伸展作用,华南板块南缘发生裂陷,导致了右江盆地内裂谷系的产生。其中,裂谷槽盆多呈北西向和北东向两个方向展布。其发展主要受北西向和北东向同沉积断裂的控制,从而形成了堑垒相间、槽台相间的构造和古地理格局。对于裂陷背景演化持有两种观点:一是认为裂陷背景演化表现中晚二叠世为最大期,在裂陷背景下出现基性火山活动,形成大面积分布的大陆溢流玄武岩和偏碱性玄武岩。晚二叠世之后,裂谷槽盆逐渐萎缩。二是裂谷槽盆从中泥盆世至石炭纪表现为强烈的拉伸,裂陷背景演化表现石炭纪为最大期。晚古生代裂陷槽盆沉积自石炭纪以来,是一个由北西向南东逐渐萎缩的沉积盆地演化历程。中晚二叠世槽盆的范围逐渐缩小。中二叠世末,峨眉地幔柱快速上升,形成穹状隆起并遭受差异剥蚀,黔西北处于古康滇隆起的外带,隆起高度达 $200\sim400m$,造成了上、中二叠统之间的喀斯特不整合面,即东吴运动的产物。晚二叠世早期形成的大陆溢流拉斑玄武岩不仅使地壳加厚隆起,槽盆(黔西北段)关闭,而且古地理面貌也有较大改变,转变为滨岸潮坪-潟湖陆源碎屑成煤沉积。

第五章 结 语

本书是在前人成果基础上的继承、发展与创新。大陆动力学是研究大陆块体离散、汇聚、碰撞、造山等动力学过程及机制的学说,采用大地构造相编图作为大陆动力学研究的主要方法,针对大陆内部及大陆边缘的物质组成与状态、时空结构与格局、动态行为与深层过程、力学体系与动力机制等大陆基本科学问题开展研究,揭示大陆与大洋相互作用以及大陆形成过程和演化历史。编制1:50万贵州省大地构造相图,是研贵州大陆块体离散、汇聚、碰撞、造山的大陆动力学过程的主要载体和具体表达形式。

本次工作以大陆动力学研究为主线,以大陆块体离散、汇聚、碰撞、造山等动力学过程及机制为切入点,以地壳演化与成矿的关系为目的,在充分收集已有各类地质资料、前人科研成果的基础上,对贵州省稳定陆块区以及叠加造山-裂谷的特点进行了综合研究,编制了贵州省大地构造相图,体现了构造演化的一种基础的物质成分,对贵州省大地构造相进行了较为合理的划分和充分的表达。

一、总结了贵州成矿地质构造环境

运用大陆动力学的观点,全面地总结了贵州成矿地质构造环境。贵州地质历史从早到晚经历了从活动型地壳向稳定型地壳演化,从洋陆转换阶段向板内活动阶段的地壳演化历程。

贵州主要矿产的成矿过程及时空分布关系与地质构造特征及地质演化十分密切。古弧盆相成矿作用分布于梵净山地区和从江地区,主要为与超基性岩有关的镍矿产、与白云母花岗岩及酸性脉岩有关的钨锡、铌钽矿产和与从江酸性侵入岩相关的钨锡矿产。

陆缘裂谷相、被动大陆边缘相成矿作用主要分布于贵州东部地区。其中沉积型、喷流沉积型及沉积改造型矿产(锰矿、重晶石矿、镍钼钒矿、磷矿、铅锌矿、汞矿、石油天然气)受控于南华裂谷海槽的发展演化,钨锡矿化及多金属矿化受控于裂陷期岩浆活动,造山期后的超(基)性岩浆活动控制了金刚石的形成。

陆表海相、陆内裂谷盆地相成矿作用主要分布于贵州中西部地区。其中,沉积型、喷流沉积型及沉积改造型矿产(金锑砷汞、锑矿、重晶石矿、铅锌矿、铝土矿、锰矿、煤矿、硫铁矿、菱铁矿、砂岩型铜矿、炼镁白云岩、石油天然气、红土型金矿等)受控于大陆裂谷的发展演化和山间盆地。罗甸玉受控于大陆溢流拉斑玄武岩的次火山岩(辉绿岩)。广泛发育的浅层滑脱构造产生各种等级的滑脱层,构成复杂的滑脱体系,伴生一系列褶皱和次级断裂,典型样式呈台阶式,由断坪和断坡组成。它们对黔北隆起区层控铅锌矿、汞矿和黔南坳陷区金锑砷汞矿控制作用明显,对沉积作用、喷流沉积作用和准同生沉积作用形成的矿源层进行构造热液改造,使其进一步富集成矿。

二、进行了大地构造分区

根据"全国矿产资源潜力评价"项目"统筹全局、兼顾各方、统一思路、统一方法"的原则,按其推荐的全国大地构造划分方案,将贵州划为扬子陆块Ⅰ级构造单元内的上扬子陆块Ⅱ级构造单元,并进一步划分为川中前陆盆地(中生代)、扬子陆块南部被动边缘褶冲带、南盘江-右江前陆盆地(三叠纪)和雪峰山基底逆推带共4个Ⅲ级构造单元。并根据不同区块的变形特征和矿产特征的差异,扬子陆块南部被动边缘褶冲带再进一步划分为6个Ⅳ级构造单元,即六盘水叠加褶皱带、毕节前陆褶皱带、黔中隆起、凤冈滑脱褶皱带、都匀滑脱褶皱带和铜仁逆冲带。

三、编制了大地构造相图

在1:25万实际材料图的基础上,通过建造与构造的综合分析及研究,按照国际标准分幅编制形成1:25万建造构造图。根据地质作用特征,分别按沉积作用、火山作用、侵入作用、变质作用、构造作用进行研究,并在建造构造图上分别表达为沉积建造构造、火山岩性岩相构造、侵入岩浆构造、变质建造构造、变形构造及大型变形构造等。

(1)贵州省大地构造相图的编制是建立在实际材料和综合分析研究的基础上的。大地构造相研究与编图工作在1:25万建造构造图编制的基础上开展。即强调1:25万建造构造图是1:50万大地构造相图的实际材料,大地构造相图编图工作必须以1:25万建造构造图为基础。

(2)贵州省大地构造相研究与编图是一项综合研究工作,以大地构造相分析为主线,分别开展沉积作用、岩浆作用(火山、侵入)、变质作用和构造作用(包括大型变形构造)等专题研究工作,并充分利用物探、化探、遥感推断地质构造内容,综合分析与划分全省大地构造相。

(3)在建造构造图的基础上编制大地构造相图。大地构造相图是反映大地构造环境及其演化的综合性图件。大地构造相图内容:大地构造相单元、沉积建造、火山岩、侵入岩、变质建造、地质界线、断裂、大型变形构造等。

综合地质构造及与大地构造有关的成矿地质背景预测要素研究是通过编制大地构造相图来实现的,大地构造相图数据库以多个图层的方式表达了大地构造相、大地构造分区、建造等内容。

大地构造相图与建造构造图的图形要素基本上一致,最主要的不同点是编图比例尺不同,存在一个缩编的过程;除四大岩类的建造内容外,需将不同类型建造进行分析,归并出不同级别的大地构造相单元;通过相单位的分析总结出构造分区。因此,大地构造相图是地质构造综合研究成果的一个集成表达,是本次工作的纲。

四、对大地构造相进行了系统研究与划分

贵州地块从早到晚经历了由活动型地壳向稳定型地壳演化,从洋陆转换阶段向板内活动阶段的地壳演化历程:中元古代末的武陵运动使贵州从活动陆缘转化为大陆;新元古代早期贵州大陆地壳再次沦为陆缘活动环境;早古生代末的广西运动完成了贵州向地台型地壳演化的全部过程。中三叠世末的构造运动改变了贵州乃至中国的大地构造格局,由特提斯构造域向滨太平洋构造域转化是其改变的大陆动力学基础。基于以上原因,本次研究采用优势大地构造相原则为相划分的依据。

贵州省为一个稳定的陆块区,按照"全国矿产资源潜力评价"项目划分,没有跨及其大地构造相划分方案的一级(相系)、二级(大相)单元。二级(相)属上扬子陆块区。其下三级(相)是根据贵州省自中元古代以来地质时期形成的地质记录,按优势大地构造相的划分原则进行划分,涵盖了变质基底与盖层两部分。

五、阐述了大地构造相与成矿的关系

各种矿床都是在大地构造演化过程中、在特定大地构造相环境下形成的特殊地质体,成矿作用过程

与大地构造演化密切相关，不同级别大地构造相单元制约了相应级次的成矿区（带），大地构造相（亚相）单元即是成矿系统、成矿作用的构造环境，也是成矿系统的载体。贵州总体成矿特点是黔西南、黔东南富金，黔东北、黔中富磷、锰，黔中、黔北富铝，黔西北富煤。这种差异性也可能与地壳所含的各元素丰度的不同有一定相关性。

伴随裂谷打开，在离散背景下，古构造明显对大陆板块内部各阶段被动边缘盆地进行了控制，为与此关联的深部构造提供了广义沉积矿产的物源，并控制了各类沉积盆地性质及演化趋势。元古宇为以裂谷为特点的浅变余砂岩、凝灰质板岩及砂砾岩沉积建造组合为含金浅成热液成矿作用提供了一定的空间，是贵州东部金、锑矿的重要层位；被动大陆边缘离散构造背景控制的菱锰矿沉积盆地是不同时期的古构造、同沉积断裂以及盆地构造演化产生的结果。碳质黏土岩-菱锰矿-白云岩类建造组合是黔东锰矿的重要层位；硅质岩、磷块岩、重晶石矿、碳质页岩建造组合是黔东重晶石矿的重要层位；被动陆缘及稳定型陆表海沉积的震旦纪—奥陶纪地层含有重要的沉积矿产［碳酸盐岩台缘亚相的磷矿床，海陆交互陆表海亚相喀斯特地貌下之湖（滨）海相铁铝土岩泥砂岩组合中的铝土矿床］；陆内裂谷的泥盆纪—三叠纪地层含有重要的沉积矿产。右江盆地内裂谷系中火山活动频繁，从泥盆纪断续延至早三叠世，与火山活动有密切关系的喷流沉积成矿作用也相当频繁，形成多层位产出的矿床或矿源层。晚二叠世地层为稳定型海陆交互相-陆相沉积、含煤碎屑建造及碎屑建造是贵州最重要的含煤层位。

主要参考文献

陈文西,王剑,付修根,等.黔东南新元古界下江群甲路组沉积特征及其下伏岩体的锆石 U-Pb 年龄意义[J].地质论评,2007,55(1):126-131.

程裕淇.中国区域地质概论[M].北京:地质出版社,1994.

戴传固,陈建书,卢定彪,等.黔东及邻区加里东运动及其地质意义[J].地质通报,2010,29(4):530-534.

戴传固,陈建书,卢定彪,等.黔东及邻区武陵及其地质意义[J].地质力学学报,2010,16(1):78-84.

戴传固,李硕,唐黔春.黔东地区变质核杂岩构造及其控矿作用[J].贵州地质,2005,22(4):224-228.

戴传固,李硕,张慧.试论江南造山带西南段构造演化——以黔东及邻区为例[J].贵州地质,2005,22(2):98-102.

戴传固,杨大欢.黔东南地区构造特征[J].贵州地质,2001,18(1):2-6.

戴传固,张慧,黄华清.黔东地区典型构造样式及其地质意义[J].地质力学学报,2008,14(4):339-345.

戴传固,张慧,王敏,等.江南造山带西南段地质构造特征及其演化[M].北京:地质出版社,2010.

戴传固,张慧,王敏.试论黔东及邻区大地构造相特征[J].贵州地质,2006,23(3):217-212.

邓家瑞,张志平.雪峰古陆的加里东期推覆构造[J].华东地质学院学报,1996,19(3):201-210.

邓晋福,莫叠学,罗照华,等.火成岩构造组合与壳幔成矿系统[J].地学前缘,1999,(2):259-270.

邓起东,张培震.活动断裂分段研究的原则和方法[J].现代地壳运动研究,1995,(6):186-207.

邓小万.扬子板块内构造形成机制浅析[J].贵州地质,2001,18(4):228-231.

地球科学大辞典编委会.地球科学大辞典[M].北京:地质出版社,2005.

丁炳华,史仁灯,支霞臣.江南造山带存在新元古代(~850Ma)俯冲作用——来自皖南 SSZ 型蛇绿岩锆石 SHRIMP U-Pb 年龄证据[J].岩石矿物学,2008,27(5):375-388.

杜远生,黄宏伟,黄志强,等.右江盆地晚古生代—三叠纪盆地转换及其构造意义[J].地质科技情报,2009,28(6):10-15.

杜远生,盛吉虎,丁振举.造山带非史密斯地层及其地质制图[J].中国区域地质,1997,16(4):259-270.

杜远生,颜佳新,韩欣.造山带沉积地质学研究的新进展[J].地质科技情报,1995,14(1):29-34.

杜远生,张克信.关于非史密斯地层学的几点认识[J].地层学杂志,1999,23(1):78-80.

樊俊雷,罗金海,曹远志,等.黔东南新元古代花岗质岩石的特征及其地质意义[J].西北大学学报(自然科学版),2010,40(4):672-678.

范祥发.从1:50万重力异常探讨贵州省区域地质构造格架[J].贵州地质,1999,16(3):195-198.

冯庆来.造山带区域地层学研究的思想和工作方法[J].地质科技情报,1993,1(3):53-58.

高林志,戴传固,刘燕学,等.黔东地区下江群凝灰岩锆石 SHRIMP U-Pb 年龄及其地层意义[J].中国地质,2010,37(4):1 071-1 080.

高林志,戴传固,刘燕学,等.黔东南-桂北地区四堡群凝灰岩锆石 SHRIMP U-Pb 年龄及其地层学意义[J].地质通报,2010,29(9):1 259-1 267.

葛文春,李献华,李正祥,等.桂北新元古代两类过铝花岗岩的地球化学研究[J].地球化学,2001,30(1):24-34.

葛文春,李献华,李正祥,等.龙胜地区镁铁质侵入体年龄及其地质意义[J].地质科学,2001,36(1):112-118.

广西壮族自治区地质矿产勘查开发局.广西壮族自治区区域地质志[M].北京:地质出版社,1985.

广西壮族自治区地质矿产勘查开发局.广西壮族自治区岩石地层[M].武汉:中国地质大学出版社,1997.

贵州省地矿局区域地质调查院.贵州地层典[M].贵阳:贵州科技出版社,1996.

贵州省地质矿产勘查开发局.贵州省区域地质志[M].北京:地质出版社,1987.

贵州省地质矿产勘查开发局. 贵州省岩石地层[M]. 武汉:中国地质大学出版社,1997.

郭令智,施央申,马瑞士. 华南大地构造格架和地壳演化[M]. 北京:地质出版社,1980.

湖南省地质矿产勘查开发局. 湖南省区域地质志[M]. 北京:地质出版社,1988.

湖南省地质矿产勘查开发局. 湖南省岩石地层[M]. 武汉:中国地质大学出版社,1997.

黄远成. 黔东南铬尖晶石特征及金刚石原生矿找矿分析[J]. 贵州地质,1998,15(1):9-16.

姜春发. 开合构造概述[J]. 地质通报,2004,23(3):200-207.

李继亮. 碰撞造山带的大地构造相[C]//现代地质学研究论文集(上). 南京:南京大学学报,1992.

李献华. 广西北部新元古代花岗岩锆石U-Pb年代学及其构造意义[J]. 地球化学,1999,28(1):1-9.

梁斌,王国灿,田军. 碰撞造山带的大地构造相及研究意义[J]. 地质科技情报,1999,45(1):8-12.

刘宝珺,许效松,潘杏南. 中国南方古大陆沉积地质演化与成矿[M]. 北京:科学出版社,1993.

罗建宁. 大陆造山带沉积地质学研究的几个问题[J]. 地学前缘,1994,1(12):177-183.

毛德明,张启厚,安树仁. 贵州西部峨眉山玄武岩及其有关矿产[M]. 贵阳:贵州科技出版社,1992.

毛德明. 贵州西部峨眉山玄武岩微量元素地球化学[J]. 贵州工学院学报,1991,20(4):82-108.

毛德明. 贵州西部峨眉山玄武岩中辉石矿物化学及其演化[J]. 贵州工学院学报,1990,19(2):52-57.

毛景文,张光第,杜安道,等. 遵义黄家湾镍钼铂族元素矿床地质、地球化学和Re-Os同位素年龄测定——兼论华南寒武系底部黑色页岩多金属成矿作用[J]. 地质学报,2001,75(2):234-244.

丘元禧,马文璞. "雪峰古陆"加里东期的构造性质和构造演化[J]. 地质通报,1996(2):150-160.

丘元禧. 雪峰山的构造性质与演化:一个陆内造山带的形成演化模式[M]. 北京:地质出版社,1999.

沈冰. 川滇黔层控型铅锌矿成矿特征[J]. 云南地质,2004,23(2):207-211.

盛学庸. 我省金刚石找矿不应就此却步——黔东金刚石异常之我见[J]. 贵州地质,2004,21(4):234-239.

舒永宽,杨宏辉,曾昭光,等. 高武地区过铝花岗岩特征与构造环境[J]. 贵州地质,2004,21(1):16-23.

四川省地质矿产勘查开发局. 四川省区域地质志[M]. 北京:地质出版社,1987.

四川省地质矿产勘查开发局. 四川省岩石地层[M]. 武汉:中国地质大学出版社,1996.

索书田. 构造解析[M]. 武汉:武汉地质学院区地教研室,1985.

陶平,朱华,陶勇. 黔西南凝灰岩型金矿的层控特征分析[J]. 贵州地质,2004,21(1):30-36.

王剑,曾昭光,陈文西,等. 华南新元古代裂谷系沉积超覆作用及其开启年龄新证据[J]. 沉积及特提斯地质,2006,26(4):1-7.

王剑. 华南"南华系"研究新进展——兼论南华地层划分与对比[J]. 地质通报,2005,24(6):491-495.

王剑. 华南新元古代裂谷盆地演化[M]. 北京:地质出版社,2000.

王立亭. 贵州古地理的演变[J]. 贵州地质,1994,11(2):133-140.

王立亭. 黔西南地区三叠纪地层格架[J]. 贵州地质,1996,13(2):129-134.

王敏,戴传固,王雪华,等. 贵州梵净山白云母花岗岩锆石年代、铪同位素及对华南地壳生长的制约[J]. 地学前缘,2011,18(5):213-223.

王砚耕,尹恭正,郑淑茅,等. 贵州上前寒武系及震旦系—寒武系界线[M]. 贵阳:贵州人民出版社,1984.

王砚耕. 贵州主要地质事件与区域地质特征[J]. 贵州地质,1996,13(2):99-104.

肖加飞,魏家庸,胡瑞忠. 黔西南及邻区中—晚三叠世层序地层格架[J]. 地质学报,2004,78(5):591-599.

肖加飞,魏家庸,胡瑞忠. 扬子台地西南缘早三叠世层序地层格架[J]. 沉积学报,2004,22(2):310-318.

肖庆辉,邓晋福,马大铨,等. 花岗岩研究思维与方法[M]. 北京:地质出版社,2002.

肖庆辉,王涛,邓晋福,等. 中国典型造山带花岗岩与大陆地壳生长研究[M]. 北京:地质出版社,2009.

许靖华,崔可锐,施央申. 一种新型的大地构造相模式和弧后碰撞造山[J]. 南京大学学报,1994,30(3):381-389.

许靖华. 西太平洋板内造山作用模式中的大地构造相[J]. 石油大学学报(自然科学版),1994,18(5):1-6.

杨巍然. 造山带结构与演化的现代理论和研究方法[M]. 武汉:中国地质大学出版社,1991.

叶造军,施继锡. 贵州大厂锑矿有机质与有机成矿作用[J]. 矿物学报,1997(3):310-315.

云南省地质矿产勘查开发局. 云南省区域地质志[M]. 北京:地质出版社,1990.

云南省地质矿产勘查开发局. 云南省岩石地层[M]. 武汉:中国地质大学出版社,1996.

曾允孚,刘文均,陈洪德,等.华南右江复合盆地的沉积构造演化[J].地质学报,1995,69(2):113-124.

曾昭光,刘灵,舒永宽.贵州宰便-高武地区中新元古代火山岩的发现及意义[J].贵州地质,2003,20(3):135-138.

曾昭光,唐云辉,彭慈刚,等.黔桂边境四堡岩群中高压变质矿物的发现及其意义[J].贵州地质,2005,22(1):46-49.

张慧,王敏,郑启钤.梵净山地区镁铁质—超镁铁质侵入岩特征及其意义[J].贵州地质,2008,25(3):161-165.

张荣强,周雁,汪新伟.贵州西南部威-紫-罗断裂带构造特征及演化[J].地质力学学报,2009,15(2):178-189.

周金城,王孝磊,邱检生.江南造山带是否格林威尔期造山带?——关于华南前寒武纪地质的几个问题[J].高校地质学报,2008,14(1):64-72.

周金城,王孝磊,邱检生.江南造山带西段岩浆作用特性[J].高校地质学报,2005,11(4):527-533.

周金城,王孝磊,邱检生.江南造山带形成过程中若干新元古代地质事件[J].高校地质学报,2009,15(4):453-459.

周琦,杜远生,覃英.古天然气渗漏沉积型锰矿床成矿系统与成矿模式——以黔湘渝毗邻区南华纪"大塘坡式"锰矿为例[J].矿床地质,2013,32(3):457-466.

朱霭林,王常微,卢定彪,等.贵州雷公山地区过渡性剪切带及其与锑金多金属矿的关系[J].贵州地质,1995,12(1):1-22.

朱志澄.构造地质学[M].武汉:中国地质大学出版社,1990.